U0134996

蒙古佛教史

作者—固始噶居巴‧羅桑澤培‧譯注—陳慶英、烏力吉

蒙古人對藏傳佛教的虔誠，
早已經引起關心蒙古草原的學者和旅行家的注意，
從十九世紀以來他們所寫的有關蒙古的書籍中，
大量地講述了蒙古各地對藏傳佛教的信仰和崇拜的情況。
而於現在蒙古學界所依據的蒙古佛教歷史資料中，
本書則是諸書中最為有系統和詳盡的一部。
它記載了許多關於蒙藏之間宗教文化相互影響的重要史實，
是所有欲了解蒙古佛教歷史以及其佛教文化特色所不可錯過的重要典籍。

目錄

《蒙古佛教史》漢譯本序

藏傳佛教在蒙古地區的傳播，從成吉思汗的時期即已經開始，到元世祖忽必烈的時期，蒙古的上層已經全面接受藏傳佛教。藏傳佛教的薩迦派和噶舉派在元朝的宮廷中受到尊崇，對蒙古族的宗教信仰和文化習俗產生了重大的影響。元朝滅亡後，藏傳佛教在蒙古的傳播曾經中止近 200 年，到 1578 年俺達汗與三世達賴喇嘛索南嘉措在青海湖邊會見，藏傳佛教的格魯派以更大的規模傳入蒙古。蒙古在元代和明末清初兩度進入青藏高原，並且統治了青藏高原，但是最後的結果都造成了蒙古族接受藏傳佛教。清代藏傳佛教在蒙古的傳播，使得內外蒙古和漠西蒙古出現了眾多的藏傳佛教寺院，蒙古族的出家僧人和寺院的數量，藏傳佛教在蒙古社會的影響，幾乎可以與藏族地區相比，以致於清廷將將崇信藏傳佛教作為安定和控制蒙古各部的一個重要的因素。

蒙古人對藏傳佛教的虔誠，早已經引起關心蒙古草原的學者和旅行家的注意，從十九世紀以來他們所寫的有關蒙古的書籍中，大量地講述了蒙古各地對藏傳佛教的信仰和崇拜的情況。但是，關於藏傳佛教在蒙古的傳播歷史，卻很少有人作過詳細的論述。在現在蒙古學界所依據的蒙古佛教歷史的資料中，羅桑澤培所著的《蒙古佛教史》仍然是最為系統和詳盡的一部，其中的原由，可能是由於清代蒙古各部分治，互相來往較少，鮮有學者瞭解藏傳佛教在蒙古各部的歷史，其次蒙古佛教僧侶學者極重藏文，以誦讀經典，而用藏文寫作大部頭的佛教史，困難較多。羅桑澤培是因為其藏族上師堅持要求，而寫作是書。所以對本書作者羅桑澤培的生平和作品，實有探討的必要。我

們趁此次全佛出版公司將《蒙古佛教史》漢譯本新版之機會，在本書的附錄中，附加上以烏力吉巴雅爾的介紹羅桑澤培的作品文章，來作爲對本書的作者進一步介紹。

陳慶英・烏力吉

2004 年 11 月 13 日於北京

關於本書

「霍爾卻穹」，一般指蒙古政教史或者蒙古佛教史。自十七、八世紀以來，用藏文寫作的蒙古族學者中，曾經撰寫「霍爾卻穹」者，不乏其人。如依希班覺的「如意寶樹」，達爾瑪達拉的「白蓮數珠」、達木丁的「吉祥白螺笑聲」等都被稱作「霍爾卻穹」。然而，另一位蒙古僧人——固始噶居巴‧洛桑澤培（gu shri dkav bcu pa blo bzang tshe vphel）撰寫的「大霍爾地區正法如何興起情況講說闡明佛教之明燈」（蒙古佛教史——顯明佛教之明燈）便是國內外蒙古學家所時常提及的「霍爾卻穹」。

「霍爾卻穹」，實爲藏文音譯，取自藏文木刻本陰面左側所標全稱之縮寫「hor chos vbyung」，該書以此稱聞名於世，現譯作「蒙古佛教史」。

「霍爾卻穹」在十九世紀末就被西方學者所知曉。這要歸功於胡特（G.Huth 1867——1906）的 1894 年的德譯本。隨後，日本外務省調查部（由橋本光寶執筆）根據藏文版並參照胡特本譯的日文「蒙古喇嘛教史」於昭和十五年（1940 年）問世。我們尚未見到德譯本，所以不敢妄加評說。就日譯本而言，正如譯者在解題中所說的那樣，把原文直接傳達給了讀者，可稱之爲較好的譯本。但美中不足的是譯者把全書內容劃分的章節段落過多，給人一種支離破碎之感。尤爲遺憾的是，無論是胡特還是日本人均把「霍爾卻穹」的作者搞錯了。他們把責成用蒙藏兩種文字撰寫一本蒙古佛教史的薩木察活佛晉美南喀誤認爲是該書的作者，直到本世紀中才由羅列赫作了糾正，後來蒙古人民共和國學者比拉也作過補充說明。但是，至今仍有不少

人步胡特和日本人之後塵。

「蒙古佛教史」，編入固始噶居巴‧洛桑澤培文集的第七函之中，全書 162 頁。在該書的後記中作者扼要地說明了撰寫此書的原委——當赤欽薩木察活佛晉美南喀應邀到達卓索圖盟土默特旗貝子諾顏的寺院時，作者前去拜會，晉美南喀要作者用藏文和蒙文寫一部佛教在蒙古地方傳布情況的書，作者辭以力不勝任，但在晉美南喀的堅持下，才接受下來。另外，在後記中作者也提到了自己的名字爲固始噶居巴‧蘇蒂阿育哇爾達。「蘇蒂阿育哇爾達」正是與「洛桑澤培」對應的梵文字。洛桑澤培出生於內蒙古卓索圖盟，生平事跡不詳。據他在本書中所說，他於藏曆第十三饒迴鐵鼠年（1780 年）七月五日在察汗加拉克地方與四百多僧人一起從六世班禪受比丘戒。我們知道崇奉藏傳佛教的僧人一般在二十歲受比丘戒，所以估計他生於1760 年前後。

「蒙古佛教史」除了東西方譯文之外，國內至少還有一種蒙文手抄本，鮮爲人知，現藏於內蒙古社會科學院圖書館。人們不禁要提出這樣的問題：蒙文手抄本與藏文木刻本是不是相同的書？如果是，那麼接著問，哪個在前？那個在後？譯者又是誰？等諸如此類的問題。我們認眞核對了這兩種文本之後發現，它們確實是同一部書的兩種文本，並且可以斷定，藏文在先蒙文在後，蒙文譯自藏文。手抄本基本上把所有人名、地名和專用名稱都按藏文寫法轉寫成蒙文，給一般讀者造成了難於辨別之苦，對此只有借助藏文本才會搞清其本來面目，這一點足以說明問題。蒙文本沒有留下有關譯者的信息，所以，目前

尚不能確定誰譯於何時。

「蒙古佛教史」，內容很豐富，它記載了許多蒙藏之間宗教文化相互影響的史實，特別是有關拉卜楞寺與卓索圖盟、昭烏達盟、哲里木盟的王公和僧人的關係，不見他書。這些資料對研究藏蒙文化和蒙藏關係史的讀者具有重要參考價值。

原藏文刻本和蒙文抄本均無詳細分目，本書細目系由譯者後加。限於水平，譯注中難免有誤，請讀者不吝賜教。

「蒙古佛教史」於第十四饒迴的土兔年（1819 年）在扎西甘丹雪珠林寺完成，距今正好 170 周年，當它的另一種本——漢譯本問世之機，我們向熱情支持出版本書的吳肅民、于萍海、嚴宏、烏力更和編排索引的托亞表示謝意！

譯注者

1989 年冬

前

記

頂禮上師文殊室利菩薩❶！

以極大毅力廣發菩提❷心願，
以無數善行積聚二部資糧❸，
明現四身❹時刻在利益眾生。
向佛陀❺及其弟子虔誠頂禮！

眾生怙主薩班❻法王八思巴❼
及卻固敖德色爾❽，
第二佛陀❾及大慈法王❿、雲丹嘉措⓫，
還有哲布尊丹巴⓬及扎雅班智達⓭等，
向這諸位恩德先聖虔誠頂禮！

為完成遍主上師的諭令，
敘述佛法在蒙古的傳播，
根據先輩賢哲們的著述，
我擇其精要撰成此書。

在此，按照上師希瓦拉⓮的「解除眾生苦難的唯一良藥、所有
利樂之源泉乃是佛法」的教誨，將所有眾生現時及久遠的所有
利樂之源泉即佛陀的教法珍寶在蒙古地方傳播的情形作一敘述。
在敘述時分為兩個部分，一是歷代王統的傳承；一是佛法及執
掌佛法的大德們的歷史。

名詞注釋

❶文殊室利菩薩：梵音曼殊室利的音譯，相傳其靈魂說法的道場在山西五台山。釋迦牟尼佛的左脇侍，專司「智慧」，其塑像多騎獅子，表示威猛。

❷菩提：梵音譯，意譯為「覺」，「智」等。凡斷絕世間煩惱而成就「涅槃」之「智慧」，通稱「菩提」。

❸二部資糧：指福德資糧與智慧資糧。資糧指積累、匯集。

❹四身：佛所具備的自性身、智慧身、受用報身和變化身。

❺佛陀：梵語Buddha的音譯，簡稱「佛」，亦譯作「佛馱」、「浮陀」、「浮屠」、「淨圖」等，意譯為「覺者」、「知者」。

❻薩班：藏文薩迦班智達的縮寫，指貢嘎堅贊（1182-1251），他精通五明，洞悉佛典，遂成著名之大法王。亦稱薩迦五祖之第四祖，1244年應蒙古窩闊台汗次子闊端邀請，攜侄八思巴及恰納相見于涼州。他在蒙古地區弘揚佛法，死在涼州幻化寺，其靈骨供在此寺。

❼八思巴：薩迦五祖之第五祖師。亦稱八思巴洛追堅贊（1235-1280），舊譯發思巴、帕克思巴、八合思八等。十歲出家，後隨叔父薩班抵涼州幻化寺，先後會見闊端、忽必烈。1260年忽必烈即位，他被尊為國師。1269年奉命制蒙古新字頒行全國，還封大寶法王，掌管全國佛事，1276年任薩迦法王，1280年死在薩迦寺。

❽卻固敖德色爾：日文版和藏文本都把它意譯成「法身光明」。這位很可能是後面所說的宣努沃和喜饒巾的兒子。

❾第二佛陀：指宗喀巴（1357-1419）。宗喀巴，本名羅桑扎巴，生於青海湟中，藏語稱湟中一帶為「宗喀」，故被稱為宗喀巴。他幼年出家，16 歲赴藏，先後在前後藏學習五論、五明，兼通顯密、造詣頗深。他對當時佛教戒行廢弛、僧侶生活放蕩的狀況深感憂慮，決心整頓，遂以噶當派教義為立說之本進行改革，結合自己的見解，建立了新體系，他這一體系後被稱作格魯派，宗喀巴便是這一派的創始人。著有《菩提道次第》、《密宗道次第》等書。格魯派，俗稱黃教，對蒙古社會影響很深。

❿大慈法王：日譯本譯作「大悲法王索南嘉措」。此處可能指的不是索南嘉措，而應是宗喀巴的弟子大慈法王釋迦也夫（1352-1435）。

⓫雲丹嘉措：蒙古族佛教領袖，第四世達賴喇嘛（1589-1616），其父為土默特部阿拉坦汗之子僧格都固隆的長子蘇密爾岱青台吉。他出生後，蒙古貴族及在土默特的三世達賴的侍從宣布他是三世達賴的轉世，1592 年迎請他到呼和浩特三世達賴坐過的寶座坐床，西藏格魯派各大寺派代表前來看驗，公證他為四世達賴，起名雲丹嘉措。1603 年帶領隨從經過甘肅、青海入藏，到拉薩時受數萬僧俗迎接，由甘丹寺法台根敦堅贊為其剃度，1614 年去扎什倫布寺，由四世班禪授比丘戒。1616 年明萬曆帝遣使至拉薩封其為「金剛持佛」，並賜官服印信，邀請其去漢地傳法。當年年底因病在拉薩圓寂。

⓬哲布尊丹巴：1634 年多羅那它死于喀爾喀部，第二年土謝圖汗袞布生一子，于是喀爾喀部的汗王認定孩子為多羅那它的轉世，將他算作第一世哲布尊丹巴。（詳見《蒙藏民族關係史略》103 頁）

⓭扎雅班智達：扎雅系梵語，意為勝利，班智達亦梵語，對精通大小五明（大五明：聲明、工巧明、醫方明、因明、內明；小五明：詩、詞、韻、曆算、

戲曲。）和對佛教哲理有很深造詣的學者的尊稱。蒙語里稱扎雅班智達，通常是指創制「托貳」蒙古文的葛拉特名僧南卡嘉措，另也指喀爾喀名僧羅桑赤烈。

❶希瓦拉：亦譯作寂天，公元七、八世紀時古印度一佛學家名。為印度國王善鎧之子，幼名寂鎧，于那爛陀寺出家，著有《入行論》、《集菩薩學論》等。

第一章

歴代王統的傳承

一、印度及吐蕃之王統

在漢地及吐蕃以北爲蒙古之廣大地區，蒙古之王族乃是共敬王❶的後裔，其來歷如下所述。

往昔，在聖地印度，有被稱爲摩訶桑波底即共敬王之國王出世。其後裔中有被稱爲吉祥主枝的一系，其中分出毗耶離一族。按該族國王的授記（預言），釋迦毗耶離族後裔中的一位國王生了一個具有異相的兒子，他眼皮從下向上閉合，眉毛爲碧玉色，牙齒有螺紋，手掌心有輪形紋路，手指間有蹼連在一起。請看相的人來查看時，他們都不敢看視此小兒。因此國王認爲這是不祥之兆，將小兒放入一個能夠關合的銅箱中，拋入恆河。一名農夫拾到這個小兒，將其撫養。小兒長大後，聽到以前的故事，心生悲苦，逃入雪山之中。牧人們遇見他，問他從何處來，他口說：「贊普」，並以手指天。衆人以爲他是從天界下降，說他當爲吐蕃地方之王，於是讓他坐於木座之上，由四人用脖頸抬回，受到吐蕃臣民的尊崇擁戴，稱他爲涅赤贊普❷。

涅赤贊普的後裔依次爲木赤贊普、丁赤贊普、索赤贊普、墨赤贊普、達赤贊普、塞赤贊普，他們合稱爲「天赤七王」❸。塞赤贊普之子爲國王止貢贊普，他被大臣羅昂殺害，羅昂登上了王位❹。此時，止貢贊普有三個兒子，名叫甲赤、夏赤、尼牙赤，他們分別逃往波窩❺、娘布❻、工布❼地方，先王的大臣們領著止貢贊普的王后潛逃。臣民們聚集起來，在羅昂登上王位半年時將他殺死。臣民們商議說：「現在應請三位王子中

的一個來繼承王位。」王后說：「我生甲赤之前，一天晚上夢見與一個白色人同寢，做此夢以後，生了一個卵，卵破後內有一子，即是甲赤，所以應由甲赤繼位。」臣民們同意，於是將甲赤由波窩迎回，繼承王位，稱為國王甲赤，亦稱布德鞏夾❽。

布德鞏夾的後裔依次為意肖烈、德肖烈等「地烈六王」❾以及薩南森德等「中德八王」❿。吐蕃歷代國王傳至第 27 代時，為據說是普賢菩薩化身的拉脫脫日年贊⓫。他在位之時，佛教教法開始傳入吐蕃。

由拉脫脫日年贊下傳五代，按遍知一切嘉木樣協貝多吉⓬所著的佛教大事紀年的說法，佛陀釋迦牟尼⓭火馬年誕生，36 歲的鐵蛇年成佛，次年即水馬年說時輪本續教法，82 歲的火兔年示寂。按照通常所說的，「由吉祥本枝族裔傳出的善逝如來的教法分成各種部派，其中在北方的佛法，將在其時出現。被稱為拉丹巴地方的人，居住在雪山之中，其王為人中之神，系由毗耶離族傳出。」又如俗語所說：「被稱為世間度母（原注：指漢妃文成公主）、白衣天女（原注：指尼泊爾妃）、白色天女（原注：指止氏妃）的仙女們，努力利益他人，常時不倦。」又說：「因此，吐蕃有眾多國王出世，他們有多種形象，具各種色彩。」按照這種說法，在釋迦牟尼示寂後的 1450 年的火牛年時，有被稱為觀世音菩薩化身的法王松贊干布⓮降生。

他於 10 歲的火狗年即位，娶尼泊爾妃赤尊公主，迎來了覺臥不動金剛⓯和彌勒法輪像⓰。他又於 20 歲時迎娶漢妃文成公主為王妃，迎來了拉薩大昭寺中那尊覺臥佛像⓱，並修建了佛寺。他又派吞米桑布扎⓲去印度，向婆羅門李敬和拉·日貝僧

格等人認眞學習聲明學，返回吐蕃後創制了藏文及文法，寫了八部著作，翻譯了許多佛經和論著，使佛法在吐蕃弘揚。

此後，王位下傳六代，到被稱爲文殊菩薩化身的赤松德贊❶王在位之時，迎請了堪布喜瓦措❷和金剛阿闍梨蓮花生❷大師等許多學者和成就者，翻譯了無數顯密經典，剃度了巴・仁特那（即巴・色朗）等「七試人」❷出家爲僧，建立了十二座大寺院，廣弘佛法。

後來，又有歷代法王、譯師、高僧等弘傳佛法，尤其是覺臥傑阿底峽❷大師、具吉祥薩迦派的諸位大師、修行之主瑪爾巴❷師徒、第二佛陀宗喀巴大師及其弟子，到如今的政教頂飾、遍知一切班禪額爾德尼尊者洛桑貝丹丹白尼瑪卻勒南傑貝桑布（即第七世班禪額爾德尼），其間在學識及修行兩方面都有衆多偉人遍布於雪域吐蕃各地，使無比的佛陀釋迦牟尼的清淨教法❷猶如白晝的太陽一樣顯明光大。雪域吐蕃的觀世音菩薩❷化現的衆王臣，以印度迎請各位尊勝大德及修行者，而廣弘釋迦牟尼的珍貴教法，其業績使人每一思及即生崇敬之心。

二、蒙古早期之王統

前已述及，國王止貢贊普的幼子爲尼牙赤，蒙古語稱之爲布爾特齊諾❷。他在工布地方娶郭娃瑪刺勒❷爲妻，領她前來蒙古地方。到了一條叫做拜噶勒❷的河流邊上的布爾罕・哈勒都納❸山，該地有名叫必塔❸的部落，人們問他們的來歷，他從先前共敬王之後裔被放逐邊地說起，將自己的族系及來此地的緣故講清道明，部落之人商議道：「彼出身族系良善，我等

以他爲首領最佳。」於是尊他爲首領，尊照禮儀，稱他爲布爾汗❸。

他的兒子有必塔斯干❸❸、必塔察干❸❹二人。必塔察干之子爲塔瑪察克❸❺，其子和哩察爾‧墨爾根❸❻，他至今仍在鎮壓妖魔，被蓮花生大師委派爲護法神。和哩察爾‧墨爾根的後裔❸❼依次爲阿固濟木‧博郭羅勒、薩里‧噶勒濟固、尼格尼敦、薩木蘇齊、哈里哈爾楚、博爾濟格台‧墨爾根、都喇勒津巴延等。都喇勒津巴延之妻博羅克沁郭幹❸❽生有一子，額上長有一隻眼，能看清三座山以內的景物，因而起名爲都幹索和爾。都幹索和爾之弟爲都本墨爾根。都幹索和爾之子❸❾爲托諾依、多克新、額木尼克、額爾黑等人。由他們兄弟傳出衛拉特之厄魯特、巴噶圖特、和依特、赫喇古特四姓氏❹⓪。都本黑爾根娶呼喇土默特族姓的郭哩岱墨爾根之女阿倫豁阿❹❶爲妻，生子伯勒古台、不古納台二人。

都本墨爾根死後，其妻寡居，許多夜晚於睡夢中夢見有一美少年前來共寢，黎明時離去，有的說這是她告訴妯娌的話，有的說少年之身，猶如天空中出現的彩虹，與之交合，感覺歡樂。無論如何，由此生子布固哈塔吉、布固薩勒濟固、勃端察爾等三個兒子❹❷。

兄弟們不知，爲其母查知，她交給每個兒子一枝箭杆，命他們折斷，兒子們都折斷了箭杆，拋在一旁。她又取五枝箭杆，合爲一束，交給兒子們，命他們折斷，五個兒子輪流用力去折，也未能折斷。她對兒子們說：「兩個大兒子聽了別人的言語，恥笑於我。」接著講說了後三個兒子是天神之子的來歷，「你

們若不和睦，就像前面的箭杆一樣，一個人就很容易地將其折斷，你們如和睦，就像五枝箭合為一束，多人也難將其折斷。」正如吉祥怙主聖者龍樹所說：「賢者之言雖不悅耳，也應當作良藥採納，雖然一時不合口味，最終變成甜美甘露。」眾子聽從母親之言，和好相處。

這三個天神之子的後裔是：由布固哈塔吉傳出哈塔固特氏，由布固薩勒濟固傳出薩勒濟固特氏，由勃端察爾傳出博爾濟斤氏等王族的三系❸。此後在分財產時，勃端察爾只分到一匹劣馬，他英勇賢明，膽量無比，遂往他處去，做了一個名叫博爾濟斤的轄輵大部落的首領，娶名叫勃丹❹的妃子，生一子，起名為王族的哈必齊巴噶圖爾。此子之後裔❺依次為伯格爾巴圖爾、馬哈圖丹、哈齊呼魯克、拜星和爾多克新、托木巴該徹辰、哈波勒哈那、巴爾達木巴噶圖爾等。

巴爾達木巴噶圖爾之子❻為也速該巴噶圖爾、捏坤太石、墨爾格圖徹辰、塔里岱、鄂濟錦等兄弟五人。也速該巴噶圖爾有一次在路上行走，見有眾人乘坐的馬車行走之路上有女人溺跡，說：「此女人當生一貴子。」尋跡追及，是為也客其烈圖❼之人，從名叫斡勒果納特❽地方迎娶名叫烏格倫❾之女子為新娘，正行進在途中，其婿翻越三條山谷逃走，故納此女為妻。此夫妻二人生了被稱為吉祥金剛持化身的天命大地梵天神，轉大力法輪之大王博克達成吉思汗。

此即藏曆第三饒迥之水馬年（1162 年）生一具足諸種奇異之相的兒子，起名為鐵木真。與其同母之弟有哈布圖哈撒爾、哈爾圖哈赤斤、鄂依圖斡赤斤等三人，同母之妹為帖木倫高娃，

加上後母達那喀西❺所生之布黑別克特爾、布黑伯勒格台，共為兄弟六人。

父親為鐵木真娶親之事，去舅父之幹勒果納特地方時，為洪吉喇特❺之岱徹辰❺所見，問道：「黑特族博爾濟斤氏之親家，汝去何處？」父親說明來意，岱徹辰說：「昨夜夢中有白鳥雄霍前來，停於我之手上，我查知是你之使者。我有一獨生女，名布爾德濟申❺，可予鐵木真為妻。」鐵木真說：「正可如此。」❺以良馬為聘禮，娶為妻。

此後，鐵木真於 28 歲之土雞年（1189 年）在殊勝之地大蒙古地方之克魯倫河❺河邊居住時，正如相傳為佛陀釋迦牟尼所說：「有福德者病患不生，所願實現，由福德之榮光，獲得福德之王位。」鐵木真終於統治了稱為必塔的四十萬人眾，成為國王。

從鐵木真即位為王之日起，有三天的上午，在宮殿前的一塊四方磐石上有一隻以前未曾見過的羽毛及翅膀之顏色如彩虹一樣五彩絢爛之小鳥落下，鳴聲悅耳，長時間叫道：「成吉思！成吉思！」大臣們認為此乃奇異瑞兆，所以為國王上尊號為：「博克達成吉思」（原注：末尾之字母薩字當按印度文念法發音）。現在藏語中音轉為「青格爾」。而，此四方磐石忽然自行開裂，內出一方被稱為雍仲玉璽或哈斯寶・塔麻噶額爾德尼（玉石寶印）的印章，長寬俱為拃，背有龜紐、上盤二龍，刻有吉祥圖案。此玉璽在千張紙上蓋印後仍能蓋出印記。稱其國之名為大蒙古。博克達之族系不僅出於眾敬之王一族。且按前述故事，亦明顯為天神之族裔，故通常稱其為巴達倫果察罕騰

格里的兒子（興盛的白色天的兒子），先輩學者們又說他是出自光淨天的天神的族系。

此博克達國王並不像某些虛假的頌詞中所說的只是統治幾百戶臣民的轉大力法輪的首領，而是實實在在的天命轉大力法輪的大梵天王❺❻化身的大法王❺❼。其原因是此博克達皇帝及其兒子將大地之上大部分有情衆生都收歸治下，從北方的稱爲欽察❺❽的臣民以至其餘三方的大海中的島民如日本❺❾、扶桑❻⓿，斯言洛❻❶，西洋❻❷等處的漢地、吐蕃、蒙古、克什米爾、和田❻❸等贍部洲❻❹的一半都歸其統治，安樂圓滿具足，如此之王，在漢地、蒙古、吐蕃未曾出現過。

此博克達皇帝多次示現神變，例如其弟哈布圖哈撒爾和布黑伯勒格台二人因善射和勇武而生傲慢自滿之心，議論說：「除我二人，更有何人對博克達之國政效力？」此事爲博克達皇帝查知，爲去除其傲慢，皇帝化現爲一名貧賤老頭❻❺，口稱售賣弓箭，至其鄰家。彼二人看見，譏笑說：「老頭，你的這把弓有何用處？」老頭答道：「你二少年，未試之前如何譏笑，須試射方知此弓。」將弓付與二人，且加嘲笑。伯勒格台不能扣弦，老者扣弦而與之，哈布圖哈撒爾接過，亦不能開弓，此老頭復明現爲一名白髮白鬚之老者，乘一頭頂爲白毛的青色騾子，搭上箭開滿弓，射裂一座山崖，說道：「咦！你二少年不可說大話，老者勝矣！」說畢離去。他二人心想：「此非常人也，必是博克達皇帝之化身。」故此後對博克達皇帝敬畏，入於正道。

此外，當博克達皇帝住於青城❻❻等地時，能從該地到喀爾

喀❻的阿拉坦杭蓋山，然後在當日之內返回住地。同樣，從住地到瀋陽之穆克丹❻地方去，也能在當日之內返回住地。在皇帝如此出行之時，有幾名侍衛大臣未奏請博克達皇帝而在途中稍微停留，結果半日的路程即需行走兩三個月。如此奇異之事甚多。

　　以下對此博克達皇帝統治之地面及人眾作一大要敘述。正如薩迦班智達所說：「在有大賢哲的地方，別的學者都算不上，正如天空太陽升起，群星再多也黯然無光。」博克達皇帝29歲的鐵狗年（1190年），皇帝前去圍獵之時，有曼珠珠爾齊特小邦旺森見之而逃。博克達皇帝即領兵前往，包圍其城，皇帝說：「你們若是懼怕，可納貢萬隻燕子和千隻貓❻，我即撤兵回去。」逐如數交納。於是在這些燕子和貓的尾巴上繫上棉布羊毛，點著火後放開。燕子和貓各回自己所住家中，引得全城火起。以如此計策將此小王收歸皇帝治下。

　　博克達皇帝三十一歲時，進兵東方的索倫果窩托克❼⓿，該地之首領察罕十分畏懼，將自己之女名忽蘭高娃❼❶者進獻，與臣民一起歸入皇帝統治之下。此時，正如薩迦班智達所說：「偉人能夠克敵制勝，卻常遭自己臣僕暗算，除了獅子體內之蟲，何曾能夠吃掉獅子？」有巴托斯哈那之後裔名台吉布黑·齊勒格爾❼❷者為爭競和忌妒之心所迷亂，在自己房中掘一深井，在蓋子上覆上毛毯，然後迎請博克達皇帝。皇帝與其弟哈布圖哈撒爾、鄂依圖幹赤斤等應邀前往。正如吉祥怙主龍樹所說：「具有計謀學識之人，遇敵暗算亦無妨害，善於遵行各種儀軌，能將毒藥化成甘露。」皇帝未遭其暗害，而將巴托斯哈那摧毀，

將其屬民收歸治下。

　　此後，當皇帝住於宮殿之中時，正如佛陀釋迦牟尼所說：「具有福德之眾生，只需用福德思念，天空即能降下衣食諸寶，所要之物全能獲得。」突然從天空中降下一個玉石寶碗，碗中盛滿甘露，落到皇帝手中❼❸。皇帝飲之，其味芳香。四位皇弟說道：「此乃天之甘露，願博克達不要獨享。」皇帝以其言有理，乃將所餘賜與四人。四人飲之，而不能咽下。於是四位皇弟致敬後說道：「此事明證你是天命之王，今後我等悉聽你的令旨。」博克達道：「當我初登上帝位之時，天神曾為皇位灌頂加持，地下龍王奉獻寶石玉璽。如今摧毀世仇之時，天帝復賜以甘露，以此觀之，應如汝等之言。」

　　皇帝三十三歲時，驅逐漢地之阿拉坦國王❼❹，將十三省之漢地民眾收歸治下，成為漢地之皇帝，並遣使去南方，迎請一名精通漢地教法者，故被稱為岱岱明索多❼❺成吉思皇帝。以上事例正如吉祥怙主龍樹所說：「精進勇敢加上堅定，智慧威力鎮伏敵手，再加努力福德共六件，天神對他也生畏懼。」吐蕃之王托吉亦稱錫都爾固❼❻合罕聞此，遣使來說：「博克達皇帝，我願做你的臂膀，交納差稅。」博克達皇帝心中滿意，頒給賞賜，打發使者回去。

　　皇帝三十四歲時，用兵托噶爾❼❼（藏語意為白頭巾）或稱嘉色爾❼❽亦稱薩爾塔郭勒❼❾之地，摧毀其王蘇勒丁❽⓿，將其民眾全部收歸治下。三十五歲時用兵托克摩克❽❶之地，摧毀其地之王蒙果依克蘇勒丁❽❷將其臣民全部收歸治下。三十七歲時收服赫日葉特❽❸之王名翁汗❽❹者。三十九歲時將乃蠻❽❺之王塔陽

汗❽驅逐至邊地，將其所有臣民收歸治下。四十一歲時，生擒郭爾羅斯之王那仁❽，將其臣民全部收歸治下。

四十三歲時，正如怙主薩迦班智達所說：「若是辦事忙亂無頭緒，與衆爲仇與強者爭執，喜愛婦人與惡人親近，這王者是招致滅亡之因。」哈爾里固特之王阿爾斯蘭❽，軍隊衆多，驕縱傲慢，自不量力，揚言說：「名叫鐵木眞成吉思者，用兵征服衆多小邦，我應在其進兵我處之前，發兵其地以摧毀之。」於是發兵前來，博克達皇帝遣大將木華黎❽等五名將軍率兵擊之，滅亡其國，將其民衆全部收歸治下。

皇帝四十五歲之藏曆第四饒迥火兔年（1207年）之時，用兵於吐蕃之烏思地方，第悉覺噶❾與蔡巴貢噶多爾濟❾等人聞之，遣使三百人來迎，奉獻盛宴，說：「願歸入你之治下。」將納里速三圍❾、烏思藏四如❾、南部三崗❾等地面全部呈獻，皇帝對此大加賞賜，將吐蕃全部收歸治下。此後，寄送禮品及書信給薩欽・貢噶寧布❾，書信中說：「我要迎請大師你，但是還有數件國事未曾完成，一時未能迎請。我在此地依止於你，請你在彼處護佑於我。今後我之事務完結之時，請你及你的弟子來蒙古地方弘揚佛法。」此次雖未親自與上師相見，但已遙拜上師，向烏斯藏之三所依（佛像爲身所依，佛經爲語所依，佛塔爲意所依）及僧伽獻了供養，故皇帝已成爲佛法之施主、教法之王❾。

其後，爲直接將印度之王臣收歸治下，乃向彼處進軍，至一大山頂上時，有一頭長著鹿的身子、馬的尾巴，頭上有獨角、身色黃綠的野獸跑到博克達身前，雙膝下跪，致禮三次。衆人

俱感驚異。博克達皇帝說道：「印度金剛座者，乃先前衆佛陀居住之地，衆菩薩及天王出生之地，現今此不懂言語之野獸前來，像人一般致禮，此爲何故？可能是因去該處不祥，故父皇天帝以此示禁耶？」於是收兵返回自己國內 ❼。

皇帝四十七歲之土龍年（1208 年），遣使臣諭令薩爾塔克沁之王諳巴海 ❽ 納獻貢賦。然而正如怙主薩迦班智達所說：「如若過於狂妄自信，會有苦難災禍降臨，因爲獅子驕傲自大，才把狐狸馱在背上」。諳巴海不聽諭令，口出狂言，行爲悖逆。故皇帝進兵其地，諳巴海亦率兵十萬前來迎戰於名叫拜噶勒的河流之岸邊，斬殺諳巴海，將其臣民全部收歸治下。

其後，皇帝返回宮中。正如吉祥怙主龍樹所說：「對桀傲不馴者調伏，有福德者加以崇敬，正直有功給以獎賞，對臣民國土善加護持。」博克達皇帝對自己的弟兄、兒子及勇敢賢明的大臣封給適宜的官爵。分別封授爲管理百戶、千戶、萬戶、數萬戶民衆之官。對所有屬民都賜給豐盛之獎賞物品。皇帝說道：「按照父王帝釋天之封授，已將十二邦國之王臣收歸治下，摧毀行惡道之諸邦，九大部落之臣民俱享吉祥安樂，如今要身心安樂，閑暇居住。」

由土龍年（1208 年）至火狗年（1226 年）之十九年中，皇帝大臣、民衆等俱享安樂，富足可比於天界。此後，皇帝六十六歲之火豬年時（1227 年），進兵吐蕃密納克 ❾ 之地，其第九代首領名多吉貝（金剛吉祥），亦稱托吉，蒙古語稱之爲錫都爾固圖勒津合罕 ❿，收其魂靈，將其臣民全部收歸治下。有傳說稱錫都爾固之妃古爾伯勒津高娃暗害博克達皇帝，故皇帝逝

去，然則這是因爲皇帝曾懲罰哈布圖哈撒爾等事，哈布圖哈撒爾諸子❶銜恨，乃編造此惡言。此妃暗害皇帝不成，畏懼而投入黑水河中，故此河稱爲哈屯穆棱❷。博克達皇帝是在此身功業完成之後，遷移住地在黑水❸岸邊駐夏時身染疾病，於此年七月十二日棄其歸帶寶篋而辭世。他去世時與常人不同，臉色鮮明，光嫩而威嚴。

博克達皇帝有兒子術赤、察合台、窩闊台、拖雷等四人，還有女兒徹辰古兒菊❹。父皇封長子術赤爲托克摩克地方之王，封第二子察合台爲親王，爲托噶爾兼鄂爾科之王，在葉爾羌城立哨駐守。第三子窩闊台沉毅有謀略、賢明穩重，故父王加持爲自己皇位之繼承人。太子察合台有五個兒子❺，長子阿波達拉繼承父位，次子艾瑪麻忽里被封爲克什米爾之王，住於撒麻爾干❻之大城，第三子阿底爾瑪哈麻達被封爲印度東方之王，據說住於巴拉夏城中者乃其化身，第四子郭喀爾被封爲若瑪地方之王，駐守瑪達摩達拉城（原注：據說屬於香跋拉國❼），第五子鐵木耳被封爲鄂爾科之王，住於布哈拉❽城，各自治理其地。太子窩闊台生於羊年（1187 年），由四十二歲土鼠年（1228 年）繼位執掌漢地蒙古國政。

先前博克達皇帝曾以統治廣大國土需要漢地的詳細完善之法規，則有出身於契丹族之大臣耶律楚材❾者，精通佛法、文辭、宗論、語言諸學，在濟爾吉特（金朝）新王考試衆學子時，考中賢者之列，濟爾吉特稱之爲才墨爾根，博克達皇帝乃命其執掌所需之漢法測算等事，並派多人向其學習。正如怗主薩迦班智達所說：「看功業從長遠著眼，謹愼小心並能忍耐，努力

精進而且穩重，雖爲奴僕也會變成官長。」耶律楚材成爲皇帝信任的主要內臣。又如怙主薩迦班智達所說：「如能依止衆位偉人，低賤者也登上高位，正如依靠參天大樹，藤條也能攀上樹頂。」皇子繼位後也封才墨爾根爲主要大臣，參決國政，廣建功業政績。

這又如吉祥怙主龍樹所說：「大臣聰明正直，君臣事業成就，擅長射箭之人，所射皆能中的。」此大臣向皇帝奏准」今後不准殺戮自己的奴隸僕從，制定向臣民徵收農田之稅、向牧民及商人徵收稅款、向漢人徵收銀兩、綢緞、棉布及農田之稅」的法規。窩闊台皇帝執政六年去世。他有兩個兒子，長子貴由生於牛年，二十九歲即位，在位六個月去世。其弟闊端❿生於虎年，二十九歲時繼王位，在位十八年去世。

太子拖雷的兒子有蒙哥、忽必烈、旭烈兀、阿里不哥等四人。長子蒙哥於四十六歲之時繼皇位，在位八年而逝。此王在位時，遣其弟忽必烈等五名將領率五支大軍進兵印度，將彼處之黑色民衆部落，以男生殖器爲珍寶之部落共計三十七個大部落及大城十四座收歸治下。

蒙哥之弟大地之大自在者忽必烈生於木豬年（1215年）於四十六歲之鐵猴年（1260年）即皇位，建大都城、察罕城、呼日葉圖城、朗亭城等四座大城⓫，封有功德之衆人爲官員，制定了比先前諸帝更爲詳盡之法規。其後，此皇帝正如吉祥怙主龍樹所說：「讓精通法規之大臣，護持所有百姓民衆，皇帝即使獨自一人，也能戰勝所有地方。」將先前諸帝未曾征服的漢、吐蕃、蒙古等衆多廣大國度收歸治下，起國名爲「大元」。

此皇帝正如吉祥怙主龍樹所說：「樂善好施而且賢明，出語真實行爲潔淨，安樂以及聲名，像影子一直跟隨其身後。」他心思純潔信仰廣大，則富衆多而不慳吝、精明執持、見相清淨，對所有臣民依佛法護持。因其功德，漢地之人俱稱頌他是當代的「堯舜」皇帝。他將漢人巫士、道人之文書大部分燒毀。

從成吉思汗至忽必烈皇帝之間漸次收歸治下的民衆部落有：青色蒙古的四十萬戶人家、紅漢人、黑吐蕃、黃薩爾塔克沁、白索倫郭斯等不同的五種顏色的民族⓬以及女人國⓭、獨腳國、胸前長眼國、長狗頭國⓮四族，還有形狀及衣著、行爲根本不同的七十多種民族。

所統治的地方從西北方向的居住在托爾果特之陰的欽察人，（蒙古語稱之爲也客亦勒德圖部落）到皇帝的宮殿有三萬聞距⓯之遙，在這廣大地面上的人衆，大多富足，尤其是有許多人有良馬上萬匹，這些人藍眼紅髮、勇武而體形粗惡，身上常佩帶各種武器。據說該處夏天白晝很長，夜晚很短。由此向東南方向之小洲有高麗及曼珠，還有海島之民日本和扶桑、斯言洛、西洋等，還有西南方向之印度的一半，克什米爾邊界以內的民衆。

此皇帝治下之大小佛殿寺廟，總計有四萬二千三百一十八所；大小僧伽⓰，總計有僧人二十一萬三千一百人，此乃青册所記載之數字。據說，皇帝治下稱爲「府」的大城有一百六十八座；稱爲「州」的中等城市有二百四十座；稱爲「縣」的小城有三百九十八座；此外，還有稱爲「衛」的小城一千一百六十五座。還有，外臣大小官二千七百三十名，內臣一百二十一

名。此外，他按蒙古之制在皇位二十年，以漢地之法規爲主在
皇位十五年，共計三十五年中在帝位，轉動輪寶，以薛禪皇帝
之名號名聞四方。忽必烈皇帝於八十二歲的火猴年升遐天界。

薛禪皇帝的兒子⑰有朵爾只、忙哥剌、眞金、那木罕等四
人，還有名叫扯其克的一個女兒。其第三子眞金，在薛禪皇帝
在位之火鼠年（1276年）當法王八思巴再次返回吐蕃時護送此
上師到薩迦，得父皇歡心，下令以後由此子繼承皇位，但此子
先於父皇去世。眞金的兒子有甘麻剌、答剌麻八剌、圖布鐵穆
耳等三人。幼子圖布鐵穆耳生於木牛年，於三十歲的木馬年
（1294年）即皇位，稱爲完澤篤合罕。此皇帝雖在薛禪皇帝在
世時已即帝位，但從其祖父薛禪皇帝出世後的火雞年（1297
年）才開始執掌國政，到執政十一年的四十三歲時去世。在完
澤篤合罕在位時期，得到了著名的漢地的傳國王璽。

此後，完澤篤合罕之兄答剌麻八剌的兒子有海山和愛育黎
拔力八達二人，長子海山生於鐵蛇年，於二十八歲的土猴年
（1308年）即帝位，稱爲曲律合罕。他在位四年，護持政教，
於三十一歲時去世。

此後，曲律合罕⑱之弟愛育黎拔力八達，生於木雞年，於
二十八歲的水鼠年（1312年）即帝位，上尊號爲普顏篤⑲汗。
他在位九年，於三十六歲時去世。普顏篤汗之子碩德八剌，生
於水兔年，於十九歲時即帝位，稱爲格堅⑳皇帝。他在位三年，
於二十一歲時去世。先前諸帝之時，在冠戴服飾上保持著一些
蒙古之習慣，至此皇帝在位時全部改用漢地的習慣。太子甘麻
剌之子也孫鐵木耳即泰定皇帝，生於水兔年，於二十五歲時即

帝位，在位五十天去世。普顏篤皇帝之幼子圖帖睦爾❶亦稱扎牙篤皇帝，生於龍年，於二十二歲的木雞年（1329 年）即帝位，至土龍年在位五年，於二十六歲時去世。海山曲律皇帝之長子阿速吉八❶，生於鐵鼠年，於三十歲的土蛇年（1329 年）即帝位，在位四十天而逝。阿速吉八之弟和世㻋❶稱爲明宗皇帝，生於蛇年，於二十六歲的土蛇年（1329 年）即帝位，於二十九歲去世。明宗皇帝和世㻋之子懿璘質班，生於火虎年，七歲時即帝位，在位一月而逝。

扎牙篤皇帝之子妥歡帖木兒❶，生於土馬年，於十六歲的水雞年（1333 年）即帝位，稱爲順帝，亦稱兀哈噶篤合罕。他在位之時，迎請上師薩迦巴・貢噶洛追❶護持國政教法。此時有漢人姓朱之人家，顯出瑞兆，生一兒子，起名朱葛。此子精於神幻。正如吉祥怙主龍樹所說：「對騙子的甜言蜜語，賢哲若不認眞考查，會像不懂歌詞的野獸，被別人用計謀除掉。」又如怙主薩迦班智達所說：「對於未經考查之人，不可信任委派差事，粗心大意即生錯失，與其議政即反目成仇。」皇帝未能明察，粗心大意任命他爲管理民眾的大官。他即生起將所有漢地收歸治下、奪取社稷之心。正如《戒律論》中說：「善良之人好心相待，邪惡之人仍懷異心，獅子把狐狸認作同類，狐狸卻始終離心離德。」朱葛在皇帝與其英勇賢名之內臣之間以欺幻施用離間之計，使皇帝殺其主要內臣托克托噶太師，並使皇帝與其眾多內臣疏遠。

其後，在其起兵之前，皇帝忽一夜夢中見一白髮老者前來，怒氣沖沖，斥責道：「你將守護自己家室的良犬遠棄，使外部

之惡狼跑來，你想用何策對付？」說畢隱去。皇帝驚懼，隨即醒來。次日，皇帝將此夢告訴自己的上師⑫，上師沉默片刻後說道：「這是因為你拋棄像良犬一樣的自己的內臣，而將惡狼一樣的朱葛任命為主要大臣，將會危及社稷的凶兆。」皇帝問道：「有何良策可以解救？」上師說道：「早先，你之祖先忽必烈薛禪皇帝之時，眾生頂飾法王八思巴曾痛哭三日，當時皇帝問其緣由，法王回答說：『皇上，非為你我二人之世將會產生災變，由我們往後帝位九傳或十傳之時，將有名叫妥歡的皇帝出世。他在位時，你我二人之教法國政將會毀壞，故此痛哭。』當時皇帝問道：『上師，你如此年幼，何以知覺此後輩遠世之事？』上師答道：『主上，我不僅知此後來之事，還知往昔此處曾下過七日大血雨。』於是皇帝命人搜檢前朝文書，果見一書中說先前漢地的唐太宗皇帝在位之時，此地曾下七日大血雨。又見有漢地之譯師唐玄奘係上師世親⑫之弟子，他說過關於後世的授記（預言）。皇帝因此對上師八思巴生起比以前更大的信仰。

　　這樣看來，如今已到尊者授記中所說的時間，這事誰能阻止？不過，只要向上師和三寶猛力祈禱，向自己的護法神奉獻拋食子供養，也可能獲益處。」正如怙主薩迦班智達所說：「能說良言者本已稀少，能聽從良言就更稀少，良醫本來就難尋找，能遵醫囑又有幾人。」皇帝聽了上師此言，對上師反而憤恨，說道：「上師，你回自己家鄉去吧！」上師心中大喜，說道：「在此政教平安存在之時，命我返回自己家鄉，實乃恩德尊師護持之故。」於是返回薩迦地方。

其後，至土猴年（1368年）八月二十八日，正如怙主薩迦班智達所說：「騙子外表裝得善良，以後就會施展騙術，奸商出賣毛驢之肉，先讓人看野牲尾巴。」漢人朱葛口稱向皇帝貢獻物品，在六萬輛馬車中隱藏兵士，向皇帝宮中進發。以燃放火炮為號，眾軍一齊突出，奪了皇帝社稷。此時兀哈噶篤妥歡帖木兒皇帝逃走，漢地之國政丟失。皇帝逃到克魯倫河岸邊，修建一座名叫巴爾浩特**❿**之城，僅為蒙古地方之王。過了三年，於五十三歲的鐵狗年（1370年）去世。

從成吉思皇帝統治漢地的木虎年算起，到此土猴年之間的一百七十五年蒙古共有十五位皇帝執掌國政。

三、元朝以後的蒙古王統

妥歡帖木兒之子必力克圖**❿**，生於土虎年，於三十四歲的鐵豬年（1371年）即位，於四十一歲時去世。其弟烏薩哈勒**❿**，生於馬年，於三十八歲的土羊年即位，於四十七歲時去世。烏薩哈勒之子為恩克卓里克圖、額勒伯克・乃克勒蘇呼依、哈爾果恰克都古榮洪台吉三人。長子恩克卓里克圖豬年生，於三十一歲的土蛇年（1389年）即位，三十四歲時去世。其弟額勒伯克・乃克勒蘇呼依，生於牛年，於三十三歲的水雞年（1393年）即位。

額勒伯克在位七年之時，正如佛陀釋迦牟尼之教誡中說：「何故稱之為婦人，因其罪多及欺幻無量之故，故稱欺幻之人為婦人。誰若被婦人控馭，則猶如墮落魔鬼手中，墮落魔鬼手中即墮落苦難之中。婦人者，乃罪多、欺幻無量、心散亂、負

心、心不定、心搖動不定如猴子之心、與猴子相同、精於欺幻，因此名之爲婦人。」又如《文殊本續》所說：「如果被女色所迷，一切走向衰敗，猶如陷進泥潭，墮入輪迴監牢。貪戀女色之愚人，只是破爛之衣衫。迷戀女色之人，要受難忍之苦，善法被其毀壞。」又如吉祥怙主龍樹所說：「君王因情欲而不辨好壞，其行爲猶如瘋狂之大象，因此惡行將會墮入地獄，他還怪罪臣下不認己罪。」

額勒伯克迷戀其弟都古榮洪台吉之妻鄂勒濟・洪高娃，爲霸占此妃而殺害其弟，娶鄂勒濟・洪高娃爲妃 ⓭。其後不久，正如佛陀釋迦牟尼教誡中所說：「衆生因此而憤怒，乃至互相間吞食，一再地墜入惡趣，受無數苦難煎熬。」衛拉特之台吉名叫烏格齊哈夏哈者，因忌妒而心靈迷亂，殺害額勒伯克王，娶其妃鄂勒濟・洪高娃爲妻，將大部分蒙古收歸治下。

洪高娃王妃在都古榮台吉處時已懷孕三月，被額勒伯克・乃克勒蘇呼依奪占四個月時，又被烏格齊哈夏哈奪占，足月之時，生下一子，起名爲阿賽。

額勒伯克・乃克勒蘇呼依王之長子坤帖木兒生於蛇年，於二十四時的鐵龍年（1400 年）即王位，於二十六歲時去世。其弟額勒濟帖木兒生於羊年，於二十五歲的水羊年（1403 年）即王位，於三十二歲時去世。額勒濟帖木兒之子德勒伯克生於豬年，於十七歲的鐵兔年（1411 年）即王位，於二十一歲時去世。

此後，衛拉特之烏格齊之子額森呼，生於兔年，於二十九歲的木羊年（1415 年）即王位，於三十九歲時去世。

此後，都古榮之子阿賽台吉逃離衛拉特地方，返回家鄉。

與斡赤斤之後裔阿岱台吉爲伴，進兵衛拉特，將衛拉特民衆收歸治下。阿岱台吉於三十七歲的火馬年（1426年）即王位，在位十三年時，衛拉特王額森呼之子托歡台吉殺害了此王。此時，正如怙主薩迦班智達所說：「不察形勢及力量，莽撞上陣是愚人，飛蛾向著燈火撲去，自己喪生不算英勇。」又說：「武藝過於高強，是在準備自殺，沙場戰死之人，多數武藝高強。」托歡台吉因爲在博克達成吉思皇帝宮門前說了許多不敬的話⓲，博克達皇帝顯靈，使他吐血而亡。

托歡台吉之子額森 ⓳，生於豬年，於三十二歲的土馬年（1438年）即王位，在位約一年，國政丟失。其後，阿賽台吉三個兒子中的長子岱總台吉，生於虎年，從十八歲的土羊年（1439年）起執掌國政十四年，水猴年（1452年）與衛拉特部之額森交戰，二人俱死。此後，岱總台吉之子墨爾呼爾靑台吉，生於火虎年，於七歲的水猴年即王位，次年，被多倫土默特之多郭朗台吉殺害。墨爾呼爾靑台吉之兄摩倫台吉生於蛇年，於十七歲的水鷄年（1453年）即王位，於次年去世。

此後，阿賽台吉的第三子滿都古勒台吉，生於馬年，於三十八歲的水羊年（1463年）即王位，殺多郭朗台吉，將多倫土默特部之民衆收歸治下。此時，阿賽台吉之弟子爲阿噶巴爾濟，阿噶巴爾濟之子爲哈爾固楚克，哈爾固楚克之子爲巴延蒙古博勒呼濟農，巴延蒙克與滿都古勒王之間，正如怙主薩迦加班智達所說：「經常致力離間之人，能使親朋好友分離，溪水常年不斷沖擊，能將石崖沖出裂縫」。由於身邊的壞人一再挑撥，他們二人刀兵相見，博勒呼濟農戰敗，逃亡他方。

滿都古勒王於四十二歲的火豬年（1467年）去世。因滿都古勒王無子，他死之後，科爾沁❹部落之哈布圖哈撒爾的後裔、名叫諾顏博羅特的一名首領，欲娶滿都古勒之次妃名叫滿都海徹辰者，滿都海徹辰不從，要適博克達成吉思皇帝之後裔。此時，有巴延蒙克之子名叫巴圖蒙克者，養於帖木兒・哈達克之家，已長至七歲。滿都海徹辰乃取巴圖蒙克來，要與之結爲夫妻。他二人祭祀天神和列祖，滿都海徹辰夫人致禮後祈願道：「爲使博克達皇帝之王統不致斷絕，我今不棄此七歲之幼童，與之結爲夫妻，祈求因此心願，我生下七個兒子一個女兒，爲此七子起名爲七博羅特，以繁衍你博克達皇帝之後裔。」祈願之後，他二人結爲夫妻。

在此鐵虎年（1470年），生於木猴年之巴圖蒙克七歲，生於土馬年的滿都海徹辰夫人三十三歲，巴圖蒙克以滿都海徹辰爲王妃，繼承王位，稱爲達延合罕。此後，果如滿都海徹辰夫人的祈願，孿生了圖魯博羅特、烏魯斯博羅特二子，以後又孿生名圖魯勒之女及兒子巴爾斯博羅特，此後生阿爾蘇博羅特一人，此後又孿生阿勒楚博羅特、瓦齊爾博羅特二人，此後又生阿爾博羅特一人。此外，達延合罕名叫扎里雅之妃❺生了格呼博羅特、格呼森札二子，名叫衛拉特呼賽之妃生了格呼圖、鄂僕山恰・青台吉二子，總計此合罕有子十一人。此達延合罕在位七十四年，於八十歲的水兔年（1543年）去世❻。

達延合罕之子圖魯博羅特❼、烏魯斯博羅特於父王在位時去世。圖魯博羅特之長子博迪・阿拉克台吉生於鼠年，從四十一歲的木龍年（1544年）至火羊年（1547年）在位四年後去

世。博迪‧阿拉克之子達賚遜‧庫登台吉生於龍年，於二十九歲的土蛇年（1548年）即王位，於三十八歲時去世。達賚遜‧庫登的四個兒子中的長子圖們台吉生於豬年，於二十歲的土馬年（1558年）至水龍年（1592年）之間的三十五年中在王位後去世。圖們台吉有十一個兒子，長子布延台吉生於兔年，於三十九歲的水蛇年（1593年）即王位，於四十九歲時去世。布延台吉之子爲莽果斯、喇卜噶爾、瑪果黑塔特三人。長子莽果斯在父王在位時去世，其子爲林丹‧巴噶托爾台吉、桑噶爾濟鄂特罕台吉二人。

長子林丹‧巴噶托爾生於水龍年，於十三歲的木龍年（1604年）即王位，稱爲察哈爾呼圖克圖合罕。此林丹‧呼圖克圖合罕虔信佛法，廣作利益佛法之功業。但是，其間正如怙主薩迦班智達所說：「將邪說視爲珍寶的人，雖是親友也不可信任，向高官們贈送賄賂，使其敗滅的多是親友。」受林丹‧呼圖克圖合罕信賴之一名漢人，設法哄騙他，畫了一條一個頭許多尾巴的蛇和一條許多頭一隻尾巴的蛇，寄送給合罕。合罕問：「此是何意？」使者答道：「我們漢地只有一個皇帝，治下官吏俱由其任命，猶如此一頭多尾之蛇，尾雖多俱跟隨於頭。貴國蒙古自立爲王及首領者眾多，猶如此多頭之蛇，眾頭心思難合，因此國政難以長治久安。」

林丹‧呼圖克圖合罕深以爲然，於是與自己親近之大首領們生起內亂，凶惡粗暴，爲害深重。因此，正如吉祥怙主龍樹所說：「妻子不良親友狠毒，國王粗暴近臣凶惡，鄰居奸刁鄉里愚頑，如此之地應當遠離。」其親近之大首領們悔恨厭棄，

糾紛離開青城土默特之地，率其屬民，遷居各處。有鄂木布楚琥爾❶諾顏等前來此方，歸降於寬仁雍和博克達徹辰合罕（即清太宗皇太極），與哈布圖哈撒爾之後裔科爾沁地方的大首領們一起成爲博克達皇帝（清太宗）之主要內臣。不僅如此，林丹·呼圖克圖合罕於四十三歲之時，又被侍從曲森贊等人迷惑，正如吉祥怙主龍樹所說：「毒蛇之毒與惡人之毒，惡人比毒蛇還要惡毒，蛇毒還可用藥誦咒治療，惡人之毒誰也不能去除。」又如怙主薩迦班智達所說：「騙子講得委婉動聽，是爲欺騙而非恭敬，貓頭鷹發出了笑聲，是報凶兆而非喜訊。」

有達延合罕第十子格呼森扎的七個兒子中的第三子諾諾和衛徵之孫（或外甥）名楚庫爾·卻圖者❶，從喀爾喀部被驅逐，來到青海湖❶邊，他寫信給林丹·呼圖克圖合罕說：「我等地方以前興盛薩迦派❶的教法，如今卻興盛格魯派❶的教法，應當以摧毀格魯派爲好。」林丹·呼圖克圖合罕以此惡言爲有理。又正如怙主薩迦班智達所說：「福德盡時生起壞心，族裔絕時生出逆子，財富盡時生起貪心，壽命終時出現死兆。」林丹·呼圖克圖合罕與西藏之王第悉藏巴·彭措南傑❶聯合，打算將格魯派的教法摧毀得名號不存，率領軍隊向西藏進發，行至青海湖以北的錫拉塔拉（黃草灘）時，林丹·呼圖克圖合罕如同被護法神大力天神❶解說，其性命與蒙古社稷全部喪失。

此後，在林丹·呼圖克圖合罕之正次二妃尼昂尼昂太后與蘇泰太后❶，二人與二位幼年王子額哲洪果爾和阿布鼐身邊，僅剩察哈爾八部落之軍士數千，大部分財產亦如風捲樹葉般飄散無餘，僅有一尊純金製成的密宗護法寶帳依怙之身像❶，乃

將此像供於枕上，獻大供養，頂禮後祈願道：「如今，我們一雙寡婦一對孤兒，眼下無有自主之希望，必須前去投靠一家偉人。投奔何方才能獲得久暫之安樂，請護法神將臉轉向彼方。」虔誠祈願之後睡去。次日清晨起來觀看，見神像之臉轉向東南方向。他們此前已聽聞寬仁雍和崇德博克達太宗皇帝之聲名，又見神示方向亦符合，於是如吉祥怙主龍樹所說：「依靠福德之人護佑，小人也能變得有力，在須彌山頂的眾鳥，羽毛全都變成金色。」

他們前往穆克丹地方，投降了博克達皇帝，獻上玉璽。此玉璽乃是往昔漢地有名叫七霸的七位人主中的楚王之時，荊山上有鳥王鳳凰落下，有名叫卞和者見之，想道：「此鳥王不落無寶之地，此地必有寶貝。」於是前去尋找，見此地只有一塊大石頭，他將此石背回，獻給國王，國王不信是寶。後來此石裂開，出現一塊舉世稀有之白色羊脂玉石，無一點瑕疵，有杯口大小。此玉有時會放射光芒，若齋戒祈願，會顯示各種吉祥圖形。

秦國之王曾以十五座城換取此玉**⑰**都未換到。此後秦始皇將漢地全部收歸治下，得到此玉，改制爲印，由大臣李斯書寫篆文「受命於天，旣壽永昌」八個字，刻於印上。這八個字譯成藏文爲「天所封授，壽祚綿長」，其意爲：「因福德之力，而非偶然，被命運任命爲大主宰，壽命長久，子嗣不斷，永遠堅固。」此傳國玉璽由秦國第三代國王子嬰獻給漢高祖，過了四百年，漢國戰亂，王臣散離，金頂皇宮被火焚，一名宮女攜此玉璽投井自殺**⑱**。過了十年，有將軍孫堅於晚上見井中放光，

前往尋之，而獲此印。

此後漢地諸王歷代相傳。至後唐末帝潞王失國之時，彼悔恨至極，乃頸繫玉璽跳入火中而死，故後晉、後漢、後周及宋國四朝總計三百四十七年間，世上僅留此玉璽之名。其後，大蒙古之天兵進入中原時，有一人持此玉璽前來，獻與大將軍木華黎，木華黎不識此玉璽，置於普通寶物之中若干年。

到薛禪皇帝去世後，才有人獻給完澤篤皇帝。這以後由蒙古歷代帝王相傳至林丹合罕。由於他們奉獻如此珍寶，朝廷對他們格外開恩護佑。為了不生猜疑，皇帝迎娶二位王妃為妻，次妃蘇泰生子圖薩爾達親王，並嫁自己的女兒固倫公主給額哲洪果爾為妻。因額哲洪果爾夭逝，又封其弟阿布鼐親王爵位，將公主再嫁給他，任命為主要大臣。由此，樹立了將滿洲與蒙古合為一體之根本。阿布鼐之子布爾尼王等成為察哈爾八部落之首領。

前述巴圖蒙克達延合罕之第三子巴爾斯博羅特受封為右翼三萬戶之大首領。他的兒子為袞必里克、阿拉坦汗 ⑭、拉布克台吉、巴雅斯哈勒昆都楞汗、巴延達喇琳台吉、博迪達喇鄂特罕台吉、塔喇海台吉等七人。長子袞必里克被封為領鄂爾多斯萬戶和土默特的墨爾根濟農，阿拉坦格堅合罕生於火兔年（1507年），統轄十二土默特 ⑮ 之大部，成為汗王。

他進兵衛拉特 ⑯ 之地，將其民眾全部收歸治下，又進兵漢地，漢地的皇帝畏懼，派遣一名內臣前去說道：「封你為順義王，並賜給金印，今後你我雙方同心和好相處，難道不好嗎？」正如怙主薩迦班智達所說：「賢者發怒也能勸止，越勸愚人越

加頑固，金銀堅固也能熔化，狗糞化開只有臭味。」阿拉坦格堅合罕贊同漢地皇帝之言，領兵返回故土。此後，阿拉坦合罕於六十七歲之水雞年（1573年）進兵土伯特地方，將土伯特之民眾全部收歸治下。

此時，袞必里克墨爾根濟農之第四子諾木塔爾尼洪台吉，其子庫圖古台徹辰洪台吉，具有察知未來及神變本領，亦進兵土伯特地方，他顯示神變收服了幾名喇嘛和咒師，復又增援其叔祖阿拉坦格堅合罕。阿拉坦汗年老之時，正如怙主薩迦班智達所說：「兩個聰明人一起商議，可能產生另一種良策，姜黃與硼砂混合之後，就會產生另一種顏色。」他與庫圖克台徹辰洪台吉商議後，召集自己的兒子和大臣們多次說明教法珍寶及三寶的久暫功德，他吩咐說：「你們今後絕不可損害教法之寶及僧眾。」為使如此善規長久存在，他將此寫成國法文書保存。

阿拉坦汗於七十七歲之水羊年（1583年）去世。阿拉坦汗之長子僧格都古榮帖木爾洪台吉，生於土狗年，於四十七歲的木猴年（1584年）即王位。僧格都古榮帖木爾洪台吉之子有蘇密爾岱青洪台吉、噶爾圖台吉、托勒噶圖台吉、綽克圖台吉、托勒木圖台吉、博爾哈圖台吉等六人。長子蘇密爾岱青洪台吉之子為第四世達賴喇嘛雲丹嘉措貝桑布。第二子噶爾圖台吉之子有鄂木布楚琥爾、克達哈二人。土默特旗之扎薩克鄂木布楚琥爾之子為扎薩克貝子固穆、恰那多吉、托克多三人。貝子固穆之第六子為貝子拉斯札布，拉斯札布之長子為貝子班第，班第獨生一子，即對上師及三寶信仰堅固、精通政教學識之教法大施主、乾清門戈什哈（侍衛）、土默特旗扎薩克貝子哈穆噶

巴雅斯呼朗圖。

　　哈穆噶巴雅斯呼朗圖之子爲虔信上師三寶、喜愛佛法之扎
薩克貝子朋素克璘親。朋素克璘親之第三子被當今的大清國大
皇帝任命爲主要內大臣。皇帝並將女兒固倫公主嫁給他，對他
的恩寵較所有漢蒙大臣更甚。玉華門侍衛便是固倫額駙扎薩克
貝子瑪尼達喇，他精習貴冑七藝，護持一方之政敎。以上爲從
先前之十二土默特中分出移牧於盛京附近的土默特之王族。

　　達延合罕之長子圖魯博羅特之子博迪・阿拉克合罕，博迪・
阿拉克之長子爲達賚遜・庫登，達賚遜・庫登之子有圖們、居
克圖、塔爾尼巴哈、岱靑等四人。第二子居克圖都喇勒諾顏之
後裔爲浩齊特❶❺❷部之王族。博迪・阿拉克之第三子翁衮都喇勒
之後裔爲蘇尼特❶❺❸部之王族，翁衮都喇勒之子巴延岱諾顏之後
裔爲烏珠穆沁❶❺❹部之王族。博迪・阿拉克第五子之子諾木圖之
後裔據說爲公衮布扎布等。博迪・阿拉克之弟翁木尼克之第三
子貝瑪納之子爲岱靑都喇勒爲額森衛徵二人，他們的後裔爲敖
漢部❶❺❺、奈曼部❶❺❻之王族。

　　達延合罕第三子巴爾斯博羅特・賽音阿拉克濟農之長子衮
必里克墨爾根濟農之後裔成爲守護成吉思皇帝寢帳的鄂爾多斯
❶❺❼六部落的王族；第四子阿爾蘇博羅特之子墨爾根洪台吉之後
裔成爲道洛汗土默特之王族；第五子斡齊爾博羅特之後裔成爲
克什克騰部❶❺❽之王族；第六子阿爾楚博羅特之子爲和爾噶齊哈
薩爾，和爾噶爾哈薩爾有五子，長子烏巴什衛徵之後裔爲札魯
特部❶❺❾之王族，次子蘇巴海達爾罕諾顏之後裔成爲巴林部❶❻❶之
王族；第九子格呀博羅特之後裔鄂若特古特部之王族；第十子

格呼森札有七子，其後裔爲喀爾喀四部七部落之王族。其中格呼森札第三子諾諾和衛徵之後裔阿巴岱汗之孫多爾濟土謝圖汗之子有多羅那它❶之轉世哲布尊丹巴洛桑丹貝堅贊；第十一子靑台吉之後裔爲塔達棱之王族。

博克達成吉思皇帝之弟哈布圖哈撒爾之後裔❶歷代相傳，有蒙克覺爾郭勒，蒙克覺爾郭勒有四子，由長子巴袞諾顏之子博爾海❶傳出之後裔爲烏喇特❶部之王族，由第四子齊齊克烏巴什圖錫依圖傳出之後裔爲科爾沁十部落之王族。由巴袞諾顏之子諾木圖昆都倫岱靑與哈波爾塔噶托爾等人傳出的後裔爲阿魯科爾沁❶部之王族。巴袞諾顏之子溫台鄂達罕之後裔都爾班札賚特❶部之王族。茂明安❶部之王族亦是哈布圖哈撒爾之後裔。

成吉思皇帝之弟弟們：哈爾圖哈赤斤之後裔爲托噶爾察克之王族；布黑伯勒格台之後裔爲阿巴噶❶部四部落之王族；鄂依圖幹赤斤任翁牛特❶部之王，但他沒有後裔，翁牛特部之王族是哈布圖哈撒爾六傳後裔阿薩噶勒岱諾顏之第二子烏魯克特穆爾之後裔❶。

和碩特部爲四衛拉特之一。哈布圖哈撒爾之後裔由烏魯克特穆爾下傳有名叫庫賽宰桑者出，庫賽宰桑之長子名博貝密爾咱，博貝密爾咱有哈尼諾顏洪果爾及哈莫克二子。長子哈尼諾顏洪果爾娶阿黑哈屯，生有五子，稱爲阿黑哈屯之五個巴爾斯（五虎）其中的第三子爲固始格堅汗❶。固始汗有三個妃子，長妃生了傑克西圖達延汗、阿札納徹辰洪台吉、達賴阿玉什巴延阿布該、達蘭泰等四個兒子，次妃生了策愣伊勒都齊、多爾濟達賴洪台吉、瑚魯木什額爾德尼岱靑、袞布策旺，桑噶爾札

等五個兒子，小妃額特克生子達什巴噶托爾，共計固始汗有十個兒子。達什巴噶托爾當了青海之王，固始汗之長子傑克西圖達延汗被立爲西藏之王。傑克西圖達延汗有六子，長子達賴汗有丹增旺札爾和拉藏汗兩個兒子，拉藏汗護持西藏的王位十三年，使衛藏（前後藏）之教法和衆生的利益更爲增盛。

固始格堅汗之第五子策愣伊勒都齊有坎卓和達爾傑博碩克圖濟農兩個兒子，博碩克圖濟農的兒子有策旺巴勒拔爾、墨爾根諾顏、岱靑和布格齊、噶爾丹博碩克圖、敦珠布達什等五人。岱靑和希格齊後來被雍正皇帝即蒙古語稱爲乃熱勒圖皇帝賜給親王爵位。達什巴噶托爾有唐拉札布和親王羅卜藏丹津等兩個兒子。以上固始汗的子孫，有的在西藏護持王位，有的擔任青海的首領，有的成爲朵甘思（川西藏區）的首領。

又由哈布圖哈撒爾的後裔達賴烏巴什傳出下部之阿拉善❶之王族。由哈莫克傳出靑海以上的三十三台吉的傳承等。

由前述之多波蘇霍爾之子托歡等四人之後裔爲：準噶爾部的大部分首領、巴噶托忒、輝特、厄魯特諸部的王族和首領。在鄂羅思亦稱嘉色爾的王族是成吉思皇帝之子察合台之後裔，據說成吉思皇帝的玉璽寶印即在他們的手中。在托克馬克地方的王族是成吉思皇帝之子尤赤之後裔自托克傳出，有蘇勒迪、巴噶托爾、江格爾、哈薩科等。

四、明朝和清朝的王統

如此，從博克達成吉思皇帝於藏曆第三饒迴的第四十三年土雞年（1189年）即帝位起，到妥歡帖木兒兀噶哈圖皇帝丟失

在漢地的社稷的土猴年（1368年）之間共傳十六帝，歷時一百八十年。妥歡帖木兒皇帝僅僅統治蒙古地方歷時三年，從其子必力克圖皇帝到察哈爾林丹・呼圖克圖皇帝丟社稷之木狗年（1634年）歷時二百五十七年。

博克達成吉思皇帝之後裔長時期執掌國政，雖然一段時期後丟失了中原之大政，但是仍為蒙古地方之王，特別是成吉思皇帝之後裔及其諸弟之後裔直到如今仍然遍布於大蒙古之各地，為諸部之主、王、貝勒、貝子、公、台吉等首領，治理各自屬下百姓，此實為十分稀有之事。先前漢地、吐蕃所出之聲名廣大之帝王雖然眾多，但彼等之後裔現今無有能與成吉思皇帝之後裔相比擬者。不僅如此，大明皇帝之皇統自第三代以下亦是博克達成吉思皇帝之後裔，其來由如下所述。

前述之妥歡帖木兒兀噶哈圖皇帝將漢地之社稷丟失於朱噶 ⓲ 之手時，由大都城逃往北方。此時皇帝由蒙古和林地方所娶之托克塔皇太子的女兒名叫墨克席力圖的妃子已懷孕三個月，未能逃走，隱藏於一個大缸之中，被朱葛看見，娶為自己的妃子。朱葛於二十五歲時登上漢地皇位，稱為大明太祖皇帝朱洪武。

此時，蒙古皇帝之妃想道：「腹中所懷的若從今日起七個月出生，皇帝必認為是仇敵之子，會將其毀棄，如十個月出生，則皇帝必認為是自己之子，將其撫養。」因此一再祈禱：「願父皇天帝慈悲，保佑腹中所懷之子足月後再延遲三個月出生。」因此，她到足月時沒有分娩，到懷胎十三月時才分娩，生下一個皇子。此後大明皇帝的另一個妃子也生了一個兒子。此時，

大明皇帝夢見有兩條龍相鬥，左方的龍獲勝。

次日召來一位占卜師測算，占卜師答道：「兩條龍是天子你的兩位皇子，右方的龍是漢人妃子所生的皇子，左方的龍是蒙古妃子所生的皇子，這兩位皇子都有執掌國政的大福德。」皇帝想道：「這兩個雖然都是我自己的兒子，但長子是先前當過仇敵之妻的妃子所生，不應讓他繼位。」於是另築一座大城，讓長子居住。

這樣，太祖皇帝在位三十一年，於五十五歲時去世，此後，由生於狗年的第二子建文於二十九歲的土虎年（1398 年）即帝位。過了四個月來，由原先妥歡帖木兒的妃子所生的皇子率領蒙古軍六千、濟爾吉特軍三萬以及北方之漢軍向建文帝的地方進兵，驅走建文帝，奪取其社稷。其後，此兀哈噶圖皇帝之子於三十二歲之土兔年（1399 年）即帝位，稱為永樂皇帝，他在位二十二年，於五十三歲時去世。

永樂帝之子宣德帝生於虎年，於三十六歲的鐵牛年（1421年）即帝位，在位十年而逝。宣德帝之子正統帝生於馬年，於三十歲的鐵豬年（1431 年）即位，於三十二歲時去世。正統帝之子景泰帝生於狗年，於十七歲的木虎年（1434 年）即位，在位五年時的土馬年（1438 年）與衛拉特的台吉額森交戰，額森將此皇帝生俘帶走。景泰帝之弟景隆帝生於鼠年，於二十歲的土羊年（1439 年）即位，於二十七歲時去世。此時，原先之景泰帝於其弟景隆帝在位五年時由蒙古地方返回，即於此三十歲的火兔年（1447 年）重新即位，改稱為天順皇帝，在位十七年，於四十六歲時去世。

天順帝之子成化帝生於虎年，於三十一歲時即位，五十三歲時去世。成化帝之子弘治帝生於蛇年，於三十九歲的火羊年（1487 年）即位，於五十六歲時去世。弘治帝之子武宗正德帝生於狗年，於四十歲的木牛年（1505 年）即位，於五十五歲時去世。正德帝之子世宗嘉靖帝生於馬年，於二十四歲的鐵蛇年（1521 年）即位，於六十八歲時去世。嘉靖帝之子隆慶帝生於馬年，於四十五歲時即位，於五十一歲時去世。隆慶帝之子宣宗萬曆帝生於豬年，於二十三歲的水雞年（1573 年）即位，於七十歲時去世。萬曆帝之子泰昌帝生於蛇年，於四十一歲的鐵雞年（1621 年）即位，於當年去世。泰昌帝之弟天啓帝生於龍年，於十九歲的水狗年（1622 年）即位，於二十五歲時去世。

泰昌帝之侄崇禎帝生於豬年，於三十一歲的土蛇年（1629 年）即帝位，在位十六年的木猴年（1644 年）社稷丟失。此朝之名稱爲大明，其權勢不及於西方與北方，弱於蒙古之時，在其他方向則聲威甚高，不低於漢、唐之時，明朝歷時二百七十六年，共有十六位皇帝。

除了第一位和第三位兩位皇帝指明太祖和明成祖之外，明朝的其他皇帝正如怙主薩迦班智達所說的那樣：「不適宜的忠厚正直，可能損害自己和別人，直箭或者射中對方，或者會將自身折斷。」由於他們十分懦弱，因此被宦官和奸臣們控制，國政多次發生昏亂，特別是第十位皇帝明武宗，對於佛陀的教誡中所說的：「過分喜好飲酒之人，對於自他均無利益。愚昧和衰亡都因酒，如草烏之毒不可飲。」以及吉祥怙主龍樹所說：「酒會使世間橫暴、事業毀壞、貧窮，使愚人作非分之事，故

此應常時戒酒。」，《歡喜圓經》所說的：「飲酒之罪過為使人今世貧困、染各種疾病、發生爭端等三十五種罪過。」全然不顧，落入酒之泥潭之中。

此外，又對佛陀教誡中所說：「婦人能使男子經受殺戮、捆縛、受地獄之火燒灼和禁閉之苦。」以及吉祥怙主龍樹所說的：「抓搔能使皮癬暫安，最好是不染皮癬，世間淫欲一時歡樂，最好是不生淫慾。」等說明貪戀婦人的種種罪過的話全然不顧，與婦人戲樂無度，種下許多使國政衰敗的種子。

明世宗本人信奉本教（道教）將國政交給一些惡少年掌管，自己去修習道法，度過在位的四十五年。第十三位神宗皇帝長相醜惡，據說是吃錯藥的結果，無論如何他在位的四十八年中只接見過群臣兩三次，終日只在臥榻之上消磨時光。當時上下蒙蔽盛行，昏亂之幼苗長成枝條，最後結成果實，至第十六位皇帝明毅宗（崇禎帝）之時果實成熟，李自成奪取了江山。

此後我朝大淸的王統，如下所述：在蒙古地面的左方，有一從策勒格蒙古分出的部落，或說系先前濟爾吉特之王阿拉坦（金朝）之同族。早先查罕阿古拉山（指長白山）附近有一個有八條支流的湖泊，眾仙女時常前來湖中洗浴。有一次眾仙女在湖中洗浴時，一隻天神變化的喜鵲將一紅色果子放在一位仙女的衣服上，仙女吃了果實即有孕，因而未能返回天界，生下一子，置於一根樹幹上放入河中，為滿洲人尋得，加以撫養。

由此子繁衍之後裔中，有名努爾哈赤❶巴嘎托者，剛毅聰明，有武略。恰如吉祥怙主龍樹所說：「要想自己站穩腳根，就要努力利益他人，不建立大業的根基，偉人怎能獲得成功。」

英雄努爾哈赤時常努力利益眾人，對豪強者以威力鎮壓，對弱小者以慈悲護持，對隨從部眾如自己的兒子一樣愛護，對別部的上萬人士恭敬和順，待之如上賓，時常饋禮供養，故此眾人將其大名聲遠傳於各處。又如吉祥怙主龍樹所說：「不做非分之事，諸事量力而行，一方消除煩擾，如此賢人誰不敬」，許多勇武之人都前來投順，使東北一方的所有漢人、新舊滿洲、部分蒙古都歸入其統治之下。

努爾哈赤的第二子皇太極生於水龍年（1592年），二十九歲成為四支大軍（指滿洲四旗）之主，親自領兵進攻漢地，大破明將孫平，取大城三座，其權勢日益增大。至四十四歲之木豬年（1635年），蒙古科爾沁十部落的首領等許多蒙古首領率部眾降順，察哈爾部林丹汗的王妃也率兩位王子投降，獻傳國玉璽，使皇太極的勢力大為增加。此後，以哈布圖哈撒爾的後裔蒙古科爾沁部諸首領為首的蒙古四十部落以及滿洲濟爾吉特眾多部落商議，共尊皇太極為「阿固達鄂羅錫葉克齊德格都額爾德木圖鼐喇穆達果博克達徹辰太宗皇帝」（寬溫仁聖皇帝）。

此皇帝在穆克丹（今審陽）執掌國政六年。之後，於木猴年（甲申，1644年）以四部天兵進軍中原，正如怙主薩迦班智達所說：「對凶暴只有用武力征服，用和平辦法又怎能降服，對殺生挖取人眼的魔鬼，講說慈悲只能變成毒藥」，大軍將李自成等全部剪除。

太宗皇帝的太子生於土虎年（1638年）七歲時進入北京皇宮即帝位，尊稱為世祖格烏古勒申皇帝，通常稱為艾意貝爾札薩克齊順治皇帝，對所有眾生不分親疏一體護佑，與無比的日

窩格丹派（西藏佛教格魯派，俗稱黃教）結爲施主與上師關係，令其以三法爲主進行修習，護持國政十八年，於二十四歲時逝往天界。世祖皇帝之子聖祖鄂熱西亞勒圖皇帝即康熙皇帝生於木馬年（1654年），從水虎年（1662年）起在位六十一年，治理天下，將《般若八千頌》⑰譯成滿文，廣利佛法。

康熙皇帝之第十四子世宗雍正乃熱勒圖皇帝從水兔年（1723年）起在位十三年，依教法護持世間及出世間二衆。此後，雍正皇帝之子奉天承運太上皇帝乾隆皇帝，生於鐵兔年（1711年），於二十六歲的火龍年（1736年）繼承帝位，依照佛法護持政教，在位六十年中使所有衆生全部享受圓滿富足。之後，太上皇帝之子色西雅勒泰伊熱克勒圖嘉慶皇帝，生於鐵龍年（1760年），於三十七歲的災龍年（1796年）繼承天命，轉動福德及大力之法輪，治理天下，依佛法護持政教，對所有衆生恩德巨大。

有詩讚曰：

在此濁世的十二位國王，
要將衆生利樂摧毀之時，
執掌佛法寶庫之天神，
化現爲人主降臨世間。

猶如藏王松贊建立功業，
又似神幻英雄征服凶象，
在蒙古地方摧毀凶暴者，

使佛陀之教法四方弘揚。

雖外表粗魯實救護弱小，
雖是俗人相卻努力弘法，
梵天子孫對後世的恩德，
使人想起就合掌胸前致禮！

第一章　歷代王統的傳承

名詞注釋

❶共敬王：亦稱衆敬王，古印度最初出現的國王。

❷涅赤贊普：據《紅史》載：「《霞魯教法史》中說，印度國王白沙拉恰切的兒子為涅赤贊普。本波教徒們則認為無神之王是由十三層天的上面沿著天神的繩梯下降的，從雅隆的若波神山頂上沿天梯下降到贊塘郭細地方，看見的人說：從天上降下一位贊普，應請他當我們衆人之主。於是在脖頸上設置座位將其抬回，奉為國王，稱為涅赤贊普，這是吐蕃最早的國王。」

❸天赤七王：據《紅史》載：「涅赤贊普的子孫依次相傳，有牟赤贊普、丁赤贊普、索赤贊普、梅赤贊普、德赤贊普、塞赤贊普。他們與涅赤贊普合稱為天赤七王，天赤七王的陵墓建於天上，神體不留屍骸如虹逝去。」

❹羅昂登上了王位：據《紅史》載：「塞赤贊普的兒子止貢贊普，他與一個名叫羅昂的大臣比武，止貢贊普在交戰時失敗，被大臣羅昂殺死。止貢贊普的三個兒子逃往工布，王位由羅昂執掌。」

❺波窩：今西藏自治區波密縣和林芝縣東久區所屬地區總名。習慣上分上下兩部，以帕隆藏布流域為上部，以易貢藏布流域為下部。

❻娘布：山南雅隆地區地名。工布和波密連接地區尼洋波河流總名也叫娘布。

❼工布：今西藏自治區東部尼洋河上游地名。

❽布德鞏夾：據《紅史》載：「三位王子的母親在被罰為奴時，在睡夢中夢見與一個白人交合，後來生下一個血團，血團中有一個男孩，起名為乳烈吉。

乳烈吉使王子涅赤登上王位，起名為布德鞏夾。」

❾地烈六王：亦稱中烈六王。據《紅史》載：「以後依次為埃肖烈德肖烈、梯肖烈、庫茹烈、仲西烈、俄肖烈，他們合稱為中烈六王，中烈六王的陵墓建在石山和草山之間。」

❿中德八王：亦稱地岱八王。據《紅史》載：「此後依次為薩南木森岱、岱朱南木雄贊、色諾韓岱、色諾保岱、岱諾南木、岱諾保、岱甲保、岱珍贊，他們合稱為地岱八王，地岱八王的陵墓建在河流之中。」

⓫拉脫脫日年贊：據《紅史》載：「此後為甲德日龍贊，甲德日龍贊以前贊普之母為神女和龍女，從甲德日龍贊以後贊普與臣民通婚。此後依次為赤贊南木、赤扎邦贊、赤脫傑脫贊、拉脫脫日年贊。以上五王合稱五贊王，五贊王以下贊普陵墓建於國中，拉脫脫日年贊六十歲時，從天空中落下一肘高的黃金寶塔、大乘莊嚴寶經、百拜懺悔經、六字大明心咒、贊達嘛呢泥塔、木叉手印等物，並有聲曰：『五代以後將會懂得其義。』拉脫脫日年贊雖不懂其意，仍把這些起名為玄秘神寶而加以供養，因此他活到一百二十歲。據說這是佛教在西藏的開始，他是普賢菩薩的變化。」

⓬嘉木樣協貝多吉：亦稱嘉木樣協巴・阿旺尊珠（1648—1721）。是拉卜楞寺北四十里甘加地方人，13 歲出家，21 歲前往拉薩，入哲蚌寺郭芒扎倉學經，53 歲被達賴六世委派郭芒扎倉的堪布，曾任拉藏汗的經師，是著名的格魯派寺廟拉卜楞寺的創建者。建寺後他成為嘉木樣一世活佛。1711 年，拉藏汗所立的達賴六世贈他「郭芒額爾德尼諾門罕」的稱號和傘蓋。1720 年，康熙皇帝封他為「扶法禪師班智達額爾德尼諾門罕，」並贈金印等。（詳見《蒙藏民族關係史略》225—227 頁）

⓭釋迦牟尼：佛教創始人。釋迦牟尼是佛教徒對他的尊稱。他本姓喬答摩，名悉達多，相傳是古印度北部迦毗羅衛國（今尼泊爾南部提羅拉科特附近）淨飯王的太子，屬剎帝利種姓。29歲時有感於人世生、老、病、死各種苦惱，又對當時婆羅門教不滿，捨棄王族生活出家修道。據《佛教史大寶藏論》載。釋迦牟尼一生經歷了從兜率下降事業、入胎事業、延生事業、學書習定事業、婚配賽藝事業、離俗出家事業、行苦行事業、誓得大菩提事業、降魔成佛事業、轉法輪事業、從天降監事業、示涅槃事業等十二種事業。

⓮松贊干布：在吐蕃王朝世系中為第三十三代贊普。松贊干布在位期間修建宮室、創立文字、制定法規、譯經傳教、建築寺廟，對吐蕃經濟、文化以及鄰國民族之間的交往等諸方面都做出了重大貢獻。據《紅史》載：其父南日松贊、其母為蔡邦妃甄瑪脫噶。他於陰火牛年生於不動彌勒宮，十三歲時父親去世，他便繼位，松贊干布在陰土鼠年八十二歲逝世。

⓯覺臥不動金剛：指的是釋迦牟尼八歲身量的佛像。公元七世紀時松贊干布的尼泊爾後妃拜木薩赤尊把它帶至西藏，供於拉薩小昭寺中。另外不動金剛也指佛教所說五種姓佛之一。它們是：大日如來、不動如來、寶生如來、無量光如來和不空成就如來。

⓰彌勒法輪像：吐蕃王松贊干布時，王妃拜木薩攜至西藏的稀有三尊之一（另外二尊是覺臥不動金剛像和自現旃檀度母像），供奉於大昭寺內的手結轉法輪印的銀質彌勒菩薩像。

⓱覺臥佛像：唐朝皇帝唐太宗的室女文成公主帶到西藏的釋迦牟尼十二歲身量相等的佛像。

⓲吞米桑布札：吐蕃王松贊干布時一大臣名。早年奉命赴印度留學，精研

梵文和佛學，還藏後損益梵文元音和輔音字母，結合藏語聲韻，首創藏文，初譯佛經。吞米是氏族名，桑布札義為西藏學者，是印度人對他的敬稱。藏史稱為七良臣之一。據《西藏王臣記》載：「……圖彌阿魯的兒子名叫桑補扎，連同僕從人等，給了他們沙金一升及金鉢等物，命令他們去到印度訪求學術界的權威導師，學習文字。他們啟程後一路平安到了印度，就在婆羅門勒敬（音譯）的座前學習了三百六十四種文字；並在班抵達拉日巴生格（智獅子）座前，學習了《聲明記論波爾尼經》，和比較易知的部分，即國王的論著《迦羅波經》；難知部分，即班抵達的論著《記論旃陀羅字經》、《鄔拿地經》、《觀世音二十一種經續》等。」

❶❾赤松德贊：吐蕃王朝第三十八代贊普，據《紅史》載。他於陽鐵馬年生，「赤松德贊從十三歲起執政四十三年，迎請印度的堪布喜瓦措、蓮花生大師、畢瑪拉迷扎、首底噶拔……翻譯無數經典。」「赤松德贊手掌上有蓮花紋，是文殊菩薩的化身，於陽木牛年五十六時去世。」史學家將其與松贊干布、赤祖德贊並稱為「祖孫三王」，亦與菩提薩埵和白瑪桑菩瓦並稱為「師君三尊」。

❷⓪喜瓦措：（約 700—760），古印度一佛學家。譯言靜命、寂護。生於孟加拉，為薩霍爾王之子。後那爛陀寺依止智藏（依希寧波）論師出家，受具足戒。為中觀自續派論師及東方三中觀師之一。著《中觀莊嚴論》。八世紀中，應吐蕃王赤松德贊邀請至西藏，設計修建桑耶寺，度初試七人出家，並開始建立僧伽制度。宣說律學、中觀，與赤松德贊和白瑪穹乃，並稱為師君三尊。前後在吐蕃待了十餘年，卒於吐蕃。

❷①蓮花生：梵文名 Padmasambhava，是鄔仗那（今巴基斯坦斯瓦特河谷一帶）人，因而又被稱為鄔仗那活佛，號釋迦獅子。他是寂護的妹夫，是印度佛

教密宗的大師。八世紀中，應吐蕃王赤松德贊之邀入藏，倡建桑耶寺，教西藏弟子學習翻譯之學。從印度邀無垢友等通人證士至藏，翻譯重要顯密經論為藏文。其後離開吐蕃前往遮末羅等印度西方古國。

❷剃度了巴・仁特那等「七試人」：亦稱預試七人。赤松德贊時，為觀察藏人能否守持出家戒律，命試從靜命（又稱寂護）論師依說一切有部出家的七人分別為：巴・色朗、巴・赤協、白若雜納、傑瓦卻陽、款魯・益旺波、馬・仁欽卻和藏勒竹。藏傳佛教史籍中對初試七人名字有頗多不同說法。可參考《藏漢大辭典》2917 頁和《新紅史》注❹。

❷阿底峽：Atiśa 意譯「殊勝」，原名「日藏」，法名 Dipamkaras Śrijñana 意為「燃燈吉祥智」。古印度僧人（982—1054），著名學者。薩護羅（今孟加拉國達卡地區）人。他對五明學有較深造詣，曾任那爛陀寺、超岩寺住持。北宋寶元元年（1038）受阿里王子絳曲微之邀請進藏傳播佛法和醫學，並譯經授徒。著有《菩提道燈論》等五十餘種論著和《醫頭術》等醫學著作。阿底峽在衛藏地區進行傳教活動一共達九年之久，1054 年病逝於前藏聶塘。（詳見《宗教詞典》594 頁和《西藏佛教史略》80、107 頁。）

❷瑪爾巴：即譯師瑪爾巴・卻吉洛追（1012—1097）。瑪爾巴指吐蕃古代一氏族名，原聚居地在西藏日喀則地區西部。卻吉洛追屬這一氏族，是噶居派創始人，塔波噶居派尊奉為祖師。他自幼習法，先從卓米譯師學梵文，後又多次去尼泊爾、印度等地，從納若巴、彌勒巴、智藏等學喜金剛、密集、大印等密法，還帶回來一些經典從事翻譯，故被後人通稱瑪爾巴譯師，瑪爾巴一生並未出家，除教學生外，他還從事過經商、務農等活動。

❷清淨教法：指聖教即釋迦牟尼教為無垢清淨。

㉖觀世音菩薩：總集一切佛語，大悲為性、恆常瞻念眾生、隨侍如來的八大菩薩之一，俗稱觀音。觀音是慈悲的代表，故有大悲觀音之稱。觀音有一面四臂、十一面、十一面一千隻手的化身像。

㉗布爾特齊諾：人名。《蒙古秘史》稱孛兒帖赤那，旁譯為蒼色狼。尼牙赤，蒙古語稱之為布爾特齊諾─這種說法見於蒙文文獻較晚。《蒙古源流》說：「季子布爾特齊諾往恭博地方矣」。（詳見《蒙古源流》88頁）《黃金史綱》曰：「……其子大賚蘇賓阿爾灘三塔里圖王。王有三子，長子博羅出，次子錫巴罟持，幼子孛兒帖赤那。由於內部失和，孛兒帖赤那北渡騰吉思海，至浙忒地方，娶了一個喚作豁埃馬闌勒的處女為妻，在浙忒地方定居下來，是為蒙古部落。」（詳見《黃金史綱》3頁）。

㉘郭娃瑪剌勒：人名。《蒙古秘史》稱豁埃馬闌勒，旁譯為慘白色鹿。

㉙拜噶勒：地名。又譯作拜噶勒江、柏哈兒湖，均為蒙語「baigal kemehu muren」一詞的音譯與意譯而產生的差別。今指貝加爾湖。

㉚布爾罕‧哈勒都納：《蒙古秘史》稱不而罕合勒敦。旁譯為山名。

㉛必塔：關於孛兒帖赤那北渡騰吉思海之後到達的地方，蒙古文獻有幾種不同記載：《蒙古源流》、《大黃冊》與本書同，稱「必塔」，而《黃金史綱》則稱之為「浙忒地方」。《蒙古秘史》載「騰汲思客禿勒因、赤烈罷、斡難沐漣訥帖里兀捏不而罕合勒敦納嫩禿黑剌周」（節譯為：同渡過騰吉思名字的水，來到於斡難名字的河源頭，不兒罕名字的山前住著……）。

㉜布爾汗：這種記載罕見，該處應當指布爾特齊諾才是。

㉝必塔斯干：據《金輪千輻》載：「孛兒帖赤那之子巴塔薩那和巴代察干二人。巴塔薩那之後代稱泰齊兀德。」（見《金輪千輻》17頁），《蒙古秘

史》未載此人。

㉞必塔察干：《蒙古秘史》稱作巴塔赤罕。

㉟塔瑪察克：《蒙古秘史》稱塔馬察。

㊱和哩察爾‧墨爾根：《蒙古秘史》稱豁里察兒篾兒干。

㊲和哩察爾‧墨爾根的後裔：據《蒙古秘史》載，塔馬察之後依次為豁里察兒蔑兒干→阿兀站孛羅兀→撒里合察兀→也客你敦→撏鎖赤→合兒出→孛兒只吉歹篾兒干→脫羅豁勒真伯顏。本書載尼格尼敦（一隻眼）與也客尼敦（大眼睛）不符之外，其餘相同。

㊳博羅克沁郭斡：據《蒙古秘史》載：「脫羅豁勒真的妻，名孛羅黑臣豁阿。他有一個家奴後生，名孛羅勒歹速牙勒必。又有兩個好驅馬，一個答亦兒馬，一個孛羅馬。脫羅豁真生二子，一個名都蛙鎖豁兒，一個名朵奔篾兒干。」又載「都蛙鎖豁兒獨額中生一隻眼，望見三種遠地的勢物」（詳見《蒙古秘史》校勘本總譯 914 頁）。本書記載與《蒙古秘史》基本相同。

㊴都斡索和爾之子：《蒙古秘史》沒有明確記載都斡索和爾四個兒子的名稱。本書記載與《蒙古源流》同。

㊵四姓氏：據《蒙古秘史》載，「……都蛙鎖豁兒死了，他的四個兒子，將叔叔朵奔篾兒干不做叔叔般看待，撇下了他，自分離起去了，做了朵兒邊姓」（見 916 頁）。朵兒邊即蒙語「四」，這裡沒有指明四姓之具體名稱。《史集》也不見詳細記載，本書記載與《蒙古源流》同（詳見新譯校注本 90 頁）。

㊶阿倫豁阿：據《蒙古秘史》載，「阿闌豁阿，朵奔篾兒干娶了為妻的後頭，生二子。一個名不古訥台，一個名別勒古訥台。」（詳見校勘本 916 頁）。

㊷三個兒子：據《蒙古秘史》載，「朵奔篾兒干死了的後頭，他的妻阿闌

豁阿又生了三個孩子。一個名不忽合答吉，一個名不合禿撒勒吉，一個名孛端察兒。」（詳見校勘本 719 頁）。

㊽王族的三系：哈塔固特氏、薩勒濟固特氏、博爾濟斤氏，在《蒙古秘史》中分別寫作合塔斤、撒勒只兀惕、孛兒只斤等。（詳見校勘本 38 頁）。

㊹勃丹：《蒙古秘史》不見此名。如第 40 節記載為「那懷孕的婦人，勃端察爾將做了他妻，生了一個兒子，名喚作扎只剌歹。後來扎答剌的人氏，他便是他祖。」（校勘本 923 頁），《蒙古源流》曰：「勃端察爾爾乃擄一半腹孕婦為妻，其名勃丹也。……稱彼端美之勃丹夫人腹中之子為扎齊爾台，而為扎齊爾台氏矣。」（《新譯校注》100 頁。）本書把哈必齊巴噶圖爾說成那孕婦（勃丹）之子，錯了。《蒙古秘史》第 43 條載「孛端察爾又自娶了個妻，生了個兒子，名巴林失亦剌禿合必赤。」（見校勘本 924 頁）。

㊺哈必齊巴噶圖爾之後裔：本書載為伯格爾巴圖爾→馬哈圖丹→哈齊呼魯克→拜星和爾多克新→托木巴該徹辰→哈波勒哈那→巴爾達木巴噶圖爾等。《蒙古秘史》載為篾年土敦→合赤曲魯克→海都→伯升豁兒多黑申→屯必乃薛禪→合不合勒罕（合不勒）→把兒壇把阿禿兒等（見 925—926 頁）。二者前三人名稱不符，而後者記載比前者詳。

㊻巴爾達木巴噶圖爾之子：《蒙古秘史》和《蒙古源流》均說他生四子，而本書說他生五子，其實本書把答里台斡惕赤斤一人之名分為塔里岱、鄂濟錦等二人，故多出一人，其錯在此。

㊼也客其烈圖：《蒙古秘史》稱也客赤烈都，篾兒乞氏人。

㊽斡勒果納特：《蒙古秘史》稱斡勒忽訥，氏族名稱。

㊾烏格倫：《蒙古秘史》稱訶額侖。她原為也客赤烈都之妻，被也速該把

禿兒搶來並做其妻生帖木真。

(50)達那喀西：除了《蒙古源流》稱達哈氏夫人之外，《蒙古秘史》不見此名。

(51)洪吉喇特：《蒙古秘史》稱翁吉剌，氏族名稱。

(52)岱徹辰：《蒙古秘史》稱德薛禪，人名。

(53)布爾德濟申：《蒙古秘史》稱孛兒帖兀真。人名，成吉思之原配。

(54)鐵木真說「正可如此」：原文如此，這句話應由鐵木真之父也速該說才合乎情況（詳見《蒙古秘史》第 66 條）。

(55)克魯倫河：源出於不兒罕哈勒都那山之東南麓。

(56)大梵天王：梵文「婆羅賀摩」的意譯，亦稱「大梵天」。婆羅門教、印度教的創造之神，與濕婆、毗濕奴並稱為婆羅門教和印度教的三大神。佛教產生後被吸收為護法神，為釋迦牟尼的右脅侍，持白拂，又為色界初禪天之王，稱「大梵天王」。（詳見《宗教詞典》922 頁）。

(57)大法王：法王指宗教首領，蒙語稱「也客諾門罕」。

(58)欽察：關於欽察部之來源，《史集》有一段饒有趣味的記載：「當烏古思同亦惕—巴剌黑部落作戰，被他們打敗時，他退到兩條河流形成的一個島上，停留在那裡。這時有個丈夫戰死的孕婦，爬進一顆大樹的空洞裡，生下了一個孩子。有人將這事告訴了烏古思。他很可憐她。便說道：「既然這個婦人沒有丈夫，這個孩子就是我的兒子。」他〔確實〕被當作烏古思的孩子，烏古思稱他為欽察。這個詞由「合不黑」一詞派生來。「合不黑」為突厥語「空心樹」之意。所有的欽察人都出自這個幼兒的後代（見第一卷 137 頁）。《多桑蒙古史》說：欽察人，突厥之游牧部落也，據有昔日可薩之地，垂二百年，平原廣

袤，處黑海太和嶺里海之北，西起禿納河。東抵札牙黑河，與東羅馬帝國及匈牙利斡羅臣不里阿耳康里諸部為臨。斡羅思人昔名欽察曰波羅維赤，匈牙利人及羅馬人則名之曰庫蠻（見《多桑蒙古史》上冊 140 頁）

(59)日本：據《異域志》載，日本國「在大海島中，島方千里，即倭國也。其國乃徐福所領童男童女皆全，福因避秦之暴虐，已有遁去不返之意，遂為國焉。……」日本古名叫倭國，到了唐代改稱日本，很早與中國發生交往。

(60)扶桑：扶桑見於《山海經》、《十洲記》、《梁四公記》等書，《南史》、《東夷傳》俱有傳，前人對此國衆說不一，尚無定論：《異域志》所指扶桑國，「在日本之東南，大漢國之正東。無城郭，民作板屋以居。風俗與太古無異。人無機心，麋鹿與之相親，人食其乳則壽罕疾，得太陽所出生之所薰炙故也，然其東極清，陽光能使萬物受其氣者，草木尚榮而不悴，況其人乎！」。見上卷 1 頁。

(61)斯言洛：不知指何地待查，蒙文和日文《蒙古佛教史》均音譯為「si-yan-lo」。

(62)西洋：明代稱印度洋為西洋。此西洋即今印度西岸的科澤科德（calicut），《瀛涯勝覽》、《星槎勝覽》、《西洋番志》俱作古里，《武備志》作西洋古里，以產西洋布得名。（詳見《西遊錄異域志》23—24 頁）。

(63)漢地、吐蕃、蒙古、克什米爾、和田：在一般情況下藏文文獻中的「甲」「嘉域」「嘉那」指漢地，「波」「博」「博域」指吐蕃；「索波」「霍爾」、「霍爾域」指蒙古；「喀伽」「卡且」指克什米爾；「好頓」指和闐（回回）。

(64)贍部洲：舊作剡浮洲、閻浮提洲 Jambudvipa 等。一洲分四主，雪山以南

為象主，以多出象也，以北為馬主，以多出馬也，以西為寶主，以多出寶也，以東為人主，以人主最備也。統此四主者名為輪王。玄應音義二十三曰「贍部洲。從樹為名。舊言剡浮或云閻浮。皆一也」。慧琳音義五曰「贍洲部。此大地之總名也。因金因樹立此名。」（詳見《佛學大辭典》）

(65)皇帝化現為一名貧賤老頭：成吉思以神箭教訓其弟哈薩爾、伯勒格台二人的這一傳說出自《蒙古源流》。另外在《成吉思汗乃阿拉騰脫卜齊傳》一小冊中也有簡單記述。

(66)青城：即指「歸化城」，現在的「呼和浩特」，青城與蒙語「呼和浩特」和藏語「mkhar sngon」義同。

(67)喀爾喀：據《蒙古游牧記》載，「元太祖十六世孫格呼森扎扎賚爾琿台吉居杭愛山，始號喀爾喀。」又云「喀爾喀四部八十六旗，東至黑龍江呼倫貝爾城界。南至瀚海，西至阿爾台山，與新疆伊犁東路界。北至俄羅斯界。東西延袤五千里，南北三千里。」又據《聖武記》載，「元之亡，蒙古分為三大部：漠南蒙古、漠北喀爾喀蒙古，皆成吉思汗之裔；惟居西域者非元太祖後，出脫歡太師及也先瓦剌可汗之裔，是為厄魯特四衛拉蒙古。」

(68)穆克丹：蒙古文文獻又時把盛京稱之為穆克丹，即今遼寧省瀋陽市。

(69)萬隻燕子和千隻貓：用以火攻旺森之事，除《蒙古源流》（蒙文 152—153 頁）之外，《黃金史綱》（蒙文 26—27 頁）也有類似的記載。

(70)索倫果窩托克：《蒙古秘史》寫作莎郎合思，旁譯為高麗。

(71)忽蘭高娃：據《蒙古秘史》第 197 節載，「……初擄篾兒乞時。豁阿思篾兒乞種的人答亦兒兀孫。將他忽闌名字的女子。獻與成吉思。……」與本書記載不同。其實這段記載在《蒙古源流》中極為詳明。（詳見新譯校注本 128

頁)

⑫台吉布黑‧齊勒格爾：企圖暗算成吉思汗，家中掘一深井之事在《蒙古源流》中有詳細記載。（詳見新譯校注本 138—139 頁）

⑬碗中盛滿甘露，落到皇帝手中：這一傳說除《蒙古源流》之外也見於其他蒙文文獻。如《水晶鑒》（蒙文本 403—404 頁）上寫道，「從天降一玉碗甘露落到成吉思手中，他嘗了便說這甘露是上天賜予我的而那玉印則是大地之龍奉的。」另外在《黃金史綱》（蒙文 37 頁）上也有類似的記載，但《秘史》中卻不見。

⑭漢地之阿拉坦國王：此處漢地指契丹。據《蒙古秘史》第250節載：「成吉思那一次征進。金主歸附了，多得了段匹。合申主歸附了，多得了駱駝。回至撒阿里客額兒地面下營了。」（詳見校勘本 1038 頁）

⑮岱岱明索多：《蒙古源流》的清譯本譯法與本書同；《蒙古源流》的新譯者譯作「大命英雄」；《蒙古佛教史》的日譯者稱「大明洪福」。均大同小異，實指高尚英明。

⑯吐蕃之王托吉亦稱錫都爾固：「托吉」這一稱在《蒙古源流》與蒙文《蒙古佛教史》中均不見。此處「吐蕃」實指西夏，《蒙古秘史》稱其為「合申」。錫都爾固即西夏罕。

⑰托噶爾：指一種民族。藏文文獻中的托噶爾與嘉色爾往往指古代王國名。它在喀什米爾和西北，包括和闐及吐貨羅在內。薩爾塔郭勒是蒙文文獻對它的稱謂。《蒙古秘史》把「撒兒塔兀勒」譯作「回回」。如第264節「太祖征回回七年。初命巴剌追回回王札剌勒丁並篾力克王。追討申河。直至欣都思種地面。……」（詳見校勘本 1045 頁）

⓲嘉色爾：藏文文獻中的嘉色爾多指俄羅斯人，有時也指俄羅斯人所產金絲緞。

⓳薩爾塔郭勒：《蒙古秘史》稱撒兒塔兀勒，旁譯為回回。

⓴蘇勒丁：《蒙古秘史》作莎勒壇，旁譯為王。薩爾塔郭勒之蘇勒丁名為札剌勒丁。

㉛托克摩克：據《西域地名》載，「《西域記》素葉城，《經行紀》及《新唐書》為碎葉城，其地在熱河之西，故址在今蘇聯中亞之托克瑪克地方，格勒納爾誤以之為西遼都城。」

㉜蒙果依克蘇勒丁：《蒙古秘史》稱作篾力克莎勒壇。

㉝赫日葉特：《蒙古秘史》稱客烈亦惕。「據說古代有個君王，他有七個兒子，膚色全都是黑黑的。因此之故，他們被稱為客烈亦惕。」（詳見《史集》第一卷第一冊 206—222 頁）客烈亦，蒙語意思為烏鴉。

㉞翁汗：《蒙古秘史》稱王罕。本名脫斡里勒。據《史集》載，「忽兒札忽思一不亦魯黑的兒子：一個名為脫斡鄰勒，他被乞台君主稱為王汗，這個名字也就是「國王」的意思。王汗、王罕，翁汗同。

㉟乃蠻：據《史集》載，「這些〔乃蠻〕部落都是游牧〔部落〕，有些人住在多山之地，有些人住在平原上。如前所述〔？〕，他們所住的地方如下：大〔也客〕阿勒泰，哈剌和林（窩闊台合罕曾在那裡的平原上建有雄偉的宮殿），阿雷一昔剌思山和闊闊一也兒的石山（康里部也住在那一帶），也兒的石一沐漣，即也兒的石河，位於該河與乞兒吉思地區之間並與該國邊境毗連的群山，這些山一直延伸到蒙古斯坦地區，到王汗所住的地區（因此，乃蠻人經常與王汗發生糾紛，互相敵對）、到乞兒吉思地區以及與畏兀兒國毗連的沙漠

邊境。這些乃蠻部落及其君王都受人尊敬而又強大，他們有一支龐大而又精良的軍隊。他們的習俗與蒙古人相似。」（詳見第一卷第一分冊 224 頁）

❽塔陽汗：據《史集》載，「在與成吉思汗敵對之前，乃蠻人有個君王，名為亦難赤—必勒格—不古汗。『亦難赤』一詞意為信仰，『必勒格』，為尊號，〔意為〕『偉大的』。不古汗是古代一個偉大的君主，畏兀兒人和許多〔其他〕部落都帶著高度的敬意〔懷念〕他，並說他是從一棵樹中誕生的。總之，這個亦難赤—必勒格—不古汗是一個受尊敬的君主，有〔若干個〕兒子。他的長子本名為拜一不花；乞台君主們稱他為大王，在漢語中意為『汗之子。』……因為無人懂得乞台詞匯，所以拜一不花被稱為太陽汗。」（詳見第一卷第一冊 227—228 頁）

❽郭爾羅斯之王那仁：《史集》稱郭爾羅斯為古兒列兀惕，稱那仁為那顏。如，「在成吉思汗時代，有個大異密額不干那顏是古兒列兀惕一畏馬忽惕部人。」（詳見第一卷第一冊 191 頁）

❽哈爾里固特之王阿爾斯蘭：據《蒙古秘史》第 235 節載：「太祖命忽必來征合兒魯兀惕種。其主阿兒思蘭即投降了。來拜見太祖。太祖以女子賜他。」《史集》稱哈爾里固特為哈剌魯，其意為「有雪者、雪人」等。

❽木華黎：《蒙古秘史》稱模合里、木合黎等，札剌亦兒部人，帖烈格禿伯顏之子。成吉思汗的功臣，有「國王」之號。

❾第悉覺噶：據《蒙藏民族關係史略》載，「公元 1206 年（火虎年），成吉思汗組織了一次向藏族地區的進軍。當時的西藏並沒有形成比較統一的地方封建政權，各地大小封建領主分別割據一方，互不統屬，各自為政。彼此之間只是在遇到重大事情時才聚在一起商量對策。當蒙古大軍就要進入西藏的消息

傳來以後，西藏各地的封建領主集會商議，決定派出雅隆覺臥家族的第悉覺噶和蔡巴噶舉派的貢噶多吉為代表去會見成吉思汗，申明西藏歸順蒙古，並從衛藏地區攜帶佛像和佛經前往蒙古地區，是為佛教傳入蒙古的開始。」

❑ 蔡巴貢噶多爾濟：《蒙古源流》、《蒙古秘史》未見此人。然而《如意寶樹》卻有。本書這段記載可能來源於它。（詳見《如意寶樹》蒙文抄本 465頁）

❑ 納里速三圍：亦稱阿里三部。古代藏文典籍中分康青藏地方為上中下三區。上區阿里，中區前後藏，下區青康。阿里一帶，自南至北，分為三部，南部阿里在今普蘭縣至昂仁縣一帶，中部阿里，在今札達縣一帶；北部阿里，在今新疆西藏交界西端與克什米爾接壤一帶。

❑ 烏思藏四如：亦稱中區前後藏四翼。又譯作為藏四如，分別為也如、如拉克、夭如、烏如、後改稱也如、運如、布如和共如。

❑ 南部三崗：亦稱下部康區，康區河流多自北而南，故古代藏文典籍稱康區南部由桑昂曲縣東行至滇西一帶，為下部康區。

❑ 薩欽‧貢噶寧布（1092—1158）：款‧衰卻傑波之子，生於後藏，為薩迦五祖之祖，年二十即位住持薩薩迦寺。他曾拜章德達瑪寧波、穹仁欽扎和巴日譯師等賢者為師，精修密宗，六十七歲時死於迦沃喀當地方。他的全集共兩函，現存德格印經院。

❑ 教法之王：本書這一段文字雖與《蒙古源流》157 頁記載指的是一回事，但人名地名以及詳略不同。《蒙古源流》云：歲次丙寅年四十五歲，征伐土伯特之庫魯格多爾濟合罕也，土伯特之合罕乃遣尼魯呼諾延為首之三百人，貢獻其眾橐駝，會主上於柴達木之地，奏請願降之意，則主上許之，大加賞賚其合

罕及其使者而遣焉。上因致書儀於薩嘉・察克羅咱瓦、阿難達・噶爾貝喇嘛，曰：「茲遣還尼魯呼諾延也，當即請汝，但為我世事尚未完竣。故未請耳。我且於此奉汝（教），汝其在彼佑我乎！」由是收格哩三部以下之三地八十萬黑土伯特之眾矣。然而，本書記載卻與《如意寶樹》的記載相差無幾。（詳見《如意寶樹》466 頁）

❾返回自己國內：本書這段記載來自《蒙古源流》。試與其下文對照：「由是，即其行兵印度也，抵齊塔納凌嶺麓時，馳來一頂生獨角名曰薩如之獸，在主上前三屈其膝而拜焉。眾皆驚異之間，上乃降旨：『聞彼印度瓦齊爾圖地方者，乃古來降生佛尊，諸菩薩，諸聖君之地也，而今此不能言語之獸類，拜之如人者而何哉？若再進，難料其有不意之事，此蓋上界天父其止我乎？』遂班師而還營矣。」（詳見新譯校注本 157—158 頁）

❾薩爾塔克沁之王諳巴海：據《如意寶樹》載，成吉思汗在「四十六歲上殺死大薩爾塔克沁的諳巴海汗，統治了他的國民」。（詳見蒙文抄本 466 頁）此外，有學者認為「薩爾克沁與薩爾塔高勒同，可能指泰亦赤兀惕」。「諳巴海系泰亦赤兀惕祖，《史集》稱俺巴孩合罕，」（詳見《大黃冊》蒙文版 217 頁注 103、104）

❾密納克：舊譯弭藥。指宋代曾在寧夏銀川建都的黨項政權。據《唐書・黨項傳》云，「黨項西羌別種……東距松州，西葉護，南春桑，迷桑等羌，北吐谷渾。……後吐蕃寖盛……地入吐蕃。其處者皆吐蕃役屬，號弭藥。」

⓿錫都爾固圖勒津合罕：錫都爾固，蒙古語，意為忠誠、老實。圖勒津，也是蒙古語，意為溫和、溫順。這些詞是對密納克之主的描述，而不是他的名字。

⑩哈布圖哈撒爾諸子：哈布圖哈撒爾是成吉思汗之大弟。其諸子依次為：也苦、移相哥、脫忽、巴忽克塔爾、哈剌兒珠等。（詳見《阿薩拉克齊史》注49）

⑩哈屯穆棱：指黃河。蒙語對黃河的稱呼多為「哈屯高勒」。（詳見《蒙古源流》（新譯校注本 169─177 頁）又見《大黃冊》（蒙文本 89─91 頁）

⑩黑水：《蒙古源流》稱「哈喇江」，可能指黃河一支流。

⑩徹辰古兒菊：《蒙古秘史》稱作徹徹肯公主。

⑩察合台有五個兒子：本書記載與我們常見史書記載不同。如《史集》云，察合台兒子為：莫赤─耶別、別勒格失，撒兒班、也速─蒙哥、拜答兒、合答海、拜住等。《世界征服者史》云，莫希、篾惕干、也速即也速蒙哥、拜答兒等。《蒙古世系》云，木阿禿干、也速蒙哥、貝達兒、撒巴等。順便一提的是，較晚問世的《蒙古政教史》（27 頁）和《寶貝數珠》（45 頁）採用了本書的說法。它們有如下記載，「成吉思汗長子察阿歹，封親王，遣往回回國（或稱「圖嘎爾」─原注）為汗，駐葉爾羌城。察阿歹有五子，長子曰阿布達勒庫，奉守家皂，後來繼承了父位。第二子曰伊木瑪呼里，封迦濕彌羅王，駐麻耳干大城。第三子曰阿第爾·穆罕默德，封印度王，駐巴拉賽大城。第四子四貢克爾，封羅木地區王，駐沙木巴拉城。第五子鐵木兒，封烏梁海王，駐巴哈爾城。他們各守國土，循規為政。」

⑩撒麻爾干：《蒙古秘史》作薛迷思加、薛米思堅、《親征錄》作薛迷思干，《元史》亦作尋思干、撏思干、薛迷思干等。漢文史書稱「康國」、「康居地」等，即今蘇聯烏茲別克加盟共和國境內的撒馬爾罕。《異域志》云，「在西番回鶻之西，其國極富麗，城廓房屋與中國同。其風景佳美，有似江南；繁

富似中國，商人至其國者多不思歸。皆以金銀為錢，出寶石、珍玉、良馬、獅子。」

⑩⑦香跋拉國：傳稱古印度北方是一「人間淨土」，那裡的國王月善王是最初宏傳密教《時輪金剛法》的一個國王。「香跋拉」意譯為「持安樂」。（詳見《西藏王臣記》11 頁）

⑩⑧布哈拉：據馮承鈞編《西域地名》云「《魏書》為忸密，又為安息，《隋書》為安國，《西域記》為捕喝，《新唐書》曰安國，一曰布豁，又曰捕喝，《西遊錄》作蒲華，《親征錄》作卜哈兒，《元史》有蒲華，不花剌，卜哈兒諸譯，《明史》作卜花兒，《魏書》又有副貨國副貨城，《元史·察罕傳》之孛哈里城，疑亦為其對音。今蘇聯中亞之布哈拉。」

⑩⑨耶律楚材：字晉卿，契丹人，遼太祖耶律阿保機九世孫（1190—1244）。父耶律履，仕金，官至尚書右丞。1215 年蒙古軍攻占中都，1218 年成吉思汗召耶律楚材至漠北，次年隨成吉思汗西征。從此，他一直跟隨成吉思汗，後又為窩闊台汗政權立下汗馬功勞。耶律楚材一生對蒙古社會政治經濟文化的發展作出過許多貢獻。他天資聰明，擅長天文、地理、數學、醫卜、故蒙古人稱之為「（qoo mergen）楚墨爾根。」耶喜巴勒登的《蒙古政教史》載「封契丹族之名曰『楚材』者，即主兒扯敦之楚墨爾根，為諸大臣之首」。官布扎布《漢地佛教史》載「出身於契丹族的大臣楚材，精通內明、詞學、諸子學和多種語言，經女真金帝殿試取士，躋入學者之列。故大家稱他為『主兒扯敦之楚墨爾根』」。

⑪⑩闊端：窩闊台之第二子（1206—1251）。《蒙古源流》《阿薩拉克齊史》《大黃冊》《蒙古政教史》等蒙文史書所載有關他即汗位之事與史實不符。

⓫四座大城：據《蒙古政教史》云：忽必烈「曾建大都、察罕、上都、涼亭四大都城。」

⓬五種顏色的民族：《蒙古政教史》「自方五色之族者，系青蒙古、紅漢、黑藏、黃撒兒塔兀勒、白高麗五族。異部四族者，系朱格台、女人國、左胸有眼之國、具狗頭者之國四種族。」（詳見該書注⓺⓻⓼⓽。）

⓭女人國：據《西域志》載，其國乃純陰之地，在東南海上，水流數年一泛，連開長尺許，桃核長 2 尺。昔有舶舟飄落其國，群女攜以歸，無不死者。有一智者夜盜船得去，遂傳其事。女人遇難風，裸形感風而生。又云與奚部小如者部抵界，其國無男，照井而生。有人獲至中國。

⓮獨腳國、胸前長眼國、長狗頭國：《蒙古政教史》譯作「朱格台、左胸有眼者之國、具狗頭者之國」等，並用《異域志》「一臂國穿胸國、狗國」條作解，供參考。

⓯三萬聞距：日文版譯作「……蒙古語稱 khem-khem-che 謙謙？）的部落在遠離皇宮三萬里的地方」。

⓰僧伽：是梵文音譯，意為眾，眾和會，略作僧。趨向斷除煩惱的有學道比丘三或四人以上的集體，亦指一比丘。僧伽藍指僧園眾僧集會辯經的場所。

⓱薛禪皇帝的兒子：朵爾只、真金、忙哥剌（秦王）、那木罕（北安王）、忽哥赤（雲南王）、愛牙赤、奧魯赤（西平王）、闊咄（寧王）、脫歡（鎮南王）、忽都魯帖木兒等。（詳見《蒙古世系》21—23 頁和《恒河之流》66—67頁）

⓲曲律合罕：名海山（1281—1311），元武宗，《元史》云「仁惠宣孝皇帝，廟號武宗，國語曰曲律皇帝」。

⑲ 普顏篤：（1285—1320）名愛育黎拔力八達，元仁宗，《元史》云「聖文欽孝皇帝，廟號仁宗，國語曰普顏篤皇帝。」此書記載與《蒙古政教史》同。

⑳ 格堅：名碩德八剌（1303—1323）。《元史》稱「睿聖之孝皇帝。四月上國語廟號曰格堅」。本書記載與《蒙古政教史》基本相同。

㉑ 圖帖睦爾：非普顏篤可汗之幼子，而是海山曲律可罕之二子。本書記載與《蒙古政教史》相似。

㉒ 阿速吉八：非海山曲律之長子，而是泰定也孫鐵木耳之長子。蒙文寫作asugiaa、asucibau、racibag 等，《蒙古源流》、《恆河之流》中關於他即位的記載與本書相近，但在《阿薩拉克齊史》、《大黃冊》、《黃金史綱》中卻不見。

㉓ 和世㻋（1300—1329）：海山之長子。蒙文文獻稱之為呼圖克圖汗。如《黃金史綱》云「次年蛇年（己巳，公元 1329 年）適呼圖克圖汗自西天 修道而歸。正月十九日，三十歲，繼了大統，結果，**寶璽被奪，丞相被殺，為敵方派來的使人迎接了去。呼圖克圖汗四月初三日繼大位於齊齊克圖泊。同年八月初六日歿」（詳見漢譯本 38 頁）

㉔ 妥歡帖木兒（1320—1370）：即順帝，非札牙篤汗之子，而是呼圖克圖汗和世㻋之長子。元朝最後一位可汗，至正 28 年（1368）明軍逼近大都時他帶領部下逃往應昌，不久歿。

㉕ 薩迦巴‧貢噶洛追（1299—1327）：按《佛祖史代通載》，元順帝時的帝師為公哥兒監藏班藏卜，按藏文《薩迦世系史》，元順帝時的帝師為貢噶堅贊貝桑布和喇欽索南洛追，貢噶洛追為元仁宗普顏篤汗‧英宗格堅汗、泰定帝也孫鐵木兒的帝師，1327 年死於大都。蒙古文獻稱他為 ananda madi，系貢噶洛

追的梵文稱謂。

⓰皇帝將此夢告訴自己的上師：關於這一夢與其解在《黃金史》、《蒙古源流》、《阿薩拉克齊史》、《黃金史綱》中均有不同記載。其中《蒙古源流》最詳，本書內容基本與其相同。上師，《蒙古源流》指 ananda madi 即貢噶洛追。

⓱世親：又譯作天親世友或寶親，是無著的同母異父弟，原宗小乘佛教，後改宗大乘佛教。他常住在摩揭陀國講論經典，修復舊寺，新創大乘法園一百零八處。他雖然沒有去過南印度，但是據說依照他的吩咐在南印度建立法園甚多，總計他所建立的法園達六百五十四處。他的弟子遍布於印度、尼泊爾。他一生著述甚多，死在尼泊爾。

⓲巴爾浩特：蒙文文獻《黃金史》、《蒙古源流》、《阿薩拉克齊史》、《大黃冊》均稱 bars hota，即「虎城」，與蒙古語巴爾（虎）浩特（城）義同。《黃金史綱》載此城在現蒙古人民共和國克魯倫河下游。（詳見《阿薩拉克齊史》、《大黃冊》232 頁、275 頁，《黃金史綱》漢譯本 42 頁上的注）

⓳必力克圖：名愛猷識理達臘（1338─1378），一生與明朝相爭，但並未獲勝。

⓴烏薩哈勒：名脫古思帖木兒（1342─1388）。

㉑娶鄂勒濟‧洪高娃為妃：與其他史料相比，《黃金史綱》記載較詳，如：「額勒伯克可汗行獵，見獵兔之血滴在雪上，問道：『有無面似雪白，顴似血紅那樣的美人？』衛剌特的浩海太尉回說：『有那樣顏色的婦女。』『是誰？』可汗追問。『稟告一句不該稟告的話吧！君之子哈爾固楚克都古楞特穆爾洪台吉的鄂勒哲依圖郭斡姬吉，您的兒媳，便這樣美麗。』額勒伯克克古埒

蘇克齊可汗貪圖兒媳的容貌，傳旨衛剌特的浩海太尉：「使我見所未見，親所未親，滿足慾望的我的太尉，去吧！」太尉領了可汗的旨意前往，對姬吉說：「可汗想看看您的容貌而差我前來。」姬吉憤怒地回答：『天地豈可會合，父汗怎能覷看自己的兒媳，難道你的兒子都古楞特穆爾洪台吉死了嗎？可汗變成黑狗了嗎？』汗不聽那些言語，害死了自己的兒子，納了自己的兒媳。」（詳見漢譯本 51 頁）

⓫托歡……說了許多不敬的話：據《黃金史綱》載「脫歡太師蒙受主上的恩惠和陶醉，卻酒後狂言：『你若是福蔭聖上，我便是福蔭皇后的後裔。撞到了〈八室〉的金柱子，正要轉身出去，脫歡太師口鼻流血，摟抱著馬的鬃頸，『這是什麼緣故？』抬眼一看，只見主上裝滿撒袋的鷲翎箭冒著鮮血，眾目睽睽之下尚在顫動著。」（詳見漢譯本 58 頁，蒙文本 28 頁）。《蒙古源流》則云「托歡太師乃乘密爾傘之黃騏，繞主上宮張三匝，沖之，砍之，而言曰：『汝為威靈身之八白室乎！我乃威靈後之裔托歡也。』云云。都沁、都爾本二部之父老相議曰：『此聖主非僅為蒙古之君，乃總領五族之國，四方之邦者。昊天之子也。對此將有一報應乎。』言於（托歡）曰：『汝之言行狂悖之甚，當拜聖主，乞汝性命。』（托歡）不聽，曰：『我自身之性命，更求於何人，而今蒙古國盡為我所有，我依蒙古諸罕之制，取罕號可也。』及其致祭於主（靈）而還也，但聞主上之金箭壹錚然有聲，近侍人等見中眼內之一叉披箭戰戰而動，其時托歡太師之口鼻冒血而慌駭，眾（復）見其衣自綻，兩胛之間顯如中箭之痕矣。」（新譯校注本 247 頁）

⓬額森：《黃金史綱》稱也先。額森行兵攻打漢地之事，（詳見《蒙古源流》新譯校注本 252—253 頁）

(134)科爾沁：《蒙古游牧記》云「洪熙間，蒙古臣阿魯台，為瓦剌所破。其酋奎蒙克塔斯哈喇姓博爾濟吉特。元太祖弟哈布圖哈撒爾十四世孫也。是避嫩江，依兀良哈，因同族有阿魯科爾沁，故號嫩江科爾沁以自別。

(135)扎里雅之妃：《蒙古源流》云「又有扎賚爾．呼圖克少師之女，蘇密爾夫人生之格哷博羅特台吉，格哷森扎台吉二人；衛喇特，巴噶圖特．巴噶爾歡營地之阿拉克丞相之子，孟克賚、阿克勒呼之女，固實夫人生鄂卜錫衮．青台吉、格哷圖台吉二人，共為十一諸罕矣。」（詳見《蒙古源流》301 頁）

(136)達延合罕水兔年去世：此說法與《大黃冊》同，詳見蒙文本 119 頁；而與《黃金史》不同，詳見蒙文本 632 頁。

(137)達延合罕之子圖魯博羅特：請把他們的後裔與下列簡表對照：

巴圖孟克 → 圖魯博羅特 → 博迪阿拉克 → 達遜庫登
　　　　　　　　　　　 → 納密克

→ 圖們
→ 達賚巴噶
　 達爾罕岱青
　　→ 布延
　　　 宰桑兀兒
　　　 伯言戶兒
　　　 把哈委止
　　　 額參
　　　 先銀
　　　 燒花
　　　 掐太
　　→ 布彥兎

布延 → 莽和克
　　　 喇卜噶兒
　　 → 茂奇塔特

莽和克 → 陵丹（林丹）
　　　 → 桑噶爾濟鄂特罕

陵丹（林丹） → 額哲
　　　　　　 → 阿布乃

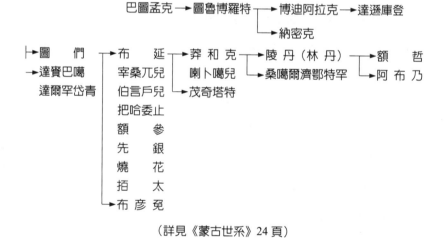

（詳見《蒙古世系》24 頁）

(138)鄂木布楚琥爾：系阿勒坦汗曾孫。阿勒坦汗→僧格→噶爾圖→鄂木布楚琥爾。

❶❸❾楚庫爾・卻圖者：據《恆河之流》載，阿布岱之弟阿布呼墨爾根諾顏子俺噶海墨爾根諾顏，其弟鐵木陵洪台吉，其子呼嚕什墨爾根濟農，俺噶海之弟阿爾呼賴察罕達賴諾顏之子波爾達爾罕親王，其弟卓納達爾罕親王，阿布呼墨爾根諾顏之弟巴日和碩其諾顏之子卻圖洪台吉……（詳見《恆河之流》138頁）。本書記載與《蒙古世系》和《恆河之流》上的記載不同。

❶❹❶青海湖：《青海歷史》載有一段與青海湖相關的傳說，大意如下：眾人傳云，如今青海湖心山下，從前是個遼闊的平原，在那平原上曾有一眼泉，人們為了不使水流走，圈好後安上木板門，不打水時常把它閂住。有一天一婦女打水後忘了閂門，結果泉水大湧，灌滿了整個平原，沖走了很多人和牲畜，從此被稱為萬流之湖。後來巴德瑪桑布尊者來，用一座小山堵住了泉眼，那山即是如今的湖心瑪哈弟瓦山（詳見藏文本2頁）。據《蒙古游牧記》注載，「……北魏始名曰青海。亦謂之卑禾羌海。水經注，湟水東徑西海鹽池之北，又東南徑龍夷城，又東徑卑禾羌海。北有鹽池，闞駰曰，鹽羌縣西有鮮禾羌海，世謂之青海，東去西平二百五十里。……」

❶❹❶薩迦派：西藏佛教教派之一。該派的創始人，是款氏家族的貢卻傑布（1034—1102）。他主建薩迦寺並創立了以道果論為主要教義的教派。

❶❹❷格魯派：西藏佛教教派之一。亦稱黃教，是因該派人多戴黃色衣帽而得此名。創始人為宗喀巴。該派主張顯乘、密宗講修結合，提倡嚴守戒律。

❶❹❸第悉藏巴・彭措南傑：辛廈巴家族的領袖，第悉藏巴政權的建立者彭措南傑（1586—1620），1612年控制了後藏全部地區，1618年又控制了前藏大部地區，其地方政權於1642年被蒙古固始汗消滅。（詳見《西藏佛教發展史略》111頁和179頁）

❹❹護法神大力天神：蒙文和日文《蒙古佛教史》均稱其為降白噶堆法王。

❹❺尼昂尼昂太后與蘇泰太后：據《蒙古源流》（新譯校注本456頁）載，「由是，林丹·胡圖克圖合罕躬逢厄運之後，其妻—乃珠爾齊特，精太師之子德勒格爾太師之女—蘇岱太后，與其子額克·洪果爾合罕二人，依天命自行返來時，合罕乃（遣）族中四官，率兵迎之，歲次乙亥，五月，於鄂爾多斯部之托里地方相遇而獲之。」關於尼昂尼昂太后與蘇泰太后及其二位幼子前來太宗皇帝之處的事，蒙文《蒙古源流》記載較為詳細，並與本書相近。（詳見545—546頁）

❹❻密宗護法寶帳依怙之身像：該像是由眾生怙主八思巴親自度量，裝藏並為其開光的，現供於哲蚌寺。日譯者注明此像為大黑神。

❹❼十五座城換取此玉：戰國時代，秦王騙趙國說，願意用十五座城換趙國的和氏璧。趙國大臣藺相如到秦國獻璧，見秦王沒有給城的意思，就憑自己的機智和勇敢，把璧從秦王手中弄了回來，派人送還趙國，故有「完璧歸趙」的成語。詳見《史記·廉頗藺相如列傳》。

❹❽一名宮女攜此玉璽投井自殺：這一記載與《內地佛教史》（藏文）中的記載相似。

❹❾阿拉坦汗：亦稱俺答汗。巴爾斯博羅特之第二子。《阿薩拉克齊史》、《大黃冊》稱其為 sain genen hahan。他有八子，分別是僧格都仁汗、巴音巴特爾台吉、特伯特台吉、並圖扎勒登台吉、達冷古力格台吉、寶迪希爾台吉、貢群台吉、嘉木蘇台吉。《恆河之流》載，「僧格都仁之子，楚嚕格斯琴汗，其子寶少格圖汗，其子阿齊汗，其子孔布諾顏，其子拉斯給貝子，其子班弟貝子，阿拉坦格根之弟蘇密爾墨爾根台吉，其子達賴雲丹嘉措，他們為土墨特之首。」

（詳見 117 頁）

❺⓿十二土默特：蒙文史籍有時把整個蒙古分稱為左右兩翼，元以後實際上每翼大約剩三萬戶，十二土默特屬右翼三萬戶之一。另二為鄂爾多斯、永謝布。

❺❶衛拉特：據《蒙古社會制度史》載，「還在成吉思汗時代，全部『蒙古軍』亦即全體蒙古人民，根據舊日草原的習慣，分為兩翼：左翼和右翼。元朝以後，這種區分仍舊保留下來，那是在元朝崩潰以前存在的四十萬戶中，存下來的還有六萬戶，其中三萬戶屬於左翼，三萬戶屬於右翼。四萬戶的衛拉特人不算上述四十萬戶內，因此，整個蒙古人民便分成兩部分：（蒙古人的）六萬戶和（衛拉特人的）四萬亖。」本書所指衛拉特就是那四萬戶。（詳見漢譯本211 頁）

❺❷浩齊特：據《蒙古游牧記》載，「東至烏珠穆沁界，西至阿巴噶界，南至克什克騰界，北至烏珠穆沁界。遼上京道西境，金屬北京路，元屬上都路，明入於蒙古。元太祖十六世孫圖嚕博羅特，再傳至庫登汗，號所部曰浩齊特。舊作蒿齊忒。」今屬內蒙古錫林郭勒盟。

❺❸蘇尼特：據《蒙古游牧記》載，「漢上谷及代郡北境，後漢烏桓鮮卑居之。晉為拓跋氏地，隋及唐初為突厥所據。遼置撫州，金因之，屬西京路。元為興和路地，明入於蒙古。元太祖十六世孫圖嚕博羅特，再傳至庫克齊圖墨爾根台吉，號所部曰蘇尼特。」今屬內蒙古錫林郭勒盟。

❺❹烏珠穆沁：據《蒙古游牧記》載，「元太祖十六世孫圖嚕博羅特，由杭愛山徙牧瀚海南，子博第阿喇克繼之，其第三子翁袞都喇爾，號所部曰烏珠穆沁。」今屬內蒙古錫林郭勒盟。

❺❺敖漢部：據《蒙古游牧記》載，「元太祖十五世孫達延車臣汗，長子圖

嚕博羅特，子二，次納密克生貝瑪土謝圖，子二，長岱青柱棱，號所部曰敖汗。」今屬内蒙古昭烏達盟。

⓯ 奈曼部：據《蒙古游牧記》載，元太祖平奈曼部，「元太祖十六世孫圖嚕博羅特，三傳至額森偉徵諾顏，即以為所部號。」今屬内蒙古哲里木盟。

⓱ 鄂爾多斯：據《蒙古游牧記》載，「元太祖十六世孫巴爾蘇博羅特，達延汗之第三子也，始命為管領右翼三萬人濟農。長子袞弼哩克圖墨爾根，明史謂之吉囊，嗣為濟農，號車臣可汗。嘉靖年間，擊破火篩居之，是為鄂爾多斯。」今屬内蒙古伊克昭盟。

⓲ 克什克騰部：《蒙古游牧記》中載，「元太祖十六世孫鄂齊博羅特，再傳至沙喇勒達稱墨爾根諾顏，號所部曰克什克騰。今屬内蒙古昭烏達盟。

⓳ 札魯特部：《蒙古游牧記》載，「元太祖十七孫和爾朔齊哈薩爾，子二，長烏巴什，自稱偉徵諾顏，號所部曰札魯特。」今屬内蒙古哲里木盟。

⓰ 巴林部：《蒙古游牧記》中載，「元太祖十六世孫阿爾楚博羅特，生和朔齊哈薩爾，子二，次蘇巴海，稱達爾漢諾顏，號所部曰巴林。」今屬内蒙古昭烏達盟。

⓱ 多羅那它（1575—1634）：應阿巴岱之請前往喀爾喀部傳播佛教的藏族高僧，屬覺囊派。1614 年在距覺囊寺不遠處創建了一座寺，叫達丹彭錯林。據說當他動身前往喀爾喀之前，達賴四世曾贈經給他「邁達里」（即彌勒佛）的稱號，所以蒙古人也稱他為邁達里活佛。他在喀爾喀傳教長達二十年之久。死於喀爾喀。當他活著的時候曾有「哲布尊丹巴」（尊貴聖人）的稱謂。

⓲ 哈布圖哈撒爾之後裔：也苦、移相哥、脫忽、巴忽克塔兒、哈剌兒珠。（詳見《蒙古世系》6 頁）但《恆河之流》的記載與此不同。

⓰博爾海：《蒙古游牧記》稱布爾海。布爾海為哈布圖哈撒爾十五世孫。

⓱烏喇特：據《蒙古游牧記》載，「元太祖弟哈布圖哈撒爾十五世孫布爾海，游牧呼倫貝爾，號所部曰烏喇特。舊作吳喇忒。三旗，中旗扎薩克鎮國公，前旗札薩克鎮國公，後旗扎薩克輔國公，同游牧。」今屬內蒙古巴彥淖爾盟。

⓲阿魯科爾沁：《蒙古游牧記》云，「元太祖弟哈布圖哈撒爾十三傳至圖美尼雅哈齊，長子奎蒙克塔斯哈喇，游牧嫩江，號嫩江科爾沁。次子巴袞諾顏游牧呼倫貝爾。巴袞諾顏長子昆都倫岱青，號所部曰阿魯科爾沁。」今屬內蒙古昭烏達盟。

⓳扎賚特：哈布圖哈撒爾之十五世孫寶迪答剌，生九子，其中其其格、那木賽共牧於一處，號所部為扎賚特。今屬內蒙古哲里木盟。

⓴茂明安：據《蒙古游牧記》載，「元太祖弟哈布圖哈撒爾十四世孫錫喇齊塔特，號土謝圖汗。有子三，游牧呼倫貝爾，其長多爾濟，號布顏圖汗。子車根嗣，號所部曰茂明安。舊作毛明安，今屬內蒙古烏蘭察布盟。

⓲阿巴噶：《蒙古游牧記》曰，「元太祖弟布格博勒格圖，十七傳至巴雅思瑚布爾古特。長子塔爾尼庫同，號所部曰阿巴噶」。今屬內蒙古錫林郭勒盟。

⓳翁牛特：《蒙古游牧記》載，「元太祖同母第三弟諾楚因（帖木格）稱烏真諾顏。其裔蒙克察罕諾顏，有二子。長子巴顏岱青洪果爾諾顏，號所部曰翁牛特。次巴泰車臣諾顏，別號喀喇齊哩克部。皆稱阿嚕蒙古。後喀喇齊哩克部，亦並入於翁牛特，不復冠以阿嚕舊稱。今屬內蒙古昭烏達盟。

⓴烏魯克特穆爾之後裔：博羅特布古—博羅特特穆爾—都楞代博—圖古堆—那郭代—賽謨勒呼—庫綏—博貝密爾咱—哈尼諾顏洪果爾—拜巴噶斯等。（詳見《蒙古世系》70頁）

❶固始格堅汗：亦稱顧實汗，本名圖魯拜琥。和碩特部哈尼諾顏洪果爾之後。曾被班禪四世和達賴五世賜為「丹增卻傑」（執教法王）的稱號。其後為達延鄂齊爾汗─多爾濟─垂庫爾─噶勒丹達什等。（詳見《蒙古世系》76頁）

❷阿拉善：據《蒙古游牧記》載，「元太祖弟哈布圖哈薩爾十九世孫拜巴噶斯，青海顧實汗之兄也。初無子，育顧實汗之子巴延阿布該阿玉什為己子。後自生二子，長鄂齊爾圖，號車臣汗。次子阿巴賴，游牧河西套。巴延阿布該阿玉什，號達賴烏巴什，有子十六，居西套者十二。其長曰和羅理，號巴圖爾額爾克濟農。康熙十一年，噶爾丹以兵襲西套。戕鄂齊爾圖，破其部地。詔於寧夏甘州邊外畫界給之。」又《一統志》云，「巴圖爾額爾克一旗，駐牧博羅沖其克之地，賀蘭山在旗東，與寧夏邊接界，土人名阿拉善山。龍首山在旗西南，與甘州府山丹縣接界，蒙古名阿喇克鄂拉。……」今阿拉善為內蒙古自治區一盟。

❸朱噶：推翻元順帝並即位之事，《蒙古源流》《黃金史》等蒙文史書均有與本書相仿的記載，其中《黃金史》的記載尤為相似（詳見蒙文本 550）。關於朱噶（朱洪武）之後即位者的情況《黃金史》記載如下：永樂在位 22 年後死。永樂之後即位的有十一代：洪熙 1 年、宣德 10 年、正統 14 年、景泰 15 年、成化 23 年、弘治 18 年、正德 16 年、嘉靖 46 年、隆慶 46 年、泰昌 1 月、朝庭天啓 1 年。自洪武至天啓共即位 257 年。此載有誤，為了參照之便，現將《中國歷史年代簡表》中的明諸帝即位年代抄錄如下：洪武 31 年、建文 4 年、永樂 22 年、洪熙 1 年、宣統 10 年、正統 14 年、景泰 7 年、天順 8 年、成化 23 年、弘治 18 年、正德 16 年、嘉靖 45 年、隆慶 6 年、萬曆 48 年、泰昌 1 年、天啓 7 年、崇禎 17 年。

⓱努爾哈赤：即愛新覺羅‧努爾哈赤，太祖高皇帝。關於努爾哈赤之先祖，在女真人中流傳著一個神話故事，《清太祖武皇帝實錄》記載，「滿洲源起於長白山之東北的布庫里山下，一泊名布爾湖裡。初，天降之仙女，浴於泊。長名恩古倫，次名正古倫，三名佛古倫。浴畢上岸，有神鵲銜一朱果，置佛古倫衣上，色甚鮮豔。佛古倫愛之，不忍釋手，遂銜口中。甫著衣，其果入腹中，即感而成孕。告二姊曰：『吾覺腹重，不能同升，奈何？』二姊曰：『吾等曾服丹藥，諒無死理，此乃天意，俟爾身輕，上升未晚。』遂別去。」佛古倫生下一男孩，姓愛新覺羅，名布庫里雍順，其後繁衍，遂生努爾哈赤。蒙文文獻中與本書記載相似之處亦有，請參見《水晶鑒》474—475 頁。

⓲《般若八千頌》：書名。略本般若經。全書 24 卷，32 品，印度學者釋迦賽納、加納悉地、西藏譯師達磨達希拉等譯成藏文。

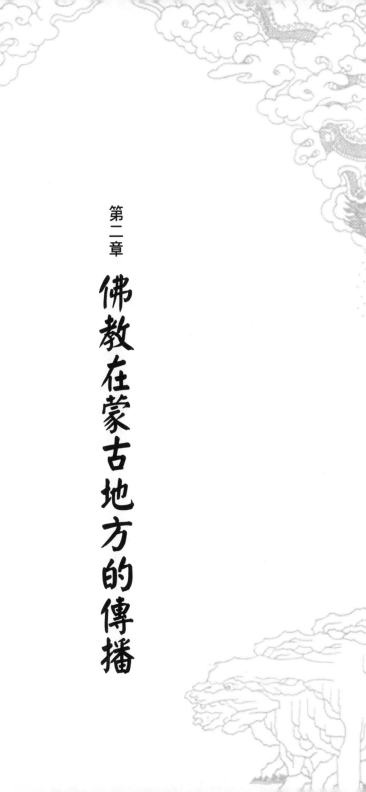

第二章

佛教在蒙古地方的傳播

本章分爲兩個部分，一是佛陀的教法傳播情形的總說，二是專講第二佛陀宗喀巴大師的教法傳播情況。

一、佛陀教法的傳播

　　總之，三世十方諸佛以大樂定不動法身充滿虛空，以大慈悲護佑衆生，以各種化現和傳承對無數輪迴六道的有情衆生作大利益。特別是對此大千賢劫世界，有著名的賢劫千佛出世，其中的第四佛即是尊勝導師無比的釋迦牟尼。正如吉祥怙主龍樹所說：「他最先發大菩提心，在三個阿僧企耶劫❶中集聚資糧，摧毀設置障礙的四部惡魔，因此應向此釋迦獅子頂禮！」釋迦牟尼最先發大菩提心，然後在三個阿僧企耶劫中積聚資糧，最後具足四身成佛，利益無數有情衆生的情形，有如下述。

　　其最先發大菩提心的情形是：在有如恒河沙數的無數劫之前，我等之導師化現爲婆羅門海塵之時，在寶心佛身前說：「願在此不淨大千世界，對於行十不善而犯下五無間罪的難以教化的頑劣衆生以慈悲看顧！」如此立下五百誓願而發心。其在三個阿僧企耶劫中積聚資糧的情形是：在第一個阿僧企耶劫中具足菩提道和加行道資糧，在第二個阿僧企耶劫中具足第一地至第七地資糧，在第三個阿僧企耶劫中具足第八、九、十地資糧。例如我等之導師以前修學道位時，曾在美石王宮化現爲一洲之轉輪法王，因自身能放光故名達沃王，對贍部洲衆生全都以教法護持。

　　當時有一位住於具香山❷之名叫凶眼的婆羅門，前來請求國王以頭布施❸，國王施予，婆羅門將國王之頭攜至有瞻波伽

樹之寶藏園林，園中仙女說：「凶惡婆羅們，你爲何將此無辜者之頭砍下？」國王對仙女說道：「仙女，我以前在此園中布施過近一千顆頭。」當彌勒菩薩請問時，釋迦牟尼曾說：「以前我布施給衆生的血肉比四座大山還多，布施的眼睛比須彌山還多。」當富樓那菩薩❹請問時，釋迦牟尼曾說：「目犍連，若說我在一個劫或比一個劫長的時間中爲解除衆生飢渴而布施的血肉，難以說盡。」此類例子，無法計數，如此以六度集聚了無數二部資糧。

其具足四身而成佛的情形是，如《出楞伽經》所說：「在以諸寶莊嚴之色究竟天❺，住於清淨喜樂之地，證得正等覺而成佛，以化現在該處成佛。」此清淨歡喜地在色究竟天美之處。證得之四身爲：圓滿自利的自性身和智慧法身，圓滿利他之受用報身及化身。其中的自性身有兩個含義：一是如自性清淨之雨具遍智空性，一是如離垢清淨之雨斷除二障（煩惱障和所知障）。智慧法身是指具有圓滿證悟一切法之智慧。受用報身是指具有五決定，即處決定：永住色究竟天密嚴刹土；法決定：只說大乘教法；眷屬決定：唯有聖者菩薩環繞；身決定：相好莊嚴圓滿報身；時決定：在輪迴未空時不示現涅槃。

化身有三種含義。

一是殊勝化身，正如尊勝怙主慈氏所說：「（釋迦牟尼）以大悲心看顧世間，爲救護整個世間以不動法身顯現出各種變化，化現爲人身，在兜率天宮轉生，完成住胎、降生、精通工藝、娶妃戲樂、修習苦行、前往金剛座、摧毀魔軍、證正等覺、轉動菩提法輪、示現涅槃等功業，在各個不淨界於世界存在之

時教示佛法」，以殊勝化身在人世間示現十二功業等。

佛陀釋迦牟尼所教化之大千世界，有上百兆個具有四大洲之世間，釋迦牟尼在上百兆個南贍部洲同時示現上百兆個佛陀的十二功業❻。也即是在兜率天同時示現百兆個轉生，以百兆個父王淨飯王爲父親，百兆個母后摩耶夫人爲母親，而同時示現上百兆個住胎、降生、幼年戲樂、娶妃、出家、修習苦行、前往金剛座菩提樹下、伏魔、證正等覺、轉動法輪、示現涅槃等功業。釋迦牟尼在此世間上百兆次示現涅槃，同時在其他世間或示現降生、或示現成佛、或示現轉動法輪等。在世間空滅之前一直示現這各種殊勝化身。

二是技藝化身，如釋迦牟尼爲教示各種工巧而化現爲工匠畢夏噶瑪❼等。

三是受生化身，如化現爲國王、大臣、婆羅門、在家俗人以及鳥類、野獸和珍寶、如意樹等器物等等。

如是，大悲佛陀從始至終所作的一切全都是爲了利益他人。其利益他人的情形是：「諸佛並不用水清洗眾生罪過，也不用手解除眾生苦難，也不將自己的證悟降遷給人，只是用教示法性眞諦來使眾生解脫。」佛陀正是通過說法來利益他人。

此外，佛陀的身體具有三十二種大丈夫相和八十種隨好，聲音具有六十種妙音，以其中的一種妙音即能爲眾生用其各自的語言說法。佛陀還具有所有知識，對所有眾生不分親疏以大悲心同樣救護。佛陀之事業，正如經藏所說：「水族們居住的大海，有時也會發生動盪，對於應教化的眾生，佛陀從不中止教導。」佛陀對於眾生施行教化，從未有片刻鬆懈，因而事業

自然成就，具有在世界存在之時一直利益眾生的不可思議功德。

此具大悲心之導師，見到所有悲苦眾生受無明白翳❽蒙蔽、受自見之結❾纏縛、受我慢之山❿重壓、受貪欲之火⓫燒灼、受瞋恨⓬利刃刺傷，因而墜入輪迴之中，受不能超越生老病死之痛苦，爲了使眾生能得到解脫，以各種神奇變幻使眾生產生善願，又以說法神變對無數應教化的眾生，按照他們各自的身心條件讓他們獲得無上遍知智慧的助緣，然後以教變神變針對眾生的八萬四千種煩惱而說佛經八萬四千部。

佛陀對於以聲聞種姓⓭、獨覺種姓⓮、大乘種姓⓯等三種姓弟子爲首的無數應教化的眾生，未生善根的使其生起，已生善根的使其成熟，已經成熟的使其解脫，已經解脫的使其到達彼岸，對於具緣眾生滿足其暫時和久遠之願望。雖然佛陀在一些無緣眾生的見相中示現涅槃，但是實際上他並未涅槃，正如《金光明經》所說：「佛陀並沒有涅槃，佛法也不會毀滅，是爲了教化眾生，佛陀才示現涅槃」。

一般來說，「法」這個詞具有十種含義，第二遍知世親曾說：「法是指識、道、出有壞、意所行境、福德壽數、著述、決定未來及教法等。」經藏中說：「諸法應如此習知。」因此，教法即是指知識和正見，也即是指道、皈依佛法、涅槃、入於佛法、意所行境、與后妃及侍從、弟子同習法行之福德、自動即喜愛受持佛法，壽命及教法即是如此，顯宗經藏、講說經論和典籍爲老年時之法，亦是未來及護持善根之法，此即境法及種姓法之十種含義。進入此十義之後之法，正如尊勝怙主慈氏所說：「要消除痛苦、去掉所有障礙，只有依靠聖法。」使如

此依律而行的眾生解除苦難和障礙之善巧方便，即是聖法。

　　此外，知識是講習佛法之基本，又分世俗諦和聖義諦兩種；道是佛法之道，有方便和智慧兩種；涅槃為佛法之結果，有法身及肉身兩種；經典為講說佛法之基、道、果之法，有不了義及了義之經典等。故此，經藏說：「佛法自始至終俱是善。」《密續教王名義經》也說：「佛法自始至終俱是善。」尊勝怙主慈氏解釋說：「因其是信仰、喜樂、諸智慧之因，故其是善。」這就是說，對於佛法最初聽聞時使人懂得原先不懂之法，成為產生信仰佛法之因，故其初始為善；對於聽聞之各種意義如律分辨思維，悟得其義後成為產生歡樂之因，故其中間為善；由思所生慧判定其義熟記於心然後修定，證悟其唯一性，成為產生無分別智之因，因此其最終也是善。佛陀之教法即佛法正如阿闍黎❻世親所說：「祖師之聖教有兩類，即教法和證法二者。」佛法分為教法與證法，其中的教法包括佛陀所說的教語和賢哲大德們所寫的論著兩部分。

　　佛語又分三藏（顯宗經典）和四續部（密宗經典）。三藏包括律藏、經藏和對法藏（阿毗達磨藏），四續部包括事續、行續、瑜伽續和無上瑜伽續。印度和西藏的可信學者們所寫的顯明三藏和四續部經典的意義的「論」之數量非常眾多。「論」具有糾錯和救護等兩種功德，正如阿闍黎世親所說：「糾正一切煩惱敵，救護眾生離惡趣界，具糾錯和救護功德故名之為『論』，此二功德他者無。」糾正眾生自身所生的三毒和惡行，救護眾生離開如墜入惡趣等衰損之果，故稱之為「論」，因此佛語也可以說是「論」。證法包括戒學、定學、慧學等增上三

學，有相和無相瑜伽，生起次第和圓滿次第瑜伽，十地及五道等，在此世間長久住世。

如是，導師佛陀的教法寶庫是所有美滿幸福的根源，此教法由大迦葉❶等聲聞部大弟子們以及彌勒菩薩❶、文殊菩薩❶、普賢菩薩❶、秘密主❶等加以匯集，又由他們經過吉祥怙主龍樹菩薩、無著菩薩等贍部洲六嚴二聖❶等無數班智達、成就者、高僧大德們在聖地印度廣為弘傳。

之後，當導師佛陀涅槃後一千零一十三年時，即漢地的皇帝漢明帝在位之時，有與迦葉同族的阿羅漢摩底迦和班智達拔羅那二人前來漢地，受皇帝的歡迎和敬重，住於當地的道士們對此心生忌妒，多次對皇帝奏請：「不同的教法不能在此傳布。」皇帝說：「那麼，可將雙方的經籍取來投入火中，不被焚毀者就加以供奉。」遵照此執行後，道教的經籍被燒焚，佛教的經籍未受絲毫損害，主要的道士石雷和曲神仙二人跳入火中，兩位班智達飛騰於空中示現神變。皇帝和臣民們由此都對佛教產生信仰，國王讚頌說：「狐狸怎能比得上獅子，燈盞不能亮過日月，池塘沒有海洋廣大，小丘比不上嵩山的重量。佛法如雨雲遍布世間，甘雨滋潤眾生種子，先前沒有的奇事今朝見，願佛作各方眾生導師！」在河南府修建了以白馬寺❷為首的七座佛寺和三座尼姑寺，皇帝自己受了居士戒，以幾名主要大臣為首的一千餘人出家為僧，使佛陀教法在漢地得以弘傳至今。

二、佛教在蒙古的早期傳播

對於佛陀教法在蒙古地方傳播，釋迦牟尼曾作過預言。三世佛的根本教誡《般若經》中說：「我涅槃之後，此般若經將從中印度向南方傳布。」又說：「此後將從北方再向北方傳播。」後者所說的「從北方再向北方傳播」即是指佛教傳播到印度東北方向的西藏和蒙古而言。《無垢天女請問經》中也說：「我涅槃之後兩千五百年時，佛法將在紅面地方傳播。」我的上師貢塘活佛曾說這一預言是指佛法在拉卜楞寺弘傳，不過同一句預言可能有多種含義，所以也可以認爲這是指佛法在蒙古地方傳播的預言。佛陀涅槃的年代，有火兔年和鐵龍年兩種說法，無論何種兩千五百年後佛教都早已在漢地和西藏傳播，故難以與預言相符。但是此方蒙古諸皇帝大多是佛教法王，蒙古也被稱爲「紅面」地方，蒙古地方以前也有一些佛法傳播，但佛教極盛的年代正與預言所說的年代相符，是從第十二饒迴開始，這是殊勝學者松巴堪布所說。可以認爲這兩位所說的意見是十分相合的。

從佛陀示現涅槃的火龍年算起，過了二千四十一年的第四饒迴火兔年（1207 年）時，梵天法王博克達成吉思汗親自派人從西藏的前藏到後藏去，與薩迦派的薩欽・貢噶寧布結成施主與上師的關係，並從前後藏地方迎請佛像、佛經、佛塔，使得蒙古人對佛法獲得堅固不壞的信仰，對佛法信奉和有持居士戒者出現，這是佛教在蒙古地方傳播的開始。使政教如一雙日月，利樂的喜慶如夏天之海水增溢，這是博克達皇帝對蒙古地方的

所有眾生的不可思議的大恩德，成為蒙古信奉佛法的根基。

在蒙古地方最早傳播的佛法是薩迦派的教法，因此在這裡先對具吉祥薩迦派的歷輩祖師的歷史作一簡要說明。著名的薩迦派是從款‧官卻傑布開始產生的。款氏家族的世系是，從光淨天❷天神依次下傳至款‧魯易旺布松，他是大阿闍黎喜瓦措在西藏最早剃度的七位出家人中最有學識的一個，又曾依止蓮花生大師聽受教誡。從他開始到款若‧喜饒楚臣之間款氏家族的人都是修習舊密宗的。款若‧喜饒楚臣有一個弟弟，即是款‧官卻傑布，他精通顯密教法。喜饒楚臣對他說：「在牛古塘地方有卓米譯師釋迦意希，學識十刀淵博，你應到他那裡去學習新密宗。」於是官卻傑布去到卓米譯師身前，修習新密宗，此外他還以桂‧枯巴拉則、喀且班智達哈日都噶波、瑪譯師仁欽卻、鄭哇譯師等高僧大德為師，成為卓米譯師的主要弟子。他四十歲時因見仲曲地方的白土岩風水很好，在那裡修建了一座寺院，自那以後的傳承被稱為薩迦派（薩迦在藏語中意為灰白色的土地）。

款‧官卻傑布❷的兒子是尊勝貢噶寧布，是官卻傑布的次妻於陽水猴年（1092 年）所生。他幼時就天資聰明，從父親聽受喜金剛灌頂。十一歲因父親之命迎請巴日譯師❷，聽受巴日譯師的所有教法。巴日譯師說：「佛子，你要學法，需要有知識，應當修習智慧本尊五字文殊菩薩修行法。」修習六個月後，他親見文殊菩薩，受到加持，並接受離四耽著等般若學的教誡。他又從章底‧達瑪寧布等高僧大德聽受俱舍、中觀、因明、密續等許多教法。此後，他又到住在貢塘的上師墨譯師那裡去請

教教法，上師爲了考察弟子的根器，並觀察弟子是否傲慢，所以只將求法者召集起來作一般說法，不作其他傳授。

貢噶寧布在東返的途中又派人到墨譯師身前，獻上十八兩黃金等禮品，並陳述請求教法之意。墨譯師很高興，說：「你是一個有根器的人，現在我已年老，活不了多久，你要學經咒，就盡快前來。」貢噶寧布就返回墨譯師身邊，聽受了他的全部教法，特別是勝樂❷和那若空行❷的全部教誡，以及寶帳依怙的隨許法和修行法等。在護法方面，他在上師南卡巴身前請求了四面吉祥怙主的修行法和經咒等，並以四面吉祥怙主爲自己的護法神，薩迦派的大小護法神即由此而來。

貢噶寧布執掌法座，廣利教法及衆生，他四十七歲時，大成就者畢魯哇巴❷爲傳弘教法而來到薩迦，貢噶寧布向他求教七十二部密續的經咒，特別是不能傳出院牆的四部深密教法，領受了近傳密宗的密法甘露。當一些弟子對此產生邪見時，貢噶寧布說：「對密宗的金剛阿闍黎產生邪見是十分錯誤的。」並將兩隻腳掌讓弟子看，腳掌上有喜金剛❸和勝樂輪的壇城，比畫的還要顯明。如是，貢噶寧布親見本尊並同時完成了六種功業，護持佛法及弟子，其奇異事跡多至無數，人們傳說他是觀世音菩薩的化身。貢噶寧布的弟子有殊勝的三人，獲得「忍」的七人，獲得證悟的八十人等。他於六十七歲時示寂，據說他分現化身在極樂界、布達拉、鄔仗那、北方香拔拉國利益衆生，直到現今。

貢噶寧布的兒子有貢噶拔、索南孜摩、扎巴堅贊、貝欽沃布等四人。長子貢噶拔前去印度，在摩揭陀❸地方逝世。索南

孜摩生於陽水狗年（1142年），當時印度金剛座的門楣上出現了空行母們書寫的文字：「文殊菩薩的化身金剛乘的大自在者阿闍黎索南孜摩已在薩迦出生。」憍閃彌❸地方的班智達提婆瑪迪向各方宣布，並說文字上的薩迦指的是西藏的薩迦。索南孜摩剛出生，就雙腿盤成金剛跏趺式，兩次說：「我已超出兒童們的行止。」

他三歲時親見文殊菩薩、喜金剛和度母，能記說三續、勝樂根本續、集論等。從此至十六歲間他學習密續、經咒等，成為金剛大阿闍黎。以後他前去前藏的恰巴・卻吉僧格身前學習般若、因明等顯宗經論，至十八歲時護持具吉祥薩迦寺的法座，以講說、辯論、著述等顯明佛陀的教法。他二十八歲講說道果法時，同時顯現三種身相，扎巴堅贊看見文殊菩薩，覺色甲多看見畢魯哇巴，烈譯師等人大多看見觀世音薩薩。他寫了《入法論》等許多論著。他的弟子很多，最主要的是扎巴堅贊，他將自己的全部教法如水注瓶一般全部傳授給扎巴堅贊。他於四十四歲時在說法之後在法座上示寂。

索南孜摩之弟扎巴堅贊生於陰火兔年（1147年），他八歲時從絳山達哇堅贊受修梵行的居士戒，不食肉、不飲酒，努力學法，十歲時聽受《律儀二十頌》及《蓮花修行法》等。十一歲時夢見得到三續經典，因而對經典中的全部教法融匯於心中。十二歲時學習父親所有的勝樂、時輪、大威德、鈴杵金剛等教法及那若空行等經咒。十三歲時護持法座，講說密法，受到所有賢哲的稱讚。

他又從許多上師聽受顯密經論及咒語，並融匯貫通。他曾

親見文殊菩薩，對所有知識都能正確掌握，對前七生中的事跡都能回憶起。在兄長去世時他作祈願，因而聽到一種像驢叫的聲音預言說：「他將轉生到北方香拔拉國，受金光明佛的教誨，具有轉動法輪的無量功德。」他在夢中見到自己有證得忍位的弟子五六人，還有許多獲得證悟的弟子。五十六歲時，他看見上師貢噶寧波在光明天神中示現智慧身，向他明示近傳道果法的手勢的意義。

據說印度有一個修成大威德生起次第但還未修成圓滿次第的人，死後轉生爲一個凶惡的魔神，前來西藏，誰也不能將其降服，扎巴堅贊作驅逐手印後，魔神逃往漢地。他六十一歲時極樂界的使者多次前來迎請，他因教化此方眾生的事業尚未完成，沒有前往。他七十歲時，當薩迦班智達在身前時，他們倆人都看見極樂界，他對薩迦班智達說：「我快要到極樂界去了，在那裡停留一段，然後到香拔拉，著轉輪王的服飾護持彼方，此後的三生中有可能獲得不捨肉身證得大手印成就。」說畢即示寂。以上三位祖師雖然只受了居士戒，但對細微戒條也從不違背，正如導師佛陀所說：「我所說的別解脫律儀包括了所有清淨戒律，在家人除了表相和儀式，其他的都可以實行。」

怙主薩迦班智達是扎巴堅贊的弟弟貝欽沃布的兒子，於陽水虎年的二月二十六日伴隨著河谷充滿彩虹和光明、眾多空行聚集降下花雨等許多奇異徵兆降生。出生後一年時，他就在地上書寫梵文天城體和瓦爾都體的字母，並念誦梵語，因此印度和西藏的語言和文字他都是天生就精通的。他最初在扎巴堅贊的身前領受修梵行的居士戒，起名爲貢噶堅贊，並依兩部儀律

發菩提心，入喜金剛壇城領受灌頂和教誡，所以依次爲他傳授三部戒律的根本上師是扎巴堅贊，同時扎巴堅贊還是薩迦班智達多次轉生中的善知識大德和本尊。

當薩迦班智達到薩迦說法時，扎巴堅贊在空中顯現，並說：「你在世間二十五次轉生爲人，都是精通五明的班智達，在這期間我都作你的上師，除了我之外，別人都不能調伏你。」薩加班智達自己也說過：「聚集諸佛智慧的文殊菩薩，示現爲善知識大德，爲我撕破錯幻之網，並說今後長期之中，都要擔任我的上師，聽到空中傳來此語，我向上師您虔誠頂禮！」由此可見薩迦班智達在教法和世俗兩方面的事業都是扎巴堅贊親自安排的。

有一次扎巴堅贊患病時，薩迦班智達一心一意地在身邊侍奉，使扎巴堅贊十分高興，爲他傳授了甚深道上師瑜伽。此後薩迦班智達親見扎巴堅贊爲匯集諸佛本性的文殊菩薩。自己心中獲得正確領悟所有教法的智慧，外部表現爲對五明學處全都無礙通達，生起破除一個辯難的無畏勇氣，能折服印度西藏各高傲之王，成爲神、魔、人三者的統法者，同時能不受外界之干擾長時間地入於三摩地❸。正是：「受到甚深道的護持時，明見上師爲文殊菩薩，刹那間領悟全部教法，向上師您虔誠頂禮！」

薩迦班智達以說法、辯論、著述三者弘傳佛法的情形是：他九歲時說《蓮花修行法》及密法等，十一歲說《喜金剛續第二品》及《平等攝持》，十二歲說《寶帳依怙》及文法，直到七十歲，他從未間斷講經說法。他十八歲時在夢中聽受化現爲

光明天神的阿闍黎世親以一夜當一個月地爲他講解《俱舍論》一遍，醒來後對所有句義全部理解。他從喀且班欽❸聽受因明後，爲報答上師傳經的恩德，每天講因明經典一次，一直到他六十三歲去漢地之前從不間斷。薩迦班智達的弟子有東、西、上三部及康、年、尙三部。伍由巴・日巴僧格等人說法，使講說《釋量論》的傳統至今仍興盛不衰。薩迦班智達又從班智達桑伽室利等人聽受因明、般若、聲明、修辭、音韻、藻詞、戲劇歌舞等學，抵達知識大海之彼岸。

薩迦班智達二十五歲時以喀且班欽釋迦室利爲親教師，以吉波勒巴爲軌範師，以徐侖巴爲密教師受具足戒，並從這些上師聽受廣大教法。當薩迦班智達的聲名廣泛傳布於東西印度之時，有措切噶哇等外道師忌妒難忍，前來與薩迦班智達辯論，在芒域❸的吉仲舉行了爲期十三天的辯論，結果外道徒們失敗。

文殊菩薩顯現在薩迦班智達的右邊協助他辯論，此時措切噶哇說：「不是辯不過你，而是辯不過你右邊那個有紅黃色髮髻的人，因此你勝利了，我失敗了。」說完騰入空中準備逃走，吉祥成就者揮動旗幟神幻之力將其從高空中拉回，在薩迦班智達的身前剪去髮辮出家，說：「直抵海洋的大地上，你是最殊勝的尊神。」措切噶哇他們出家時剪下的髮辮作爲宣揚佛陀教法的勝利的標誌，直到現在仍懸掛在具吉祥薩迦寺的柱子上。正是：「駁倒一切惡論的進攻，鎮壓狂妄者們的傲慢，賢哲的聲名傳遍大地，向你無畏的勇士頂禮！」薩迦班智達正是這樣以講說的陽光照得衆生心智的蓮花開放，以驚雷一般的辯駁推倒惡論的山崖，利益佛陀的教法。

此外，他還以寶鬘一般的著作在大地各處完整地顯明佛陀的教法。他所著區分法與非法的在顯密經論中分別闡明經、律、論三藏的著作，區分真正的學識及虛假的學識是七論精要的因明學寶藏，亦是區分世間的合理與不合理的格言寶藏，如同人們觀察事物的眼珠，在後世成為為人們指引正道的導師及可信的經典。此外，為了明確地解釋大乘的般若學，他寫了《顯明佛意》等無數論著。他是雪山環繞之地的具有精通五明學處的無礙智慧的最為尊勝的班智達。

大地之梵天成吉思汗，正如佛陀釋迦牟尼的教語中所說：「十方所有過去及未來之佛，共同之道都是般若六度，對已入菩提道中的眾生，般若是他的明燈和導師。」以及「無論是已逝去的佛陀，還是還未出世的佛陀，還是那些從涅槃中醒來，現今正住利眾之佛陀，以及他們所傳之佛法，都是人們敬奉之處所。因此對自己產生善願，同時對上師產生善願，即是對佛法生起思念，即應對佛法虔誠恭敬。」、「人生本是去來無定，閻羅不知何時降臨，你的壽命並非永固，國王陛下不要放逸。施捨錢財身體安泰，施捨肢體壽命堅固，錢財肢體乃至生命，全都拋棄以護佛法。」因為，佛法乃是不斷出世的三世佛陀之精要及獲得善業資糧的根本，無比尊貴的諸佛是恭敬信奉的對象。所以，追隨印度和西藏諸位法王，捨棄身體性命弘揚佛法的善規，尊重佛法，願供奉上師，如前所述曾致書於薩迦的貢噶寧布，拜其為師，請求護持，並請貢噶寧布偕其弟子前來蒙古地方弘傳佛法。

又如釋迦牟尼教語中所說：「解除眾生的各種苦難，供養

和敬奉無比上師，如此行事就必獲善果，到達不老不死的聖地。」、「國王陛下，比丘僧伽具有無量教法，是布施的對象，受所有神和人的供養。」以及「僧衆是產生善業的根本，供奉它的功德難以計量，即使輪迴結束，供奉僧伽的功德也不會結束，即使涅槃，供奉僧伽的功德也不會結束，因此不必供奉我而要供奉僧伽，供奉僧伽也即是供奉三寶。」成吉思汗對西藏的佛像、佛經、佛塔及僧衆奉獻了大供養。

為完成博格達皇帝增益政教的心願，遵照他定的善規行事，成吉思汗的侄孫闊端汗也按照釋迦牟尼教語所說：「敬奉上師的善良弟子，時刻要依止賢哲上師，因為賢善功德由此生，因為上師傳授般若六度，必須依止上師奉行佛法，具足功德之佛陀如是說。」、「我以佛陀慧眼觀各方，充滿各種珍寶及如來，然而若不聽聞佛之法，彼土之人福德不會大。誰若想要深究佛法義，就應聽聞顯密各經典，如此才能增益大福德。」

為獲得依止高僧大德的利樂及聽聞佛法的利樂，為迎請聲名遍布南贍部洲的怙主薩迦班智達前往蒙古地方弘揚佛法，派遣達爾罕太子多爾達為使臣帶來書信，信中說：「皇帝聖旨裡，曉諭薩迦班智達貢噶堅贊貝桑布之令旨。我為報答父母之恩德，需要有一供奉之對象，在選擇時選中了你，希望尊者你以教法及衆生的安樂為懷，不辭道路艱難前來此處。若是你以年邁為藉口（不來），難道不思以前釋迦牟尼為利益衆生無數次捨施身體之事？你若不來，難道不懼怕我派邊地大軍（前來）會傷害衆多生靈嗎？」同時布施的禮物有硫磺色錦緞長坎肩等無數物品。

薩迦班智達想起以前扎巴堅贊曾對他預言過：「在你後半生時，在有三百六十種不同民族、說著七百二十種不同語言的北方的蒙古地方，將有一個名叫闊端的菩薩化身的國王派遣一個名叫多爾達的頭戴飛鷹帽、腳穿豬鼻靴❸❻的使者前來召請你，你應毫不遲疑地盡快前往，對佛陀教法及有情眾生將有無量利益。」，同時又想到佛陀所說：「要想獲得利樂之人，應當利益三界眾生，將自己的全部善業，施捨給任何一個人。對於欲奉行佛法之人，即使只念誦一首偈語，也會獲得殊勝的功德，由此解脫各種苦難。有人對恒河沙數佛陀，以七種珍寶供養，或以大喜樂心供養，有人對眾生布施偈頌，亦與以珍寶供佛相同。偈頌乃是慈悲所成就，其功德難量難以盡說，數量多寡其效用相同。」因此，執掌佛法者應心記在世界弘揚佛法的無量功德，故薩迦班智達於六十五歲的陽火馬年（1246 年）抵達涼州闊端的宮廷。

此時，闊端汗去了蒙古地方，到羊年（1247 年）正月返回與薩迦班智達相見，商談許多教法及世俗事務。薩迦班智達向闊端傳授了大乘發心及喜金剛灌頂等許多深廣教法，使蒙古地方的眾生完成敬奉三寶等善業，拋棄許多惡業，皈依於佛陀的教法。此外，薩迦班智達還示現神變，在石頭上和沙地上留下手印和腳印，爲該處加持。特別是當薩迦班智達思考創制蒙古文字之時，看見一個婦人舉著揉皮子所用的木齒，就仿照其形狀新創出文字，其字有 a、e、i，na、ne、ni，pa、pe、pi，ha、he、hi，ga、ge、gi，ma、me、mi，la、le、li，ra、re、ri，sa、se、si，ta、te、ti，da、de、di，ca、ce、ci，ya、ye、yi， cha、che、chi，wa、we等，分陽性、陰性、中性三種或濁聲、清聲、弱聲三種。在七年之中建立了這些利益教法及眾生的功業。薩迦班智達這樣在漢地和蒙古，建立廣利佛法的功業的緣由，正如他自己所說：「我自己由於以往的一些業緣，將使教法之太陽在東方升起。」

當扎巴堅贊住在絳地方的尼隆山洞中時，穿著蒙古服裝的騎士遮蓋大地一般湧來，侍從們不知發生了什麼事，那些人已全部進入扎巴堅贊所住山洞中在他身前坐下，其中一個有碧玉髮髻白螺牙齒的幼童站起來，將蒙古語翻譯成藏語，請求說：「我是蒙古的戰神白梵天神，請尊者你到蒙古地方去，利益所有神人。」扎巴堅贊說：「我已年邁，與你們蒙古沒有大的緣份。將來迎請我的侄子貢噶堅贊，才會有大益處。」此小兒譯成蒙古語對蒙古眾人說了。這幼兒乃是乾達婆王念青唐拉，前來擔任翻譯。扎巴堅贊將內供的青稞以三字咒加持後洒向蒙古人，他們整夜像飲甘露一般吞下，並用蒙古語歌唱歡舞，到第二日天亮時才離去。又有一次，當扎巴堅贊在恰隆金剛崖專心修行時，象鼻天豎起珊瑚做的梯子將扎巴堅贊請到高空上，為他指點漢地和蒙古地方，並說這些地區都由你來教化，扎巴堅贊說：「我與蒙古的業緣不大，將來我的侄兒、文殊菩薩化身的貢噶堅贊會去教化這些地方。」由於這些安排，後來蒙古地方就成為怙主薩迦班智達伯侄教化的對象㊲。

此後，薩迦班智達於七十歲時（1251年）在涼州幻化寺示寂。他下一生投生為空行，此後投生為東印度穆穆尼王尼瑪多培之子，證得大部分悉地，此後逝往妙喜世界，轉生為智美貝

而成佛。

此後，當蒙哥皇帝在位之時，有噶瑪拔希❸前往蒙古教示佛法。噶瑪拔希生於陽木鼠年（1204 年），起名爲卻增，相傳是莎樂和❸的化身。他五六歲時即精通讀寫，到十歲時就通讀佛陀的經典，融匯於心中，依止上師崩扎巴等人聽受灌頂教誡等，起名爲卻吉喇嘛。他在十年當中如律修行，產生了殊勝證悟，在康聚集五百僧人說法，聲名大著。蒙古蒙哥皇帝派遣金字使臣❹前來迎請，故而前往漢地，在途中利益僧伽，修復被毀的佛殿，建立許多功業。他使皇帝及其眷屬、臣民等發菩提心，入於無上菩提道。他還曾到漢地和蒙古各處，顯示成就和神變。大地之主忽必烈汗也曾供奉他。他在廣利佛法和衆生後，於八十歲的陰水羊年三月示寂。有一些大德說，涼州城中有一座噶瑪李希塔，即是噶瑪拔希塔，是因爲音轉而被叫做噶瑪李希塔的。

三、八思巴的事跡

此後，大自在天化身的忽必烈皇帝，正如吉祥怙主龍樹所說：「最先爲衆人施行教法，不論是中間還是最後，一直努力於佛法的國王，別人對他們不能損害。因有教法護佑平安，臨死之時亦不需畏懼，在別的世間亦獲安樂，因此應常時依止佛法。教法是世間的珍寶，教法使世間產生妙喜，使你不受別人欺騙。」他對衆生依照佛法護持，具有無邊功德，特別是如佛陀教語所說：「具足信仰守持戒律，具有智慧忍耐痛苦，依止尊勝高僧大德，此乃衆生成佛之道。」又如吉祥怙主龍樹所說：

「從須彌山頂掉下的人們，沒想到墜落卻墜落下來；聽從上師教誨的人們，沒想到解脫卻自然解脫。」因此，忽必烈想到應依止高僧大德，獲得聽受佛法的利樂，故而從薩迦迎請上師法王八思巴洛追堅贊，奉為自己的上師。

薩迦班智達有無數殊勝弟子，其中最為傑出的即是法王八思巴。八思巴是薩迦班智達的弟弟桑察索南堅贊和瑪久貢吉所生之子，誕生於木羊年（1235年）三月六日。關於八思巴出生的緣由如下所述：其父桑察修習象鼻天修行法，得以親見象鼻天神❹，象鼻天神用鼻尖將他托起，送到須彌山頂，命他觀看，桑察因為害怕，未能久看，只看到西藏及康區少量地方。象鼻天說：「你所看到的地區將歸於治下，因此西藏康區將由你的子孫後裔統治，只是由於你沒有趕緊看，所以你自己沒有統治的緣份。」可是過了許久桑察還沒有兒子，桑察焦急，就向象鼻天請求。有一次象鼻天在貢塘地方的曾與觀世音菩薩講論過的塞頓日巴亦名斯斯日巴的上師身前顯現，說：「桑察一再向我懇求由他統治前、後藏及康區，但是他沒有這樣的緣分，他的兒子應是一個發願教化世間廣大地區之人，你有這個緣分，你若轉生為桑察之子，將統治前、後藏及康區等藏族地區的大部分，因此請你轉生。」按照象鼻天的這一勸請，投入母親之胎中，出生之時伴有各種吉祥之兆。

八思巴幼年時聰明穎悟，對於讀寫等毫不費力地通曉，對於大多數學識一看即能熟記於心，並具有能無礙記憶起前世情形的神通。他三歲時就憑心中記憶講誦蓮花修行法，使眾人大為驚異，說：「這一定是位聖賢！」從那兒以後他就被人稱為

八思巴（藏語意爲聖賢）。他八歲時即能憑記憶講佛本生經，九歲時講喜金剛續第二品，因他在僧衆集會上講經，使衆大德都拋棄傲慢傾聽。他十歲時作爲薩迦班智達的隨從前往涼州，路上在拉薩大昭寺覺臥佛像前由薩迦班智達擔任親教師、蘇浦巴擔任軌範師剃度他出家，起法名爲洛追堅贊。他還從覺摩隆堪布喜饒僧格聽受沙彌學處。他十三歲時隨同薩迦班智達到達涼州府，其後學得薩迦班智達所有的全部教法，薩迦班智達十分高興，將自己所用的鉢盂和聲傳一聞距的白色法螺傳給他，並將教法托付給他。當薩迦班智達去世時，他很好地完成了超薦法事。

法王八思巴十九歲時蒙古忽必烈薛禪汗爲弘傳佛法，迎請他到自己宮中，八思巴按照佛陀的教語所說：「十方無比廣大的國，全都受到佛陀的眷顧，使得處處都充滿珍寶，並有衆菩薩對之護持。誰若在佛教未弘之地，在未聞佛經的荒野處，對他人說法講說念誦，其福德至大而且特殊。」，思念傳法的利樂，於是於牛年（1253 年）到達忽必烈的宮廷。忽必烈及其王妃、王子等對八思巴頂禮，施主與上師二人講論許多事務。

當時，八思巴表現得很驕傲，忽必烈問：「你爲什麼這樣驕傲？你有什麼？」八思巴回答說：「我以前曾是漢地、西夏、印度、門、西藏各地國王供養的上師，受他們極大敬重。」忽必烈問：「西藏何時有國王？什麼國王敬奉佛法並受灌頂？你說的與僧人的經籍不符，必是謊言。」八思巴說：「我以前曾是西藏的國王，與漢地交戰，西藏獲勝，統治瞻部洲三分之二地方。那以後藏漢雙方聯姻，迎請公主和覺臥佛像到西藏。」

忽必烈說：「查一查史籍，看此話是否眞實。」查閱之後史籍記載一如八思巴所說，故而忽必烈心中歡喜。八思巴又說：「一百萬年前，贍部洲曾降七日血雨。」在漢文史籍中果然有此記載，於是使忽必烈愈發信任。

之後，忽必烈有一位名叫澤瑪桑莫（意爲美善，按薩迦世系史記載是察必皇后）的王妃，非常聰明睿智，她對忽必烈說：「薩迦派有一種甚深密法灌頂，爲其他教派所無，應該向八思巴請求傳授。」忽必烈說：「先由你去請求，然後我再接受灌頂。」王妃接受喜金剛灌頂❷後十分信仰，問：「接受灌頂應該獻什麼樣的供養？」八思巴回答說：「以自身享用之全部財產、權勢等布施，特別是應布施自己最爲珍愛的物品。」王妃正如《五十上師頌》所載：「此後對於諸佛時常奉獻布施，因此積聚福德，獲得尊勝成就」，說：「當我出嫁之時，父母所賜的最爲珍貴的物品爲此。」說畢將上面鑲有一顆大珍珠的耳墜奉獻。將此耳墜賣與一個蒙古人，得到黃金一大錠、白銀一千錠，後來帶到西藏，作爲舉行曲彌大法會和修建薩迦大金頂的資金。

此後，王妃對忽必烈說：「八思巴有比別派殊勝的密法，應當聽受。」忽必烈也答應了。正如《大印精要續》中所說：「開初無論學習何種法，都必須接受一次灌頂，此後才算具有根器，可以聽受秘密教法。不受灌頂難獲成就，猶如要從沙中榨油。若有密法師出於傲慢，對未受灌頂之人傳法，師徒二人死去之後，縱有成就也會下地獄。因此努力教法之人，應向上師請求灌頂。」當忽必烈向上師八思巴請求傳授喜金剛灌頂的

殊勝深密教法時，八思巴說：「你是大王，恐不能遵守法誓，現在也沒有精通翻譯的人，等以後再傳授。」忽必烈問：「需要守護什麼法誓？」八思巴說：「接受灌頂後，由上師坐上座，以身體禮拜，上師言語全部遵從，不違上師心意。」忽必烈說：「這樣的法誓不能遵守。」王妃說：「我有辦法，請求教法時及人少時上師坐上座，諸王及大臣們聚會之時由國王坐上座，吐蕃之事聽從上師言語辦理，不與上師商議國王不下詔命，其餘大小事務上師不必說話及求情。」八思巴也同意了這一辦法。於是八思巴（爲傳授灌頂）進行念修，在這期間派人召請譯師。

八思巴念修完畢後安排灌頂所需物品，爲以忽必烈爲首的二十五名具緣之人三次傳授喜金剛灌頂，這是在蒙古地方首次傳授密宗金剛乘的教法。傳授灌頂後，忽必烈也十分信仰，正口《總輪續》中所說：「捨棄一切奉獻供養，首先應當供養上師，使得上師心生歡喜，可以獲取遍知智慧。對功業無上的上師，當做金剛菩薩供養，有何福德不能成就，有何艱苦不能克服？！使你離卻畏怖及惡業，獲得安樂及善。」

作爲接受灌頂所獻的供養，第一次奉獻了十三萬戶❸，第二次奉獻了以聲傳一聞距的白螺爲首的藏族三區❹，第三次廢除了在漢地以人填河渠的制度。當時八思巴心中非常歡喜，作迴向偈頌說：「廢除這些乃是善德功業，已使善慧自在心願滿足。故此利樂教法廣爲弘揚，祈願人主聖壽因此久長。」

如是，當八思巴成爲大皇帝的帝師之後，成就者噶瑪拔布顯示了在空中結跏趺坐、直接穿過大山等無數神變，忽必烈看後十分驚奇，對周圍親隨說：「這比我們的上師神通和證悟還

要廣大！」王妃為此心中不安，去到八思巴身前，告訴了忽必烈所說的話，並請求說：「上師若不顯示神通，大王心願不能滿足，恐怕會改變心意。」八思巴說：「噶瑪拔希的神變主要是適應調伏眾生的需要，這種神變我也有，現在不滿足信教國王的心願不好，而且也會使金剛乘教法的聲名受損害，所以我也顯示神變。」

於是，八思巴向忽必烈及其隨從們作一手勢，破除他們對噶瑪拔希的幻覺，然後說：「王妃，請給我拿一把利劍來！」王妃拿來利劍後，八思巴說：「我的軀體各部分受五部佛的加持，你等王臣眾人信仰五部佛的何方佛土，我可以實現你們轉生彼土之願望。若不相信，我可在臥榻上現出五部佛身，你們應向其禮拜！」說完將自己四肢砍開，頭上現出大日如來，為四肢加持，四肢現為其餘四佛，故五部佛明顯現出。忽必烈、王妃、大臣、侍眾等因此生起猛利信仰，一邊禮拜一邊繞行，並且祈願。

然後，眾人到身前跪拜時，看到臥榻上有砍切肢體時流出的鮮血，產生畏懼，大聲祈請上師收法，八思巴仍未收回神變。此時王妃說：「世間怙主，你若不盡快收法，國王將會心臟碎裂而死去。」於是八思巴收起神變，國王及侍從們大喜，國王心想：「今後無論有怎樣的成就者前來顯示神變，使國王感到驚異，他的斷證功德也絕不會超越我的上師。」此後，忽必烈封八思巴為帝師，並賜給珍寶製成的印章，此外還賜給黃金和珍珠的袈裟、佛像經典、僧帽、靴子、坐墊、金座、傘、碗、盤子等全套用具和駱駝、乘騾、全套金鞍等。

八思巴二十歲的虎年時（1254年），忽必烈又賜給白銀五十六大錠、茶葉二百包、緞子八十疋、綢子一千一百疋。當時應八思巴的請求，忽必烈下令金字使者不准在僧舍住宿，不准向僧人徵集烏拉差役，僧人不交賦稅。忽必烈還賜給西方僧人的事務全由薩迦派管理的詔書。忽必烈還下令說：「西藏地方只准修習薩迦派的教法，不准修習其他派別的教法。」八思巴說：「不能這樣做，應該讓僧人們修習各自的教法。」於是由施主和上師發布詔令，讓僧人們努力修習自己教派的教法。這樣使西藏各教派的僧人們能夠信奉自己的教法安心居住，是八思巴的恩德。這樣，八思巴為以忽必烈為首的說許多不同語言的人們，傳授和顯明了佛法的內容，並按忽必烈的請求，創制了方塊形的蒙古字❹，制定了講經、聽法、修行的規矩，廣利教法及眾生。忽必烈從印度迎請了許多釋迦牟尼的舍利和佛像、佛經、佛塔等，修建寺院，建立僧伽，使佛法廣為弘傳。

此後，八思巴向西藏派去了使者，迎請三藏論主涅塘巴‧扎巴僧格。在八思巴二十一歲的陰木兔年（1255年）的五月十五日，由涅塘巴‧扎巴僧格任親教師❹，由覺丹絳巴‧索南堅贊任羯磨師❹，由雅隆巴‧絳曲堅贊任密證師❹，由南帕巴‧楚臣仁欽等人為證，給八思巴傳授了具足比丘戒❹，使八思巴成為守持全部戒律的僧眾頂飾。他從涅塘巴‧扎巴僧格聽受般若疏釋，從覺丹絳巴‧索南堅贊聽受別解脫律儀等，從雅隆巴‧絳曲堅贊聽受七部大論等。其後，八思巴前往尊勝文殊菩薩的住地五台山，受到眾生的盛大歡迎和供養，八思巴寫了許多讚頌五台山的詩。

之後，八思巴又去忽必烈宮廷，爲無數衆生轉動法輪。當時，在漢地有許多追隨古人太上老君的被稱爲「神仙」的道士們，他們沉溺於邪見，旣害了自己，又損害他人，忽必烈下令，讓八思巴將這持邪見的教派按清淨教法糾正過來，於是八思巴以清淨教理駁倒長期修持太上老君教法精通道教典籍的道士十七人，破斥他們的惡見，使他們受持正見出家，對佛法立下大願。當時，八思巴寫了一首調伏道士的偈頌，其中說：「我使這些心堅如鐵的道士，學習清淨佛法的根本經典，成爲佛陀釋迦牟尼的信徒，努力持守佛教的清淨戒律。」

這樣，八思巴在東方廣大國土中建立了無數利益佛法及衆生的功業，又爲眷顧雪域西藏境內的應化有情，於三十一歲的陰木牛年（1265 年）漸次回到具吉祥薩迦大寺，以見聞思觸等形式利益無數各色人衆。當時，他將自己得到的大量財寶物品，有一部分作爲奉獻給印度金剛座等佛教徒應供奉的聖地的供養，有一部分作爲修建佛殿及供有各種佛像的佛塔的資金，還爲薩迦派的前輩祖師們修建了靈塔及黃金寶蓋等，有一部分用來寫造如來的經典，有一部分用作供養各部僧伽的基金，還有一部分用來給沙門❺⓿、婆羅門❺❶、貧苦民衆等發放大布施。總之，八思巴毫不爲自己利益作想，將這些財物完全用來利益他人。他還對如雲聚集的從西藏、康區各地前來的無數高僧大德大轉深廣的佛法法輪，使佛陀的教法如受到陽光照射的蓮花一樣顯明。

此後，由於忽必烈皇帝又一再派金字使臣前來迎請，八思巴於三十三歲的陰火兔年（1267 年）爲自己設置了十三種職事

官員，動身前往朝廷。當時覺丹熱智寫詩嘲諷八思巴說：「佛陀教法為衙署烏雲所遮，眾生幸福被官長一手奪去，濁世僧人正貪圖官爵富貴，不懂這三條就不是聖者（指八思巴的名字）。」八思巴對此作詩回答說：「教法有興衰是佛陀所言，眾生的幸福是業緣所定，教化一切要按情勢指導，不懂這三條就不是賢者。」

八思巴抵達朝廷時，大皇帝及其皇子、后妃、大臣等眾人在印度大象背上安設珍寶瓔珞裝飾的寶座，用飄揚珍貴錦緞纓穗的傘蓋和經幡、旌旗以及盛大鼓樂等迎接皇帝之禮前來迎接，奉獻無數殊勝的供養，迎請八思巴到皇宮中，請求傳授深廣教法，使佛陀的教法如睡蓮受月光照射一般開放。此後，八思巴三十六歲的陽鐵馬年（1270年），由於忽必烈的請求，八思巴傳授了喜金剛灌頂，忽必烈奉獻了六棱玉印和專門的詔書作為供養，封八思巴為「普天之下、大地之上、西天佛子、化身佛陀、創制文字、護持國政、五明班智達八思巴帝師」，並賜給白銀一千大銀、綢緞五萬九千匹段等大量物品。

這樣，八思巴在漢地和蒙古廣利佛法和無數眾生後，又為慈悲護佑雪域西藏之人眾，率領大批隨從弟子，與大地之主忽必烈皇帝的皇太子真金率領的大軍一起，漸次向薩迦大寺進發。在途中各地，八思巴都受到人和非人等有情眾生的歡迎、送行、供養和敬禮。在難以通過的各條大河，由人和非人架起橋樑，許多奇異事跡，使見到或聽到的人都感動得毛髮聳動，熱淚覆面。八思巴還根據他們各自的心智和身體為他們教示佛法，使他們走向成熟和解脫。

鼠年（1276年），八思巴伴隨著諸種奇異徵兆抵達具吉祥薩迦大寺。當時，住在西藏各地的高僧大德以及修習佛法的各部弟子、各地的官員貴族都來聚集，從印度和克什米爾也有一些班智達聞訊前來。聚會的大眾都以自己的財物對八思巴奉獻供養、禮拜尊崇，生起善根，請求八思巴說法。八思巴說：「我這裡有法主薩迦班智達所傳授的各種灌頂和加持、說法教誡以及各種經咒等，你們各人希望得到什麼教法，都可以向我請求。」為大家直接了當地傳授了各種深廣的教法，頒賜了廣的布施，使雪域之人眾在教法上和禮儀上都得到滿足。八思巴就這樣在薩迦大寺不分晝夜地傳授佛法，引領眾生走上成熟和解脫。

此後，在陰火牛年（1277年）春三月，由皇太子真金擔任施主，在後藏曲彌仁莫❷地方召集大法會。八思巴對七萬多名僧人供給豐盛的食品，並給每一名僧人布施一錢黃金，轉動佛教深廣大法輪，使得聚集在當地的七萬名僧人、數千精通各部大論的講經說法的格西以及世俗民眾等總數達十萬的眾生對諸佛指示的唯一殊勝正道－大乘菩提道生起信仰心，眾人亦一心努力於成就無上正果的菩提道之中。最後，八思巴在聚集的廣大僧伽之中作迴向，讚頌功德。

八思巴所教誨的弟子，有尚·官卻貝、衛巴·桑結本等無數講經傳法的大德，使得善逝佛陀的教法愈益顯明。

此後，八思巴四十六歲的陽鐵龍年（1280年）十一月二十二日上午，八思巴命侍從陳列廣大供品。在鈴聲之中，八思巴為使執常見的眾生努力佛法而示現涅槃。在火化他的遺體時，

出現了一大捧舍利子，還有許多奇異徵兆。以前阿底峽大師來到西藏時，看到薩迦的山上有兩頭野牛，曾預言說：「將來會有兩位大黑天神❸在此建立功業。」又對薩迦的灰白崖致禮後預言說：「這裡有七個『迪』字和一個『吽』字，將有文殊菩薩的七位化身和金剛手菩薩的一位化身共計八人在此利益眾生。」薩欽貢噶寧布兄弟四人以及薩迦班智達、桑察・索南堅贊、八思巴是文殊菩薩的化身，八思巴的弟弟恰那是金剛手菩薩的化身。貢噶寧布是觀世音菩薩的密教三部化身，由他開始有文殊菩薩的七位化身。他們當中，貢噶寧布、索南孜摩、扎巴堅贊三人被稱為白色三祖，薩迦班智達和八思巴被稱為白色二祖，他們合稱為薩迦五祖。

四、元代其他高僧的事跡

此後，當完澤篤皇帝（即元成宗鐵穆耳，1294-1310 年在位）之時，迎請遍知者卻古俄色❹。此遍知者的父親為瑜伽自在色頂巴・宣努沃，母親名叫喜饒巾。他從住胎到降生之時，出現了母親身體有三十二尊神守護等異兆。出生後起名為達美多吉。五歲時他的行為就顯出特別殊勝，他父親教他誦經時，他邊玩邊聽，父親責怪他說：「達美多吉，你是輕視我還是輕視我的經典？！」他端正地雙手合掌請問說：「這是因為什麼？」父親說：「我一開始誦經，你就開始玩，我念一座經，你就玩一座經的時間。」他回答說：「一邊用耳朵聽經，一邊用手腳玩，有什麼不好。」父親說：「那好，你把我念的經背一遍。」於是他把三天中所聽的經一字不錯地全都背出來了，

使眾人大爲驚異，說：「他是大德的化身。」

　　後來，在出家時給他起名爲卻吉俄色，眾生怙主八思巴給他起名爲卻古俄色。他無論進哪一座經院，對所有經典都只聽聞一遍即能記住，有人懷疑是否眞實，進行考察，發現完全是眞實的。這樣，他具有了他父親所有的全部學識，具有無量功德。

　　遍知者卻古俄色被完澤篤皇帝迎請爲供養的上師，後來在海山曲津汗在位時（即元武宗，1307-1311 年在位）仍是皇帝供養的上師。海山曲律皇帝請他將佛陀的顯密經典翻譯成蒙古語。卻古俄色按照佛陀教誡所說：「受持佛典的福德，即使將諸佛聚齊，在百萬劫中講說，也難以將其說盡。」，心記傳播佛陀經典的利樂。

　　因爲，眾生怙主八思巴所創制的方塊字不能將佛經譯成蒙古語，他在以前薩迦班智達所創制的a、e、i等四十二個字中；在第一行 a、na 等十五個陽性字中由十四個字每字分出兩個；在第二行 e、ne 等十五個陽性字中由十四個字每字分出兩個；這樣新制陽性和陰性字五十六個，即：o、oo、ee、u，no、noo、nee、nu，bo、boo、bee、bu，ho、hoo、hee、hu，go、goo、gee、gu，mo、moo、mee、mu，lo、loo、lee、lu，ro、roo、ree、ru，so、soo、see、su，to、too、tee、tu，do、doo、dee、du，co、coo、cee、cu，yo、yoo、yee、yu，cho、choo、chee、chu 等。

　　中性字十四個及最後的 wa、we 兩個字不變，這樣總共成爲九十八個字。上述的 ee、nee、bee 等字在藏文中無法寫出，

故用上面的形式表示，實際上的字形不是如此。nga 字在蒙古語中不能作字頭，但作後加字（後綴輔音）的情形很多，na 等十個字和 nga 字成爲十一個後加字，即是 na、ba、ga、ma、la、ra、sa、da、i、u、nga 等作爲 a 等字的後加字，成爲 an、ab、ag、am、al、ar、as、ad、ai、au、ang 等字。

　　又後加字（複輔音後綴）是在 a 字加上後加字 i 成爲 ai 之後再加又後加字 na 就成爲 ain，加又後加字 ba 就成爲 aib，加又後加字 ga 就成爲 aig，加又後加字 ma 就成爲 aim，加又後加字 la 就成爲 ail，加又後加字 ra 就成爲 air，與此相同，有 ein、eib、eig、eim、eil、eir 等許多字。此外，在將佛經翻譯成蒙文時，由於有些音在蒙文中不能；表達出來，又增加了 pa、pe、pi、po、poo、pee、pu 和 sha、she、shi、sho、shoo、shee、shu 等字，以及連接詞和動詞等文法字。建立了五個經咒院，將藏文大藏經《甘珠爾》和《丹珠爾》中的一些經典翻譯成蒙文，使佛法廣爲弘揚，其恩德大至不可估量。

　　此後，普顏篤皇帝（即元仁宗愛育黎拔力八達，1311-1320年在位）以薩迦派的達欽頓月堅贊爲供養的上師。在這期間，那塘寺覺丹熱智的弟子闊巴絳樣前去蒙古，成爲受供養的喇嘛，他以前在那塘寺時曾戴著面具使覺丹熱智受了驚嚇，所以覺丹熱智不喜歡他，因此當他去了薩迦，並受到蒙古的迎請。他從蒙古地方給覺丹熱智捎來了寫造藏文大藏經《甘珠爾》和《丹珠爾》的物品，一小箱漢地特別的墨，使得覺丹熱智很高興。用這些捎來的物品，由衛巴・洛色等人負責，寫造了《甘珠爾》和《丹珠爾》，存放在那塘寺❺的文殊菩薩殿內。以這個本子

為底本，漸次出現了許多《甘珠爾》和《甘珠爾》的抄本。

普顏篤皇帝之子格堅皇帝（即元英宗碩德八剌，1320-1323年在位）以薩迦的喇嘛索南堅贊為供養的上師。此後，也孫鐵木兒皇帝（即元泰定帝，1323-1328年在位）命薩迦的喇嘛噶哇索南和蒙古的譯師喜饒僧格二人翻譯了許多經典。以後阿速吉八皇帝（元天順帝，1328年在位）以薩迦的喇嘛仁欽旺布為供養的喇嘛，以後和世瑓皇帝（元明宗，1329年在位）以南喀堅贊為供養的喇嘛，以後扎牙篤皇帝（元文宗，1329-1332年在位）迎請薩迦的喇嘛意希仁欽和噶瑪巴·攘迴多吉二人作為自己供養的上師，攘迴多吉為皇帝及后妃等傳授了大灌頂，並講經說法，廣弘佛法。懿璘質班皇帝（即元寧宗，1332年10-11月在位）以喇嘛桑結貝為自己供養的上師。此後，妥歡帖睦爾皇帝（即元順帝，1333-1368年在位）迎請薩迦的喇嘛貢噶洛追和噶瑪巴·若必多吉二人，作為自己供養的上師，並從他們聽經學法。

五、歷輩噶瑪巴的事跡

在此，略述前後出世的歷輩噶瑪巴的歷史。前述的噶瑪拔希的轉世攘迴多吉，於木猴年（1284年）在尊者密勒日巴❺的出生地降生，此後與父母一起漸次前往定日，攘迴多吉身上有彩虹般的光芒放出，自動沒入山崗。他五歲時，大成就都鄔堅巴說：「明天我的上師噶瑪巴前來。」於是鋪設了高坐墊。次日攘迴多吉走到鄔堅巴❺身前，毫無障礙地登上了高座。鄔堅巴說：「孩子，你為什麼坐到上師的座位上。」攘迴多吉說：

「我就是上師。」故此，鄔堅巴向他傳授了菩提發心及止派總攝輪灌頂等許多教法。他七歲時以貢丹喜饒為親教師削髮出家。此後，他前往祖普寺❺❽，從年熱根敦本等人學習許多教法。

他十八歲時，以宣努絳曲為親教師受比丘戒，並聽受四部大論。此後，他修建了拉頂靜修院❺❾，從許多上師聽受各種經論。此後，他前往前藏，有唐古拉山神❻❿在路上迎接，到達祖普寺時，諸位護法神都歡喜慶賀。他向拉薩大昭寺的覺臥像❻❶獻頂蓋時，出現了向十方如來奉獻供養的景象，對他人大有利益。猴年（1332年）扎牙篤皇帝派人迎請他，他動身前往，於十月到達宮中，為皇帝及后妃等傳授灌頂。在作了無數利益他人的功業後，動身返回西藏。狗年（1334 ）抵達五台山，然後返回前藏利益教法及眾生。此後又再次前往漢地，於五十六歲的土兔年（1339 年）去世。由於他顯示了住於月宮壇城之景象，使皇帝及其眷屬們十分信仰。

攘迴多吉的轉世是若必多吉，此尊者住於兜率天宮❻❷時，是彌勒佛勸請他轉世投胎。他在母胎中即有念誦「嘛呢」之聲傳出。他於鐵龍年（1340 年）誕生，出生後立即清楚地念誦「嘛呢」，並說：「我是噶瑪拔希的轉世，誰見了我，就可以不墮入惡趣。我要依次到祖普寺、噶瑪寺和皇帝的宮中去，皇帝的宮廷中有無數我應教化的眾生。」別人為了考驗他的話是否真實，就取青稞酒獻給他喝，並問：「兜率天宮中有無此物？」他說：「兜率天宮無此醉人之物，但有甘露。兜率天宮也無人間的土石，那裡的土石都是由珍寶構成。」此後，他從證悟者官嘉哇聽受灌頂及那諾六法的生起次第和圓滿次第，又

從上師喜饒貝聽受全部《甘珠爾》和《丹珠爾》中的許多經論。此後，祖普寺來迎請他，他到祖普寺以頓珠貝爲親教師削髮出家，起法名爲達摩格迪，從容敦巴聽受金剛鬘灌頂。

他十八歲時又以頓珠貝爲親教師受比丘戒，廣利衆生。此後蒙古皇帝妥歡帖睦爾及其兒子派人迎請他，他於十九歲時前往，建立無數利益皇帝及其眷屬和北方衆生的功業。此後返回祖普寺利益教法及衆生。後來皇帝又派人迎請，他再次前往大都城中，皇帝及其眷屬等拜見聽法，無比信奉，他爲皇帝父子傳授了瑜伽母灌頂、諸佛灌頂、方便道那諾六法❸等，引領漢地和蒙古的許多大臣和官員等入於菩提道之中。他還消除旱災和時疫等，被稱爲安定國土的吉祥喇嘛。

此後，他又返回西藏，受到前後藏僧衆的信奉尊崇。他建造了一尊大佛像，從右耳到左耳之間相距十一庹，以此廣利佛法。他於四十四歲的水豬年（1383 年）去世。

若必多吉的轉世爲得銀協巴。他生於木鼠年（1384 年），兩歲時就能講說教法及示現神通，他爬到石頭上，在石頭上清楚地留下腳印。他四歲時拜見了法主喀覺巴，聽受了金剛鬘灌頂等。此後又以堪欽・索南桑布爲師出家，起法名爲卻貝桑布❹，在噶瑪寺❺一帶轉動法輪。他二十歲的馬年（1402 年）再以堪欽・索南桑布爲師受比丘戒，廣利衆生。此時大明永樂皇帝派人前來迎請，他應召前往。當時出現漢地全部充滿了光明，他所住的寢殿豎起了彩虹柱子，雲彩中有佛陀和菩薩清楚顯現，天神和天女們在天空中向他奉獻供養等無數奇異景象，因此大皇帝及其眷屬侍從等信仰大增，被引導入淸淨正道。皇帝爲他

賜名爲得銀協巴，他建立了一百零八種奇異的殊勝功業，引領應化眾生走上清淨正道。此後他返回西藏，爲大德及官員們說法，使無數有漏眾生得到成熟和解脫，有許多弟子獲得證悟。他於三十二歲的火羊年（應爲木羊年，1415年）去世。

得銀協巴以後的轉世依次爲：同哇頓丹、卻扎嘉措、迷覺多吉、旺秋多吉、卻央多吉、意希多吉、絳曲多吉、頓都扎巴多吉等，這些具吉祥上師都對教法及眾生廣有饒益。

在此，有詩讚曰：由遍知一切的薩迦班智達，以及法王八思巴洛追堅贊、卻古俄色及他們的弟子們、大德們的智慧如皎潔月亮，爲使大地梵天諸法王貴胄，生起對佛法信仰敬奉之心，向此方放射講辯著的清涼光華，消除眾生酷熱無明之苦痛，使得佛法蓮苑的睡蓮盛開，眾生得享平安利樂的盛宴，無數有情眾進入菩提正道，念此恩情不由得衷心敬仰！

六、宗喀巴大師教法的傳播

詩曰：聚集三世佛的智悲能力，三界依怙化現的宗喀巴，所創格魯派的無比善規，在此方的傳揚簡述如下。

關於怙主上師宗喀巴大師，正如《文殊菩薩根本續》中所預言的：「在我涅槃之後，大地上將一片空虛，你應化爲童子之身，作諸種佛陀事業。那時將有一座極妙大寺，在雪域之中興建」，是由至尊文殊菩薩在雪域化現爲一名普通比丘，弘揚佛法，建立佛陀之功業。宗喀巴大師一生的事跡，正如吉祥秘密主金剛手菩薩對堪欽勒季多吉所說：「我金剛手對瑪迪拔陀羅❻的功德也不能完全了解。」所以其他人怎麼能完整叙述呢！

不過宗喀巴大師自己說過：「最初廣泛聽聞教法，中間講論所有經典，最後不分晝夜修持，全都是為弘揚佛法。」所以我從眾生共同的見相來簡述宗喀巴大師的事跡。

宗喀巴大師是在佛陀示寂後過了二千一百九十一年的第六饒迴陰火雞年（1357年）伴隨諸種異兆降生在藏族三區中的多思麻馬區的具足十善的宗喀地方，他的家族是麥氏，父親名叫魯本，母親名叫香薩阿曲。在他出生剪臍帶滴血之處長出一株白旃檀樹，每一片樹葉上有一尊獅子吼佛像，數至十萬，以此樹為胎藏，修建了一座佛塔，即是現在所說的「袞本」（意為十萬佛像，即今青海湟中塔爾寺大金瓦殿內的宗喀巴大靈塔，塔爾寺也因此在藏語中稱為「袞本」）。

宗喀巴三歲時在噶瑪巴若必多吉身前受近事戒，起名為貢噶寧布。當時若必多吉夢見在該地長有一株十分高大的旃檀樹，樹蔭下有無數生靈休息，因此對宗喀巴的父母預言說：「這孩子是一個獲得很高悉地（成就）的大菩薩，你們要精心愛護，不久在他剪臍帶滴血處會長出一株特殊的樹木，這棵樹將來對眾生會有利益。」宗喀巴六歲時去到法主頓珠仁欽的身邊，頓珠仁欽也認為這孩子有緣分，引他進入密宗金剛乘法門，起密法名為頓月多吉。宗喀巴七歲時由頓珠仁欽任親教師，由宣努絳曲任軌範師，削髮出家，正確領受沙彌戒律，起法名為羅桑扎巴。頓珠仁欽對宗喀巴從幼小時即加以護持，剃度他出家並鼓勵他聞思佛法，又幫助他前去西藏，所以他是對宗喀巴有大恩德的上師。

宗喀巴對讀、寫等十分努力，所以對大多數知識都毫無障

礙地精通。宗喀巴十七歲時爲了學習佛法在上師頓珠仁欽的鼓勵下前去西藏，先在止貢梯寺⑰從京俄法王聽受發心及大手印五法等，又從卻巴喇嘛‧貢噶洛桑聽受全部金剛鬘灌頂。此後他去涅塘德瓦巾大寺⑱，修習顯宗經典，從薩迦派喇嘛丹巴‧索南堅贊聽受文殊菩薩隨許法、止派勝樂身入壇城灌頂、寶帳依怙隨許法等，十九歲時去學者會集的桑浦寺⑲參加般若學辯論，推倒全部學者的傲慢之山。此後，宗喀巴到薩迦⑳、桑丹、昂仁㉑等寺參加般若辨論，聲名大噪。

後來，宗喀巴到江孜的則欽寺㉒，在大學者尼本‧貢噶巴俄㉓身前聽受一遍般若詳解，心中非常滿意。此時，至尊仁達哇從薩迦來到則欽寺尼本‧貢噶巴俄身前，由於前世的緣分宗喀巴聽仁達哇講一遍《俱舍論》後就對仁達哇十分滿意和信仰。則欽寺的夏季學期結束後，師徒二人一起抽空去江孜桑木林寺，宗喀巴從仁達哇聽受《入中論》，又從穹波勒巴聽受百師大灌頂等。

宗喀巴三十歲時在雅隆南傑㉔由覺丹堪布‧楚臣仁欽任親教師，由切章堪布喜饒官布任軌範師，由翁則索南多吉任密教師受比丘戒，成爲受持戒律的僧眾的頂寶。他在丹薩梯寺㉕從京俄‧扎巴絳曲聽受那諾六法的教授，在拉康格如向察科溫波等眾多三藏法師講解五部大論，在吉雪蔡寺研讀大藏經，在拉薩修習本尊，在德瓦巾寺㉖講說經論，特別是他在孟喀扎西多地方向眾多僧人同時開講十五部梵文經典，建立了無比的功業。

宗喀巴大師這樣依止前後藏的眾多高僧大德聽聞各種學識以及三藏經典和密宗四續部等廣大佛法，斷除一切戲論，又經

上師鄔瑪巴・尊追僧格介紹從至尊文殊菩薩聽受許多深密教法，當時文殊菩薩說：「以後你應將上師與本尊看作一體祝願祈禱，消除以前所積苦業，努力積聚善業資糧，依止大乘諸種教法，深研顯密經論及其疏釋之意，並不斷修習體驗，長久就會徹底了解見地精要並明確全部顯密經典的意義。」宗喀巴照此認真修習，正確領悟了龍樹師徒的心意，生起對甚深中觀的正確見解。

宗喀巴又從洛扎大成就者南喀堅贊和扎果堪欽卻嘉桑布二人聽受噶當派的教法，悉心鑽研，將佛陀的所有經典都奉為教誡。此後文殊菩薩對宗喀巴勸請說：「對粗野難馴的有情眾，講經怎會有大的利益，應在僻靜處努力修行，當可找到利益自他之路。」又說：「現在開始講經說法只能有表面的效用，還是暫時離開塵世到僻靜處修行至為重要！」於是宗喀巴帶領他三十六歲時本尊神預言的，他的侍從弟子喇嘛江噶哇及多丹堅貝嘉措等八人離開喧嘩前去靜修。他們到達沃卡後冬春兩季都住在沃卡曲隆，師徒全都過著修苦行的生活，努力於具足四力的積淨修習。宗喀巴自己也盡力進行數百次懺罪及奉獻曼扎等苦行，並朝拜章其**❼❼**的彌勒佛像。

此後他們去到曼隆的甲索普地方，在那裡的一尊具足威嚴的文殊菩薩像前，宗喀巴親見龍樹、無著等班智達和因陀羅**❼❽**菩提、莎樂和等大成就者。此外，宗喀巴在那裡還見到無數奇異景象，這是由於宗喀巴豎立起修行的幡幢**❼❾**，因而受到本尊神和上師們的加持護佑，心中生起不可思議的共通與不共的證悟。此後，宗喀巴按照至尊文殊菩薩鼓動他撰寫各部論著的指

示，撰寫了顯明全部顯密經典心要的殊勝格言《菩提道次第論》和《密宗道次第論》等論著，以三種外治法澄清人們對顯密經典的理解，成為佛法教寶的嚴飾。

宗喀巴於五十三歲的陰土牛年（1409 年）創建了從正月初一至十五的拉薩祈願大法會（俗稱傳大召，為格魯派寺院最重要的法會），有八千餘僧人參加，為佛法弘揚於各方而發清淨誓願。當年，宗喀巴又在卓‧日窩切地方修建甘丹南巴嘉哇林寺❽，成為格魯派教法弘揚於各方的唯一源泉。在甘丹寺和附近山上自然顯現了無數佛像、經典等，這樣的佛教大寺使佛法的講修如白晝一樣顯明。

宗喀巴在十一年中執掌甘丹寺的法座，並於六十三歲的土豬年（1419 年）為無數三藏論師講解菩提道次第和密集、勝樂等密法，並到拉薩大昭寺的覺臥佛像前奉獻供養，作廣大祈願，祈求佛法永住世間。此時天空中響起天界檀板的巨響，於是宗喀巴返回甘丹寺寢殿，賜給心傳弟子賈曹傑一頂帽子和一件大氅，將法座委付給他，並對在身邊的上座仁欽堅贊等人說：「你等當知此情，須努力修持菩提心！」十月二十五日上午，宗喀巴大師在甘丹寺白色寢殿逝往光明天界，並示現化為法身在中陰界獲各種受用，然後證幻化身，下一世在兜率天宮投生為佛子堅貝寧布，未來時在殊勝莊嚴佛土現證為獅子吼佛，完成十二功業的景象。

宗喀巴大師所傳授的弟子，有仁達哇❽等從上師變為弟子的四人、賈曹傑達瑪仁欽、持律師扎巴堅贊、克珠傑格勒貝桑、絳樣卻傑、大慈法王❽、至尊喜饒僧格、班欽根敦朱巴、多丹

堅貝嘉措等人。弟子中守持三部戒律、修習三士道次、努力二次第瑜伽行、宣講三藏的人，在阿里、前後藏及康區多如天上的星辰及大地上的土石，不可計數。

宗喀巴一生的事跡，正如佛陀教語中所說：「阿難！現今向我獻白色水晶鬘並發心之人，於未來時之濁世，將在『止』和『丹』兩地之間，修建名爲『甘』的寺院。彼之名爲『洛桑』，彼將廣集四部弟子，彼之言語如佛經，並在有葉柱佛殿爲我的兩尊身像獻頭飾，作大供養，向我作祈願，祈求佛法住世千年。此後彼轉生於東方莊嚴刹土，爲獅子吼佛。此後轉生具信刹土，莊嚴彼界。」

又如《蓮花遺教》中所說：「文殊化現的教法之主，執掌顯密的洛桑扎巴，七代之中弘揚秘密法，逝離此界去彌勒身前，受持其教即身證正覺。」金剛手菩薩則對密法師勒季多吉所說：「彼前世即與我有緣。洛桑扎巴此人，是諸佛的化現，他以大德之身，講說顯密經義，唯有他能證正覺。印度、漢地、尼泊爾，前藏後藏及康區，投胎降生之衆人，由他引入解脫道，文殊是他的本尊，妙音天女爲業證，雖有他能證菩提，殊勝弟子追隨他。他棄此身去兜率，彌勒佛前聽教法，起名爲堅貝寧布，慈悲眷顧有情衆，由此直至登十地。」

至於宗喀巴在世間存在之時以諸種化身利益他人之事跡，正如《噶當書函》❸所說：「由我化身之大德，有時化現爲比丘，到各處雲遊修行，有時化現爲幼童，有時化現爲乞丐，有時遊戲爲鷄狗，有時現爲祈願聲，有時現爲經咒字，俱是傳法之比丘，佛法存時反覆來。」

將怙圭第二佛陀的教法傳播到漢地的，最早是尊勝大慈法王。他出生在尚・卓微袞布的寺院蔡公堂寺❽的下方，幼時即能說出許多前世的情形，大德的習性全部甦醒。他皈依佛法出家，起名爲釋迦也失。從出家之時起他即以身語意領受佛之教誡，依止衆多上師修習經典，成爲一名賢哲，特別是他在宗喀巴大師身前聽受了般若、四百頌、菩提道次第論、密宗道次第論等全部顯密教法。

他主要修習體驗慈悲心，愛護守持戒律，體驗密集的生起和圓滿次第。當時蒙古妥歡帖睦爾皇帝之子漢地大明永樂皇帝按照佛陀教語中所說：「在過去現在未來三時，供養三寶及救護億兆生靈，今世仍不得成佛。應對具諸功德之上師，以信仰之心使其歡喜，奉獻供養作殊勝功德，今生定能證正覺。」以及「由聽聞而懂得諸法，由聽聞而棄卻惡業，由聽聞而拋棄虛妄，由聽聞而獲得涅槃。」，心念依止大德及聽聞佛法的諸種利樂，想要從雪域西藏迎請一位受供養的上師。

他聽到宗喀巴大師的聲名，於是派遣以四位大人爲首的使者們前來。當使臣們到達西藏時，開初因宗喀巴大師入定已深，不得相見。後來因爲以人主扎巴堅贊爲首的南喀桑布等官員出面說情，加以使臣們流著眼淚一再懇請，所以宗喀巴大師到色拉寺❽與使臣們會見。使臣們呈獻了大皇帝的詔書及大量賞賜物品，宗喀巴大師說明前往漢地違礙甚多，並非必要，自己決意不往。使臣們說，宗喀巴大師雖不能前往，也應派一名與大師無別的弟子前去擔任福田。宗喀巴大師說自己無數弟子中釋迦也失可以作爲替身前往，並對釋迦也失詳細吩咐前去利益衆

生的事項，並命多聞天王擔任釋迦也失完成此項事業時的守護神。

後來，釋迦也失及其弟子侍從與四位大人一道走南路經里塘⑧前往漢地。到達四川時，漢地官員們率兵前來迎接。到達成都府時，與大皇帝所遣攜帶大量禮品前來迎接的四位大人相遇，四位大人呈獻了皇帝的詔書和禮品，詔書中說：「名釋迦也失的喇嘛，你證悟功德廣大，學識淵博，願力深廣，具如來之證悟，當以清淨之法教化眾生。」此後依次前進，到達京城附近時，有眾大臣迎接，至京都內城北面的海音寺居住。

之後，至皇帝內宮與皇帝相見，大皇帝極為歡喜恭敬，與上師講論多時。皇帝說：「你現今住海音寺，可建四續部壇城修供。」此後釋迦也失師徒廣做密集、勝樂、大輪、大威德四十九尊、藥師佛的修供法事，此時天空中傳來天界鼓樂聲，為眾人所聞。天空中還一冉出現有法幢、金剛輪、蓮花等金剛界標記之彩虹，為眾生親眼共睹，又從晴空之中多次降下花雨，使眾人極為信仰。

皇帝夢見在海音寺上空有十方佛陀菩薩會聚，因而心中歡喜，生起大信仰，封釋迦也失為「妙覺圓通慈慧普應輔國顯教灌頂弘善西天佛子大國師大慈法王」，並賜烏金所製印信，將他奉為諸執掌教法者的頂飾。皇帝還迎請大慈法王至宮中，讓其坐於與自己寶座等高的座位上，按當地習慣舉行盛宴。又，皇帝請上師傳授度母所傳的長壽灌頂和大成就者德洛巴所傳的勝樂不死灌頂，當把淨瓶放到皇帝頭上時，瓶中甘露自瓶口溢出，長壽丸放射出光明，使皇帝極為虔信，奉獻了大量財物作

爲接受灌頂的供養。

此後，釋迦也失前往五台山，親見文殊菩薩、阿底峽師徒及上師八思巴等。在住五台山期間，他爲從各地前來朝拜的以大德、官員爲首的無量具信仰衆生傳授了灌頂、隨許、教誡等，並爲僧人傳授近事、沙彌、比丘、禁食等戒律，按照他們各自的緣分降下佛法之甘雨，引領他們走上成熟解脫之道。他將一片堅硬的靑石板像稀泥一樣搓來揉去，在石板上留下了手印，使彼方之衆生大爲驚異。

此後，釋迦也失返回京城利益教法及衆生，尤其是顯明格魯派的顯密教法。當釋迦也失動身返回西藏時，大皇帝賜給了以一千匹緞子爲主的無數物品。他回到西藏後首先到甘丹寺拜見宗喀巴大師，向大師呈獻了各供養物品。後來他被迎請到色拉，負責完成在色拉山頂舉行的大法會的服事工作，並聽受了明燈所說的釋論、五次第教授、無垢光所說的時輪根本續大疏、六加行法、勝樂根本續、那諾六法、中觀見地教授等無數深廣教法。

此時宗喀巴大師爲復興佛法，吩咐釋迦也失修建一座清淨密院以及色拉特欽林寺。釋迦也失遵從師命，修建了下密院，並於土豬年（1419 年）修建了色拉寺。在色拉寺佛殿中有釋迦也失從漢地帶來的釋迦牟尼和十六羅漢像，以及居士❽❼和尙❽❽的像，還建造了以白旃檀爲內藏的殊勝的藥師佛像，佛殿中還放置有釋迦也失從漢地帶回的珍奇的《甘珠爾》經。

釋迦也失在兩年的時間中在色拉寺轉動法輪，至鐵牛年時（1421 年），又有大皇帝所派迎請使臣前來，於是釋迦也失委

任宗喀巴的親傳弟子達傑桑布為色拉寺法座，自己與那木噶、索南嘉饒為首的眾多殊勝弟子一起從西藏前往漢地，到達京地附近時大皇帝去世。宣德皇帝即位後，對釋迦也失比父皇在世時更加敬信。釋迦也失為父皇作超薦法事時為四續部壇城開光並作供修，此時出現彩虹及花雨等，使宣德皇帝更增信仰。

按釋迦也失對宣德皇帝所說，在漢地各處新建了無數寺院及佛像、佛塔等，建立了許多僧伽，並對舊佛殿進行了維修，以利益佛法。皇帝還對有功德的上師們封給國師、禪師等名號職位，賜給眾多物品。釋迦也失這樣廣利佛法及眾生後於八十二歲的木兔年（1435 年）十月十八日對那木噶及索南喜饒留下遺教，於同月二十四日示寂。火化他的遺體時出現了許多異兆及眾多舍利。

釋迦也失的弟子涅塘卻傑・那木噶及索南喜饒二人也擔任宣德皇帝的帝師，增益政教之功業。此二位上師的弟子宣努班丹也擔任皇帝的福田，護持僧伽，廣弘佛法。從那時直至現今，無比的格魯派的清淨教法一直在京城北京弘傳，應知這是法主釋迦也失的功德。

七、格魯派教法在蒙古的早期傳播

最早使怙主第二佛陀的教法在蒙古地方傳播的，是雪域眾生怙主執白蓮尊者第三世達賴喇嘛索南嘉措。正如《噶當書函》所預言的：「鬥爭時第九個百年的末尾，具有索南之名號，講論猶如大海者，將使佛法死灰復燃。」，「在西藏北部的北方，將有你化身的大德，作無依靠眾生之導師。」，他應時降世。

他的父親是出身王族的精通政教事務修持密法的吉雪第巴（拉薩河下游的地方首領）南傑扎巴，他的母親名叫白宗布赤。他於陰水兔年（1543年）正月二十五日伴諸祥瑞降生，身材美好，賽過仙童，紅白嬌艷，具足偉人之相，上身如穿著比光明城所出薄紗還要輕軟的白色法衣，下身膝蓋以下有自然生出的虎皮紋，如著僧裙，雙目如鄔波羅花美麗，遍視一切，微微閉合，母親及親眷一見大爲歡喜。

從出生後大約三個月之時起，他每天黎明時即早起端坐，並用手拉母親頭髮讓母親醒來，端坐著念誦「嘛呢」。有一時期，倫貢甲布裝扮爲一名凶惡僧人來製造違礙，親見釋迦牟尼和金剛畏怖戰勝惡魔斷除罪業。有一天，幼兒在正房中多次禮拜，僕役們問：「房中有什麼？」幼兒說：「你們沒看見嗎？宗喀巴大師來了，現在還坐在房中。」他又向四方禮拜，說：「宗喀巴大師的四周有無數佛陀，東面的是青色，南面的是黃色，西面的是紅色，北面的是綠色。」

他幼年玩耍時絕無粗俗舉止，口中說這是講經、這是修定、這是建寺，排列許多石塊模仿法行，並作禮拜讚頌等。有一名僧人前來會見，將一尊宗喀巴像獻到他手中，他十分高興，立即將像放到高台上禮拜供養。幼兒並讓父母對此像禮拜供養，父母說：「我們不信你的上師。」幼兒說：「若不信仰我的殊勝上師，你們就失去了千種暇滿❽。」，顯出不高興的樣子。父母說：「那麼，我們二人禮拜，並建造一尊與眞人一樣高的像。」幼兒即高興起來，並學習口誦讚揚宗喀巴的穆則瑪偈頌。

有一些能見到本尊的瑜伽師預言這幼兒是遍知一切根敦嘉

措❿（二世達賴喇嘛）的化身，幼兒也清楚認識前世常佩帶的白度母❾像及水晶珠串等，因此被認定為前世的真實轉世。火馬年（1546年）三月二日，由第巴主僕及前來迎接的各大寺堪布執事等將幼童送往哲蚌寺❾。到達哲蚌寺附近時，無數僧人身著袈裟，由身著黃衣手奉香爐的執事帶領，排列各種供品，護法神白噶爾❾也化身其中，前來迎接。有將近一萬人前來朝拜靈童。此時出現了花雨普降、彩虹滿天的天界人間奇異景象。靈童到達殊勝諸方的哲蚌寺後，登上了甘丹頗章的無畏獅子寶座。

此後，靈童在班欽索南扎巴身前受近事戒律，起名為「索南嘉措貝桑布丹貝尼瑪卻壇傑南巴加哇」。衆人舉行盛宴慶賀，散席後到寢室閑坐時，父母親問：「你對索南扎巴信仰了嗎？」索南嘉措說：「不能這樣說，他是我的上師，應該稱他為法主索南扎巴閣下！」

索南嘉措五歲時，有一些人請求他賜教，他說：「對三寶虔誠信仰，為慈悲衆生而修習，由輪迴而進入空寂，這就是你的法緣。」土猴年（1548 年）三月，索南嘉措到拉薩大昭寺❾，向以覺臥佛像為主的佛像、佛塔等獻金汁、供燈、神饌、敬神哈達等廣大供養，並讚頌禮拜，作大祈願，據說覺臥佛像因此而顯得年青。在作這些供養時，他在覺臥像前修上師瑜伽一晝夜，建立了積聚善業資糧的緣起。

他對上萬人念誦六字真言經及金剛菩薩咒，使衆人生起信仰。他還在索南扎巴身前聽受長壽灌頂及怙主、天女、天王等隨許法，又在法主勒巴頓珠等人身前聽受《菩提道燈論》、《菩

提道次第論》、《中論》、《入中論》、《四百頌》及其注疏
等眾多經典。鐵狗年（1550 年）他在入定時念誦無量壽咒十三
萬次及馬頭明王❺咒二十一萬次，因此得見兩位本尊並受到教
誨。鐵豬年（1551 年）他對本寺及外寺的僧眾講《菩提道次第
論》，因此每天有花雨降下。陽水鼠年（1552 年)他登上佛教大
寺哲蚌寺法台的寶座，在班欽索南扎巴身前聽受金剛畏怖灌頂
及各種修行的隨許法等。

　　在水牛年（1553 年）的拉薩祈願大法會上，他講解《三十
四本生經》等。有一次他對眾人說：「我念誦密咒許多遍，你
們說說念了多少？我念雅瑪熱扎、夏蘇那、噶拉如拔各一億遍，
扎穆尼陀一百萬遍，此外還有許多咒語。」森本堪布楊官巴說：
「這好像是發生日蝕、月蝕時星算家們說的話，別人念不了這
麼多。」索南嘉措說：「我有十一個頭，每一次就可念一千遍，
不要看成是星算家算日月蝕的話。你們如不相信，我可以請女
神作證而發誓。其他還有許多話，你們聽不進去，就不說了。」
他迎請帕德譯師阿仁巴根敦扎西加，首先聽受了觀音菩薩不空
羂索、十一面觀音、無量壽九尊三種灌頂，又完整聽受了金剛
鬘和密集混合的四十五壇城灌頂，此外聽受了龍樹所傳以及佛
智所傳的密集、陸希巴所傳的勝樂、止派所傳的壇城、熱譯師
所傳的大威德及黑敵、呂譯師所傳的八種起尸法及黑敵、尚譯
師所傳的四十五法等灌頂和教法，以及閻摩還罪、六臂怙主手
冊等灌頂、隨許、教誡。

　　索南嘉措於十六歲的土馬年（1558 年）五月十五日又登上
色拉寺的法座，講說各種經典，從天界降下花雨，使眾人大為

敬信，完成政教之廣大喜筵。索南嘉措於二十二歲的陽木鼠年
（1564年）四月十五日，由甘丹寺的卸職法台克朱格勒貝桑布
擔任親教師、在職法台格西博多哇的轉世根敦丹巴達傑任羯磨
師、香格培卻傑卻勒南傑任密法師、拉尊巴索南貝桑任報時師，
在足數比丘之中受比丘戒，對授戒諸師獻無數廣大供養。土蛇
年（1569年）因僧俗大眾先後多次迎請，索南嘉措經團嘉切澤
❾❻、伍由❾❼、香❾❽、溫薩❾❾等地前往扎什倫布寺⓿⓿，該寺的上方
的晴空中響起了巨大的雷聲，出現了花雨、彩虹等許多奇兆，
集市上的人都清楚看見。索南嘉措每天都到寺院前面的廣場上
講經，天上降下手可握住的大花雨。他爲數百人傳授了比丘戒。
此後他又前往綽浦寺，朝拜了綽浦譯師建造的西藏最大的彌勒
像，共發祈願，親見由十方佛陀圍繞的彌勒佛。此後他又應邀
去江孜，朝拜了釋迦牟尼的八份舍利中印度阿闍世王⓿⓿所分得
的那一份，並且祈願，他的手中自然出現了十五顆舍利子。

　　索南嘉措這樣在前後藏地區講經修行，轉動法輪，直至火
鼠年（1576年）。此時，正如上述書函中所預言的，又加上以
前忽必烈薛禪汗對眾生怙主法王八思巴奉獻了三次大供養之後，
又獻了七匹黑色緞子，此後又獻了一匹白色緞子，八思巴說：
「我們二人在七生中又不能相遇，此後你轉生爲名字中有『金』
字的王，我轉生爲名字中有『水』的僧人，那時會相會，並且
廣利眾生。」等因緣，出現了阿拉坦汗（俺答汗）迎請索南嘉
措之事。

　　先前，阿拉坦格根合罕從佐格阿升喇嘛⓿⓿那裡聽到索南嘉
措的詳細事跡，獲得不退轉之信仰，與其侄孫呼圖克圖徹辰洪

台吉等商議。當時，正如法主嘉色活佛所說：「如果依止他能消除罪業，並使功德如上弦月增長，對於這樣的大德上師，愛戴他應勝過愛自身。」又如佛陀教誡中所說：「讓覺的道路可以找到一百條，投生為人之道雖難也可找到，值得信仰並從其聽法的上師，在百個劫中也難以尋到。」阿拉坦汗知道依止上師的利樂及聞法的艱難，於是派遣使者到索南嘉措那裡迎請。索南嘉措派遣持律師尊追桑布⑩前去安排施主與福田在青海湖邊會見的事宜並臨時擔任受供養的上師。索南嘉措捎去一瓶淨水，以阿拉坦汗為首的上萬人喝也沒有喝完，以此示現了神變。

火鼠年（1576年）又有阿拉坦汗派遣的第二批迎請使者阿朵薩達爾罕⑩等到達，奉獻書信及禮物，請求上師前往。索南嘉措微笑說：「我們有先世的善緣，我無論如何也要前往。你等使者可先返回告知汗王等。」並讓使者捎去書信。使者們返回後奏報上述情形，眾人大喜，在青海的察卜齊雅勒地方修建一座大寺。火牛年（1577年）汗王又歷次派遣官員多人前來迎接，於是索南嘉措提前到拉薩大昭寺祈願，然後於十一月二十六日從哲蚌寺出發。

路上朝拜了熱振寺⑩的神像，並吩咐送行者說：「我因蒙古汗王的迎請，要前往邊遠之地，不久之後返回，這期間請你們照應。佛法大寺哲蚌寺及甘丹頗章的僕役等事務，不要懈怠。你們要相信佛法因果，努力善業！」前來送行的有甘丹寺的法台等大德以及地方首領扎西拉丹等。扎西拉丹抓著馬鐙說：「願教法的根基上師您身體康健，願掌教的大德將佛法傳遍大地。」只說了這兩句送別辭時，就眼淚湧出說不下去，索南嘉措在馬

❶❸❺
第二章　佛教在蒙古地方的傳播

背上接著說道：「願佛法施主權勢增盛，願佛法永住吉祥如意！」

之後漸次抵達年錯多地方，有寺院為首的僧俗大眾聚集，奉獻以三千兩黃金為主的盛大供養。索南嘉措講說上師瑜伽及六字經咒，並為近千人傳授了比丘戒律，引領他們進入解脫之道。當時索南嘉措坐位後面的石頭上自然現出了一尊四臂觀音像。此後，在黃河岸邊扎帳住宿時，回來的眾人說河水很大，近期不能渡河。次日早晨前去河邊觀看時，河水只能淹沒膝蓋，使眾人驚異得說不出話來。在路途各處都有當地的人和非人等前來迎接，並服侍供養。蒙古地方戴著駱駝、馬、狗面具的許多神鬼，也由護法神畢克策率領前來皈依，並發誓不給修佛法之眾人製造違礙。

接著，有蒙古的歡迎者依次前來，徹辰洪台吉親見四臂觀音菩薩。此後，於虎年（1578年）五月十五日到達阿拉坦汗的營地時，前面有旗幡、各部鼓樂隊與汗王的上師索南嘉措一起邁著大象進入恒河洗浴的步伐緩緩而行，左右及背後有漢、蒙古僧俗數千騎如覆蓋大也一般圍護，此時轉輪之王阿拉坦汗依靠長生天的氣力，在爭鬥時身著白袍為象徵邊遠黑暗之區皈依佛法，率領萬名部眾前來迎接，其王妃也率領眾多侍從前來迎接。作為施主與福田相會的見面禮，阿拉坦汗奉獻了用五百兩白銀製成的曼扎以及容積為中原一斗的金碗，碗內盛滿珍寶。

爾後，施主與福田如一雙日月前往十萬人聚集之大會中，由洪台吉講說，由國師拔克西翻譯，洪台吉說：「我祖先由天神而降生，以武力統治漢、藏、蒙古等地，與薩迦派結為施主

與福田而興佛法，此後至妥歡帖睦爾皇帝教法中斷，蒙古諸人造作惡業，食肉飲血，如墮入黑暗血海之中。如今依仗施主與福田一雙日月的恩德，尋獲佛法之道，變血海爲乳海。此方所有之漢、藏、蒙古衆人都應奉行十善法戒條，自今日起，特別是蒙古人衆應改變規矩。以前蒙古人死後，按其貴賤殺其妻子、奴僕、馬牛等殉葬，今後應改變殺生殉葬之法，以適量之馬牛等獻給僧衆及上師，請求迴向祈願。爲送葬而殺生要根本禁止，如果殺人殉葬，應按律處以死刑，如果殺馬畜殉葬，應按律沒收其全部財產。如對上師及著僧裝者毆打等以手侵犯，對動手者抄沒其家。以前各家都供奉翁古神的像，在每個命名之月的十五、三十、初八三日都要殺馬、牲畜舉行血祭，每逢年節也要按各人力量殺牲供祭。

自今以後，應將翁古神像燒毀，年節時絕不准殺牲祭祀，如有殺牲祭祀者按律治罪，殺馬牛者罰十倍之數。不燒毀翁古神像者抄沒其家。每家供奉一尊六臂智慧依怙像以代替翁古神像，對依怙像也只能以『三白』供養，絕不準用血祭。此外，衆人都應努力善業，每月十五、三十、初八日應守齋戒。對漢、藏、蒙古各地沒有必要不得搶掠。總之，西藏地方如何作，此方也應同樣遵行。」這樣宣布了各種法規。

其後，當索南嘉措與阿拉坦汗詳細談論時，阿拉坦汗回憶先世情形說：「以前，八思巴在臨洮興建寺院時，我是薛禪皇帝，你是上師八思巴，你曾爲寺院開光。從那時至今，我飄流在何處？」索南嘉措微笑著說：「我們並非只在今日相見，以前曾多次相會。以前釋迦牟尼在世時，阿拉坦汗王你是憍薩羅

國 ⑩ 的勝光王 ⑩。當你在博克達成吉思汗族中轉生爲薛禪皇帝時，我轉生爲八思巴喇嘛，應邀爲皇帝和皇后傳授喜金剛灌頂，得到大量布施及帝師的封別。徹辰洪台吉以前是摩揭陀國的影堅王 ⑩。國師拔克西以前是大譯師洛丹喜饒，在八思巴喇嘛時轉生爲譯師達納巴，爲皇帝和八思巴二人作翻譯，如今又爲我們三人作翻譯，他已是第三次作我的弟子。」

接著，索南嘉措以象徵五部佛的五色彩緞扎成的護身金剛結和盛滿各種穀物的寶碗賜給阿拉坦汗。此後，索南嘉措又在會見處爲興修寺院而收服地煞，按照漢地的形式修建了分別置放三世佛、宗喀巴和索南嘉措身像的佛殿，外面以三層圍牆圍護，起名爲大乘法輪寺。當時東科爾卻傑雲丹嘉措 ⑩ 也來請求傳授比丘戒和教法，索南嘉措滿足了他的心願。

此後，阿拉坦汗向索南嘉措奉獻了裝滿珍珠的金碗等財寶，上尊號爲「達賴喇嘛瓦齊爾達喇」 ⑩，即通常所稱之金剛持。索南嘉措也給汗王上尊號爲「法王梵天」 ⑪，並給徹辰洪台吉和國師拔克西也贈給了適合他們各人的稱號。阿拉坦汗還獻給索南嘉措一方用一百兩黃金製成的刻有五爪金龍的印章，印文爲新蒙古文的「金剛持達賴喇嘛之印」，此外還獻了黃金製成的頭飾、瓶子等物品。索南嘉措剃度三家王族的一百人出家，並派人給西藏的色拉、哲蚌、甘丹等寺院送去熬齋僧茶的布施。蒙古各位官員也奉獻了如天宮寶庫一般的布施。索南嘉措還按照汗王和官員們的心願傳授了各種教法，爲一千餘人傳授沙彌戒和比丘戒。八月之中，漢地的萬曆皇帝派人前來封索南嘉措爲「護國執教禪師」，賜給印信，並迎請他去漢地。他前往時

許多漢地官員獻了禮物，眾生前來作無數供養，他使眾人獲得了解脫和遍智的種子，爲上千人傳授了沙彌和比丘戒律，並按其情形傳授了教法。

此後，索南嘉措動身前往康區的里塘，阿拉坦汗又派人來迎請，索南嘉措則派東科爾卻傑雲丹嘉措前往蒙古地方作爲代替。鐵龍年（1580年），索南嘉措在里塘修建了寺院，寺院中建造了一尊高六十四尺用黃金和銅製成的名叫威鎮三界的釋迦牟尼像，此寺名叫圖丹絳欽卻坦傑勒南傑寺。他還爲上百人傳授了沙彌戒和比丘戒。鐵蛇年（1581年），索南嘉措應邀前往昌都⑫，爲衆人說法。

阿拉坦汗於七十六歲的水兔年（1579年，應是水馬年1582年）時得了一場重病，一些大臣和臣民因此非議上師和三寶。東科爾活佛召集官員臣民講說諸法無常之理，但衆人譏笑道：「聖識一切的上師曾說我們汗王是菩薩，佛法教寶、執掌佛法的聖識一切及佛法的施主法王三者一體，因此請你使汗王甦醒過來。」東科爾活佛對汗王呼喚三次，阿拉坦汗從昏迷中甦醒，教導衆人說：「你等官員臣民們爲何非議我所樹立之佛法和僧人？以前未興佛法之時，可曾見過不死長生之人？達賴喇嘛曾說以前釋迦牟尼也爲了對衆生示現諸法無常之理而示現滅寂，你等未曾聽見嗎？」王妃、王子及衆臣民歡喜，遵奉汗王之教，立誓不損害上師及三寶，並將此寫入法律之中。汗王亦心中歡喜，延壽一年，至次年水羊年（1583年）去世。此時達賴喇嘛依神通已知阿拉坦汗去世，遂安置其於須彌山頂之勝樂壇城，爲之灌頂護持。

水羊年阿拉坦汗之子僧格都固隆即汗位，按其父之遺命，派遣一名台吉爲首之使臣前去迎請達賴喇嘛索南嘉措。索南嘉措即動身到靑海湖邊，撰寫了主要是爲阿拉坦汗的祈願文《彌勒笑臉顯現之使者》。此後到達塔爾寺，在該處新建一座講經院，並托付給諸護法神。此後到達丹斗寺 ⑬，在山上長時間入定，親見吉祥總攝輪諸尊，又在羊斗及臨洮等大寺廣利衆生。此後，索南嘉措漸次到達鄂爾多斯首領徹辰洪台吉之營地，傳授了許多灌頂和隨許法，木鷄年（1585年）還爲近千人剃度出家。此時蒙古四十大部落之主濟農王和迎接者一起前來迎請，獻寶碗、緞子一百匹、銀一千兩等成千上萬的供養。索南嘉措引濟農王、徹辰洪台吉及徹辰岱靑三人入喜金剛壇城，傳授灌頂。濟農王將國政委付給自己兒子，拋棄人間富貴而出家。又應翁木布曲庫爾諾顏的迎請前往，引諾顏、台吉、侍從等入不死馬鳴菩薩之壇城，傳授灌頂。

火狗年（1586年）因阿拉坦汗之子僧格都固隆汗等貴族派人祈請前往彼處，索南嘉措與迎接之人衆一起到達如天界之城降落大地的靑城（呼和浩特）。索南嘉措爲阿拉坦汗建造的銀質釋迦牟尼像舉行了裝臟和開光儀式。僧格都固隆汗獻了金質曼扎等物品，索南嘉措爲王臣等人傳授了喜金剛和吉祥總攝輪灌頂。索南嘉措因先前衆人將阿拉坦汗的尸體埋入地下而嘆惜道：「這樣的無價之寶，你等爲何棄置於地？」於是掘出重行火化，此時天空中布滿彩虹光網，降下花雨，出現了「呼」字、「嘿」字和無數舍利子。又爲用一千兩白銀製成的紀念阿拉坦汗的銀塔舉行了開光儀式。

此後，到火豬年（1587年）時，索南嘉措又爲僧格都固隆汗的去世舉行了超薦法事，並作迴向。有一天，索南嘉措去樹林中散心，有一穿破爛袈裟的僧人前來，互相稽首後，作了許多講論，那僧人瞬間即消逝於林中。隨從們問那是何人，索南嘉措說：「他是傑拉托頂寺的大成就者塔爾巴堅贊，因我將要離去，故來相會。」此後索南嘉措稍染疾病。有前後藏的迎請使者前來，請索南嘉措返回，但科爾沁王亦來迎請，故前去科爾沁，傳授灌頂等教法，爲當地建立的僧伽舉行開光儀式。索南嘉措四十九歲的鼠年（1588年）正月末尾，身體稍微康復，漢地皇帝派來乘坐八抬大轎的金字使臣，封索南嘉措爲「灌頂大國師」，並迎請他去京城。索南嘉措想到以往的法緣，遂答應進京。

至三月時索南嘉措復又病重，吟唱了最後的道歌。此時蒙古貴族們心中十分悲痛，祈求說：「請遍知一切的上師，後世無論如何降生到我等之族中！」索南嘉措說：「向眞實救護之三寶頂禮！廣大的蒙古國土，具足利樂和受用，以阿拉坦汗爲首，大地施主與弟子，與我之宿緣非淺，如今又結下善緣，加上你等之願力，我願後世大乘道中，作汝具緣之導師。」又說：「從諸種緣起看，以善業三門作行境時，此身將助汝等利樂，可向與十三尊空行無別之怙主祈請！」如此親自完成最後的教化功業，於三月二十六日黎明時，由化現之身軀中分出報身及智慧幻化身，逝往至尊堅貝寧布之身前。火化他的遺體時，出現了勝樂及觀世音之像及許多經咒，頭頂骨成爲完整一團，還有一大捧舍利子，分給各地，建立無數靈塔，可與以前阿育王

⓮建千萬塔之事相比。

八、四世達賴喇嘛雲丹嘉措的事跡

　　關於四世達賴喇嘛雲丹嘉措貝桑布的出生，除了上述的索南嘉措的遺教外，還有預言說：「天命之人使眾生安樂，名字為遍生之功德（雲丹），吉祥如上弦月增盛。」「天命之人」是指出生於成吉思汗後裔的家族中，使父母等一方之人歡喜安樂。正如遺教及預言所說，為使怙主上師的清淨教法遍弘於大蒙古各地，四世達賴喇嘛從兜率天空行之處如射出的流星一般降生為僧格都固隆的長子蘇米爾岱青台吉⓯及其夫人達喇亦名巴漢覺納之子。土鼠年（1588 年）三月三十日，他化現為一個持白色水晶串珠的幼兒入於母胎，此時母親所住的蒙古包多次出現五色彩虹，並有花雨降下，為眾人清楚看見。此後又一再出現奇異徵兆，至陰土牛年（1589 年）正月二十日，如白蓮出於污泥而不染，未染胎穢而降生。降生時已如三歲大的小孩，手持水晶珠串，身放光彩，如陽光普照大地。

　　有一天，嬰兒對母親說：「去佛堂裡把甘珠爾經的嘛函給我請來。」拿來後，嬰兒一看經函就說：「這是我的傳記。」把經函打開一看，是《白蓮華經》中的不空羂索傳，因此眾人相信他是觀世音菩薩的化身，向他祈願。他先後堆起法座，做出講經的姿態，並收集許多石子排列起來，說這是上師、這是本尊、這是佛陀、這是菩薩。有一天他親見六臂智慧依怙及誓願法王、天王、四臂怙主、寶帳怙主等護法神，並說出他們各自的形態。這樣的事情還有許多。

他滿一歲時，父親的佛堂舉行開光，他指著前世達賴喇嘛的像說：「這就是我。」在場的許多人請他摩頂祝福，他分別用雙手或單手為貴賤人等摩頂。他把手放到索本等三世達賴喇嘛的舊侍從們的頭上，同時叫出他們各自的名字，將他們認出來，所以使眾人驚奇得說不出話來。有一次，前來朝拜的人看見他顯現為四臂觀音，有白色「呼」字及白色明點、頭扎樹葉髮辮、身穿白色半月形大氅，因此眾人都毫無懷疑地認識他是前世達賴喇嘛的轉世，對他跪拜、繞行、供養，作十善之業。

水龍年（1592年），迎請他盡快到青城去，於是和高僧、官員們一起，由前來迎請的使者以及由父親為首的一千騎送行者圍護，前往青城。在前世達賴喇嘛親自加持過寺院，原有的住寺僧人們手捧各種供品作為前導，引他登上前世達賴喇嘛的寶座，在聚集於此的僧俗大眾中簡說前世達賴喇嘛的事跡，以及對未來的預言。接著他拿起寫本和書籍念讀學習，因此書是袞桑孜活佛所獻，所以他並沒怎麼費力，就懂得書的內容。

此後，大強佐班丹嘉措聽到三世達賴喇嘛的轉世在蒙古出生的消息，就從西藏前來。與其相同，西藏各地的大小官員以及以色拉、哲蚌、甘丹三寺為首的各大寺院也派遣迎請使者來到青城。首次拜見時，靈童回憶了前生的許多事跡，並對以強佐為首的舊侍從們，顯示了上輩達賴喇嘛的事跡以及轉世的情況。在大強佐等人動身去蒙古時，卸職的甘丹寺法台嘉康孜哇‧班覺嘉措對他說：「我年事已高，不能親自到蒙古地方去，不過現今西藏本派的上師中，我是年紀最大的，因此給轉世活佛上名號應是我的事，請代獻名號為『遍知一切雲丹嘉措貝桑

布』。」於是強佐將此名獻與四世達賴喇嘛，自那以後，此名如日月爲貴賤人們傳頌。

雲丹嘉措十四歲之前在蒙古地方利益衆生，每天從蒙古各大部落前來奉獻的供養，如大皇帝所收的賦稅，各種財寶用具如多聞天王的寶庫一般。當絳措切‧喜饒堅贊從西藏前來迎請，雲丹嘉措準備動身之時，父母等人用各種方法拖延，由大強佐想方設法才得以衝破阻撓而成行。雲丹嘉措經過漢人長城外的道路到達青海湖邊，並因當地蒙古部落首領火落赤❶的請求停留了兩三個月，爲那裡的衆生種下解脫和遍知的種子。此後他漸次到達熱振寺，登上法座講說《噶當書函》的教法，此時出現了天降花雨、彩虹遍布的無數奇兆。此後有卸任甘丹寺法台桑結仁欽等高僧前來迎接，在守持戒律的僧衆的前導下去到甘丹寺，天上又降下大花雨。在朝拜宗喀巴的銀質靈塔時，他親見宗喀巴大師。在大經堂他對衆僧賜給法緣。

他前往拉薩時，有數萬人迎接，有些人議論說：「這樣盛大的場面莫不是幻景？」有些人因懷念三世達賴喇嘛索南嘉措而熱淚盈眶，祈願之聲四面迴響。十五日那天色拉、哲蚌、甘丹、覺摩隆等拉薩附近各寺院的無數僧人前來聚集，他們身穿鵝黃色袈裟，使天空也映照一片金黃。僧人們排成長隊，舉著傘蓋、法幢、旗幡、樂器、花朵以及無數供品作前導，引導雲丹嘉措前往哲蚌寺登上甘丹頗章的獅子寶座，爲聚集在該處的僧俗大衆舉行了盛大的喜宴。此後，雲丹嘉措在拉薩大昭寺的覺臥佛像前由甘丹寺卸任法台桑結仁欽任親教師，由在任甘丹寺法台根敦堅贊任軌範師削髮出家，受沙彌戒，成爲衆生的無

上福田。雲丹嘉措又從扎什倫布寺迎請班禪‧洛桑卻吉堅贊貝桑布前來，從他聽受了灌頂、經咒以及許多教法，在聽法時安置法座，對班禪如對帝師一般尊重。

木龍年（1604年）的祈願大法會上，雲丹嘉措登上僧人行列的首座向眾人清晰地念誦《三十四本生經》，眾人因他說的藏語如堆龍河谷一帶的方言而大為驚異，愈加恭敬信仰。此後，他應各派大小寺院的高僧大德及各地首領的邀請前往前藏各地，以教法和布施滿足各個寺院的僧人們的願望。此後，他又按照後藏地方僧眾和施主們的請求，特別是扎什倫布寺的迎請，與夏孜經師扎都覺一起從哲蚌寺前往後藏，在途中為貴賤人等傳授教法，廣開圓劫時的盛宴。到達扎什倫布寺時，佛法之主班禪大師洛桑卻吉堅贊貝桑布為首的諸位上師前來迎接，雲丹嘉措看到地上有螞蟻，就勒住乘馬，大德們都稱讚這是與佛陀釋迦牟尼一樣的慈悲。他與近千人的僧眾隊伍一起進到扎什倫布寺，為僧眾熬茶布施，向班禪大師奉獻上百種供養，並聽受灌頂等教法。他又到後藏大多數寺院，為僧俗大眾播下解脫的種子。

此後，雲丹嘉措前往哲蚌寺，努力修習本尊法。到鐵豬年（1611年），班禪大師前來哲蚌寺，建立各種壇城，為雲丹嘉措傳授了金剛鬘灌頂。有一時期，東科爾活佛嘉哇嘉措、帕巴拉⓱活佛帕巴卻吉傑波、巴索活佛等多思麻⓲和漢蒙地區的許多大德前來進獻各地土產和無數禮品，滿足了宗教和世俗的願望。雲丹嘉措為帕巴拉和巴索兩位活佛削髮，剃度他們出家，並傳授了金剛畏怖十三尊灌頂。

雲丹嘉措二十六歲的木虎年（1614 年）十二月，在哲蚌寺由班禪洛桑卻吉堅贊任親教師，由班欽索南扎巴的轉世格勒貝桑任羯磨師，另有密教師、報時師等，在足數的比丘之中為雲丹嘉措傳授了比丘戒，使他成為穿僧衣眾的頂飾。雲丹嘉措在班禪大師等大德身前聽受了各種顯密經論。在以有世界唯一譯師之稱的熱譯師的全尸作為胎藏、由宗喀巴大師顯現神通每調一塊泥誦雅瑪熱扎咒語一千遍而建成的具有護持力的佛像前，雲丹嘉措念誦咒語無數遍。一般來說，諸位大德在眾生的眼界，或顯現為賢者，或顯現為修行者，或顯現為聖人，或顯現為善人，在雲丹嘉措的這一生中，主要將心思用在修行體驗的次第上。

火龍年（1616 年）三月，漢地的萬曆皇帝派遣喇嘛索南洛追等許多漢人前往，封雲丹嘉措為「金剛持佛」，並賜官帽、官服及印信。復迎請雲丹嘉措到哲蚌寺漢人的公房奉獻禮品，表演奇特的雜耍。他們邀請雲丹嘉措到漢地去，雲丹嘉措為結法緣而答應了。喇嘛索南洛追在漢地建有一座佛殿，雲丹嘉措在甘丹頗章的房頂上臉朝那一方向拋洒青稞，結果出現了佛堂內外青稞到處飛揚，佛像胸前落下鮮花的景象，顯示出難以想像的神通。他隱身在大雨中行走時，在石頭上留下了清楚的腳印。

在強佐大國師之後，擔任強佐職務的三世達賴喇嘛的溫波孜喀乃卻傑等人對雲丹嘉措產生了輕慢。正如二世達賴喇嘛根敦嘉措的道歌中所說：「大多數上師的侍從親隨，因貪圖錢財而壞了業果，因長期相處看到上師的缺點而對上師的信仰減

退。」又如至尊密勒日巴所說：「信徒們獻的信財，摔到地上地裂，摔到石頭上石碎。」一些擔任職事之人以貪占財物的火舌，將身語意的樹木燒焦，使戒律的警覺成為一堆燒炭的餘燼。雖然他們有這些惡劣行徑，使雲丹嘉措如王子意善對作惡者慈悲那樣，對他們仍然慈悲護佑。此後雲丹嘉措得病，於十二月十五日逝入法界，上升兜率天宮。為他舉行了四十九天的盛大追薦法事。

火蛇年（1617年）秋末，班禪大師按密宗的儀軌將雲丹嘉措的尸體火化，整個頭頂骨和心、舌、眼三處出生了許多舍利。由喀爾喀部首領卻庫爾將頂骨迎走，由土默特台吉洛桑丹津嘉措將心迎走，去各自的福德之地，修建安置靈骨舍利之塔，由班禪大師等人為其開光。

這樣，阿拉坦格堅汗迎請達賴喇嘛索南嘉措，斷絕以血祭為善業的殺生邪教，使佛教的白色光明充滿各處，建立了黃帽派教法的善規。達賴喇嘛索南嘉措自己在蒙古地方示寂，他的轉世四世達賴喇嘛雲丹嘉措在蒙古地方降生，都對佛教在蒙古地方的傳播有特別助益。由於歷輩達賴喇嘛的恩德，博格達成吉思汗的後裔喀爾喀部和四十九部落的首領們都信奉三寶，都對執掌格魯派教法的大德們尊敬供養，使蒙古全都成為格魯派的施主。達賴喇嘛雲丹嘉措前去西藏後，委派強巴嘉措的轉世根敦貝桑嘉措為達賴喇嘛自己的代理，前往蒙古地方，護持達賴喇嘛索南嘉措的法座。被稱為邁達里呼圖克圖。

索南嘉措的親傳弟子呼和浩特班智達・席熱格圖國師卻傑將《般若》十萬頌、二萬五千頌、八千頌以及至尊密勒日巴傳

及道歌集等許多經論、傳記譯成蒙文。在察哈爾林丹呼圖克圖汗的時期，以貢噶俄色爲首的許多譯師將全部《甘珠爾》等許多經典譯成蒙文。從那些時候起直到現在，翻譯經典、講經聞法等宗教善業日益增盛，所有蒙古地方都進入白色善業之道，努力於信仰三寶、供養上師等善業。

九、固始汗的事跡

關於上述的固始格根汗服事格魯派教法的事跡，在此依據我的恩德無比的上師嘉木樣活佛官卻晉美旺波⑩所說，簡述如下。

丹增卻吉嘉波（意爲持教法王）固始汗出生在北方衛拉特蒙古。伏藏師智美倫布曾預言說：「邊地軍隊七次到來的最後一次，有金剛手菩薩化身的國王，護持西藏和康區平安。」也就是預言固始汗是秘密主金剛手菩薩的化身，以住地菩薩化現爲護教法王。此王出生於陽水馬年（1582 年），起名爲圖魯拜琥。他十三歲時擔任約一萬人的「果噶爾」軍隊的統帥，擊破敵軍，獲得戰勝的威名。當時衛拉特地方佛法尚未弘傳，但已聽說在別的蒙古地區，因達賴喇嘛索南嘉措與阿拉坦汗一雙施主福田的恩德而佛教傳播，他聽說此事後，就特別信仰，朝著他們的方向一再禮拜，以致額頭都腫起來。有一時期喀爾喀與衛拉特雙方不和，即將發生大戰，他因慈悲之心的驅使，毫不猶豫地去到喀爾喀部衆中，使兩方和好，因此東科爾活佛和喀爾喀的王臣都對他十分敬重，贈給他「大國師」的稱號，他又回到自己地方。

在三世達賴喇嘛索南嘉措身前，曾有一個衛拉特人向《金光明經》禮拜，問他的名字，他說叫阿拉坦格日利台，索南嘉措預言說：「從現在起，過二十年這部經將在你的家鄉弘傳。」於是由阿拉坦格日利台任施主，翻譯《金光明經》等許多經典，這是佛法在衛拉特蒙古的開端。

前述的喀爾喀部卻庫爾將卻圖汗從自己地方驅逐，卻圖汗來到青海，統治了安多各個地方，一時權勢大增。他對整個佛教特別是格魯派的教法盡力損害。此事傳到固始汗耳中，他出於對宗喀巴大師的教法的熱愛，率領大軍離開故土，於火牛年（1637年）正月到達青海湖邊，與卻圖汗大戰，全殲卻圖汗的四萬軍隊，將多思麻地區全部納入自己統治之下。此後，固始汗為朝拜達賴喇嘛師徒而前往西藏。他拜見了五世達賴喇嘛和班禪洛桑卻吉堅贊，並把他們奉為頂飾。他去甘丹寺朝拜時，雖然已是二十七日，但初夜後出現了連細小石子也能看清的白夜，這是政教所有方面都將歸入佛法的徵兆。

康區的白利王頓月 ⓶ 對佛教十分仇視，只信奉本教，固始汗聽說後，於土兔年（1639年）五月率軍到達白利，收取其大部分屬民，白利王逃往他方，到鐵龍年（1640年）十一月二十五日被捉住，囚禁於監獄中。將被白利王監禁在獄中的薩迦、格魯、噶瑪噶舉、主巴、達壠等教派的大德們釋放，送回各自的寺院。直至麗江王轄區的各地居民都獻納賦稅，恭敬服從。當時，西藏之王是第悉藏巴，他以噶瑪巴為主要供奉的上師，對格魯派敵視損害，因此固始汗率領大軍前去西藏，擊破第悉藏巴的全部軍隊，逮捕第悉藏巴及其臣下，囚禁於前藏的乃烏

莊園，將前後藏地區全部收歸治下。這樣固始汗成爲藏族三個地區之王，其法令之白色傘蓋高懸於大地之上，將與格魯派作對之人全部消除。當時印度之王柯辛❶、尼泊爾楊布城之王❷、阿里之王等邊界許多小邦都來貢獻地方禮物。他還將西藏的臣民全部獻給達賴喇嘛，使甘丹頗章的政治權力高與天齊，至今仍被稱爲大地上的兜率天宮，正是此王的恩德。❸

十、內濟托因的事跡

在三世和四世達賴喇嘛之後，有被稱爲額次格喇嘛拉尊內濟托因的大德在蒙古地方弘揚佛法。

在西藏西北方向離香拔拉國不遠的額魯特❹有土爾扈特❺部落的首領阿尤喜王的叔父墨爾根泰比拉 ❻，他財富豐足，部下有軍隊上萬人。內濟托因即是墨爾根泰比拉的兒子，他出生於第九饒迴的火蛇年（1557年），起名爲阿必達。他幼年時就性情善良，對苦難之人慈悲愛護，從不說粗惡語及虛妄語，而且非常聰明，因此父親稱他爲內濟托因。

有一次他和許多朋友去圍獵，射中一匹懷駒野馬的腹部，馬駒產下，母馬即用舌頭去舐馬駒，他見此情景，生起厭離心，將輪迴世間看作火坑，產生了出家的思想。他向父親請求允許他出家，父親不答應，並要他娶妻。他迫不得已娶了妻子，並生了一個兒子，起名爲額爾德門達拉。此後他對妻兒等也產生厭離心，準備出家，被父親發覺，派了許多人監視守護他。有一天，他在閱讀皈依法的書籍時，突然刮起狂風將書吹走，他追趕書頁，跑了很遠，守護的人沒有看見他。他因此得到逃脫

的機會，向西藏方向逃跑。父親聽說後立即追趕，也沒有追上他。

他漸次到達扎什倫布寺，在班禪・洛桑卻吉堅贊身前出家，起名爲楚臣藏巴 ⑫。他學習顯密經論，成爲一名學者，在班禪大師等人的身前，聽受了灌頂法及許多經咒。此後，他對班禪大師說：「我想到別的地方去專心修習。」班禪大師說：「以前與你有誓願法緣的眾生在東方，你到東方去吧，會對教法及眾生有廣大利益。」於是他遵照班禪大師的教導，前去東方。

路上在各個山間修靜地停留修行，逐漸前往靑城，在靑城的後山等處修習各種苦行三十五年。尤其是內濟托因捨棄俗世榮華，虛心謙恭，專心利益佛法及眾生，不受邪見及舊派見地的沾染，唯依第二佛陀宗喀巴的清淨教法，修習《菩提道次第論》及密集和大威德十三尊的生起次第和圓滿次第，對各種隨許法也如律修持。

此時，呼和浩特的翁木布洪台吉迎請他⑫，向他請求教法，他給洪台吉傳授了密集、勝樂、大威德三尊的灌頂法。對此有一名巫師出於忌妒，在內濟托因的頭上降雷，內濟托因將這些雷收集起來還給他，使那名巫師獲得信仰，因而出家。內濟托因類似這樣的顯示預知未來具有神變的例子還有很多，在此不贅。內濟托因這樣在山中雲遊，從不中止每天的四座瑜伽修習，在修習的間隙爲具緣之人傳授戒律及灌頂、敎誡等，對貧苦之人給以各種布施，功業如上弦月一般增盛。

此後，內濟托因爲建立弘揚佛法的善緣，率三十名侍從比丘前去穆克丹（瀋陽），朝見文帝博格達太宗皇帝（皇太極）。

皇帝說：「請你留下作我供養的福田。」內濟托因說：「我沒有這樣的福德，請讓我到蒙古地方去。」皇帝同意了，並賞給他們每人一方紅布⑫。

之後內濟托因去到土謝圖汗的地方，土謝圖汗請求教法，並依上師的教示下令在當地禁止巫師等，收繳全部翁古神像，投入火中燒毀，弘傳佛陀的教法。此後內濟托因去到科爾沁，向卓力克圖親王奧克欣等人傳授吉祥金剛畏怖十三尊灌頂，當時親王看見內濟托因顯現為與明妃一起的金剛畏怖。此外內濟托因還向說不同語言的許多人傳授了別解脫八部戒律，發展了出家的僧眾，講授了上師瑜伽與大威德的生起和圓滿次第以及密集灌頂和《本續》等許多教法，使佛法廣為弘揚⑬。此後，科爾沁十旗的首領們商議後，在內濟托因居住的巴彥霍碩地方興建一座寺院，置放《甘珠爾》等經典，由內濟托因舉行開光儀式⑭。此後內濟托因應邀到郭爾羅斯⑮地方，向嘉木措台吉和諾貴達熱哈屯等人傳授大威德灌頂，並向許多旗的無數眾生傳授別解脫八部戒律，使直到索倫的地方充滿穿黃色袈裟的僧人。此後內濟托因又應土默特旗的扎薩克翁木布卻庫爾和蒙古爾津⑯的扎薩克善巴等為首的大小官員臣民的邀請前去默特，傳授皈依法及金剛畏怖灌頂、生起和圓滿次第、上師瑜伽、金剛菩薩等廣大教授法。其後，官員們向內濟托因請求准許建造內濟托因多天在當地居住的寺院，得到同意後，在蒙古爾津地方建寺，獻給內濟托因。

有一次內濟托因到奈曼旗的洪巴嘎托爾王的蒙古包中，王爺生氣地說：「快退出去！」內濟托因說：「你確實不認識我，

但你供的宗喀巴大師像可能認識我。」果然宗喀巴的畫像露出微笑，王爺說：「你是眞正的上師，佛爺認識上師，上師認識佛爺，這眞是奇事。」因而對內濟托因生起大信仰，向他禮拜。從那以後，該王對上師三寶的信仰日益增加。此後，內濟托因又應敖漢、翁牛特、扎魯特、阿魯科爾沁、巴林等旗的扎薩克和官員們的邀請，去到各旗傳授密集和大威德的灌頂，使佛法大爲弘揚。當內濟托因在巴彥霍碩寺院居住時，他將王公、貝勒等具信施主所獻的黃金熔化，鑄造了釋迦牟尼和宗喀巴像以及佛塔，三者各高一百零八尺，其他高一指或五六指的佛像佛塔多至無數，並舉行了盛大的裝臟開光儀式，作爲各旗的王、貝勒、貝子、公、台吉等施主及具信弟子們供養的對象，賜予了他們，並對他們說：「要經常禮拜和供養這些佛像！」

此後，內濟托因從穆克丹（瀋陽）買來紙、墨、顏料等，召集書手，抄寫《甘珠爾》經，依次抄完一百零八函，也作爲衆施主及弟子供養的對象。此外他還用衆施主所獻的金銀等財富給各地修證金剛畏怖和密集並能背誦《密集本續》的人每人賞給黃金一兩，對貧苦之人發放廣大布施，使得修證密集和大威德的人數增加了許多，也使他的聲名如夏季的雷聲一樣響亮。

內濟托因這樣建立了無數身語意功業之後，使東方直抵大地邊緣的廣大地區內佛法尤其是第二佛陀的教法如黑暗之洲升起的太陽一般，十分明顯。他於九十七歲的水蛇年（1653年）十月十五日示寂，火化遺體時出現了異香及彩虹，天降花雨，屍體化爲無數芥子大小的舍利子，安放於巴彥霍碩寺的佛塔之中。

十一、五世達賴喇嘛等高僧的事跡

我大清朝福德殊勝之太宗文皇帝住於穆克丹（審陽）城之時，天界依怙無量光佛所化現的遍知一切班禪大師洛桑卻吉堅贊，與雪域眾生的怙主五世達賴喇嘛阿旺洛桑嘉措二人，賜給木雅❸國師：徹辰卻傑以伊拉古克三❸呼圖克圖的名號。派他去向東方梵天太宗博格達皇帝請安，當時帶去的書信爲：「與輪迴三界的其他有情眾生相較，獲得暇滿之寶貴人身已如白晝之星辰一般稀有，而眾人中成爲統治眾生之帝王者又更如如意寶一般難得，故此願陛下在鬥爭時和成爲眾生之主宰的大皇帝之時，對所有眾生如法護佑則與博格達皇帝之名號相符，尤其是顧念利樂之根本—佛陀之教法，善加護持。」博格達皇帝聽說西藏遣使前來，心中大喜，親自出都城迎接，並向達賴喇嘛的書信致禮。

正如怙主薩迦班智達所說：「太陽的光線雖然很熱，沒有聚光鏡不能取火，人們雖然受佛陀保佑，不能自動進入無上道。因此你所得到的慈愛，佛陀也讓眾人都得到，要得到三寶的特別護佑，你應請求自己的上師。」又如佛陀的教誡所說：「應如一萬個劫中，可能聽不到佛法，今天你有緣聽佛法，應將一切散逸拋開。」皇帝深知依止大德的利樂和億萬劫中也不容易得到聽法的機會，所以以伊拉古克三呼圖克圖爲上師聽受許多灌頂和教誡，對格魯派的教法特別信服。當伊拉古克三返回西藏時，皇帝奉獻了大量物品，私下將達賴喇嘛和班禪大師奉爲上師，寄贈了大量物品，並請求說：「我即將把大明皇帝的臣

民收歸治下，待完成此大業之時，將迎請二位佛爺，拜見金面，弘揚佛法。」並向西藏的大小講經院奉獻了無數布施，成爲格魯派教法的大施主。

不久，太宗皇帝之子世祖順治艾意貝爾扎薩克齊皇帝將漢地、藏、蒙古的大部分臣民收歸治下，爲完成父皇的意願，於鐵兔年（1651 年）之時，按照佛陀教誡所說：「追隨某位菩薩並奉行佛法，心思專一並不違上師之教，因此他的事業全都能成就，在智慧菩薩身前證得正覺。」以及「人身及佛根難得，信仰是十分難得，離八無暇更難得，主要因聽法難得。」因而派使臣到西藏去迎請遍知一切的班禪大師洛桑卻吉堅贊和與觀世音菩薩無別的第五世達賴喇嘛到漢地去建立佛法的幡幢。班禪大師說：「我的年齡太大了，不能前去。」沒有前往。五世達賴喇嘛則應邀前去漢地。

第五世達賴喇嘛生於第十饒迴的陰火蛇年（1617 年），他的家族是西藏木門人家的主宰吉祥帕木竹巴家族的大臣薩賀爾氏，據說這一家族是印度共敬王的後裔，他的父親是地方首領扎都拉丹，他的母親名叫赤堅貢噶拉則。他出生時天空有彩虹光環，並降花雨。據說他出生後即能回憶前世並親見宗喀巴大師。他六歲時被迎請到哲蚌寺，登上大地上的金剛持的住地甘丹頗章的金座，使信仰佛法的人們歡樂之聲如大鼓擂響。他八歲時從贍部洲學者之頂飾班禪大師洛桑卻吉堅贊受沙彌戒，使戒律之學的甘露充滿心田，成爲顯明佛陀的教法之太陽。他於十一歲的第十一饒迴陰火兔年（1627 年）以精通經論的甘丹寺法台官卻曲培爲師，精研五部大論。從十七歲起，他在帕邦喀

巴‧班覺倫珠等學者和成就者身前聽受新舊顯密的各種灌頂、教誡和經咒，在各個大小寺院聞思修行，廣泛聽經講論，因此他不只精通某一部經典，而是對各部經典論著都融匯貫通。此後，他請班禪大師洛桑卻吉堅贊任親教師，爲他傳授比丘戒，使他成爲所有佛法之王。從那以後直到六十六歲，他廣利佛法及衆生。

五世達賴喇嘛應皇帝的邀請，於三十五歲的鐵兔年（1651年）動身前往京師，於水龍年（1652年）與大地梵天文殊皇帝會見。皇帝對他非常敬重，封達賴喇嘛爲佛法之主，並按衆生怙主八思巴的例子賜給封爲「瓦赤拉坦喇」的詔書和印章。達賴喇嘛每天對數量如大地塵粒一樣的具信衆生講說佛法，摩頂賜福，賜給所有衆生轉生兜率天宮的善緣。此後五世達賴喇嘛返回西藏。皇帝又奉班禪大師爲上師，獻了廣大布施，並興建了許多寺院，建立僧伽，對佛教盡力扶持，對衆生依照佛法護佑，其聲名傳遍大地之上。

順治皇帝的兒子具足福德和威嚴，超越以往諸帝王，因其慈悲之力，受邊地各小邦的擁戴，成爲大地之主文殊菩薩化現的世祖康熙皇帝。他建立了許多僧伽，以及無數的佛像、佛經、佛塔，並從各地迎請甘丹赤巴阿旺洛追嘉措 ⑱、章嘉‧阿旺洛桑卻丹 ⑲、土觀‧阿旺卻吉嘉措等大德，讓他們廣弘佛法。

甘丹赤巴阿旺洛追嘉措於陰木豬年（1635 年）出生在離宗喀巴大師誕生地宗喀不遠的米納地區的拉頂地方，父親名叫達秀次達，母親名叫才曼加。他幼年時即與受愚暗影響的普通孩子不同，遇到驚恐時念誦「穆則瑪」和觀世音菩薩咒語，向神

佛祈願。他七歲時由舅父撫養，接受皈依彌勒及黑色憤怒母灌頂儀軌，初入顯密教法之門。由於他特別聰明智慧，從幼年時起對於文字等學問就毫無困難地熟記。他十一歲時以卻傑諾門罕爲師剃髮出家。龍年（1652年）五世達賴喇嘛前去文殊皇帝的京城時，他在途中拜見，並獻各種供養，接受教誡。他即前去西藏，於十一月到達扎什倫布寺，在班禪大師洛桑卻吉堅贊身前領受近事戒及沙彌戒，並聽受許多隨許法及教語。此後他又前往哲蚌寺，入扎西郭茫扎倉，從說法自在者郭茫·赤烈倫珠學習因明攝類學初步，又從五世達賴喇嘛等上師聽受許多教法。他二十七歲時以班禪大師洛桑卻吉堅贊爲親教師受比丘戒。他二十九歲時入密宗扎倉，當年十二月登上德陽扎倉的高大法座。他三十一歲時任郭茫扎倉的法座，此後又任下密院的上師，其後登上甘丹寺絳孜的法座。他於四十八歲的水狗年（1682年）八月十五日登上甘丹寺的三界法王宗喀巴大師的崇高金座。

此後，文殊菩薩化現的康熙皇帝下詔書給遍知一切達賴喇嘛，要達賴喇嘛派遣一名能在漢地利益教法及眾生的喇嘛前去京城。當時五世達賴喇嘛雖已逝往他界，但是仍然發出了要阿旺洛追嘉措照此辦理的命令，阿旺洛追嘉措心想這是上師的吩咐，就接受了命令，於火兔年（1687年）前往，朝見皇帝，並得到皇帝的崇敬和封賞。此後，阿旺洛追嘉措對漢地、蒙古、安多❸等地的許多眾生賜給了佛教的廣大教誡，散布了不可思議的大恩德。

廣大佛法之主章嘉活佛阿旺洛桑卻丹貝桑布於水馬年（1642年）十一月十日夜間出生在安多宗喀地區伊格地方的達秀村，

父親名叫張益華，母親名叫塔姆措。他住胎之時，母親經常做從地下找到太陽的奇夢，因此對他從幼時即以清淨器物撫育，過了幾年，他因回憶前世的神通，說：「我是章嘉喇嘛。」並清楚地說出他有哪些僧人、佛像、佛經等。由於他的父母沒聽說過也不懂得活佛轉世的事情，因此阻止他說：「不要講這些！」因此他再不說話，像是一個啞巴。父母又爲此心中不安，想了許多讓啞巴開口的辦法，作了許多法事儀軌，都無效用。此後他受近事戒，起名爲根敦加布，才逐漸會說話。

由班禪大師指認他爲法主扎巴俄色的眞實轉世。他五歲時由佑寧寺的吉哇和拉章的人士以及章嘉活佛的弟子侍從等迎往塘讓塔巴林寺住錫，在丹麻大成就者楚臣嘉措和在任法台彭措桑布二人身前削髮出家，起法名爲丹增勒雪嘉措。此後以嘉定仁絳巴爲師學習讀寫等，都毫無困難地精通，對各種教法都能熟記於心。九歲時被迎請到佑寧寺 **❿**。他十一歲時五世達賴喇嘛前往北京，他在途中拜見，從五世達賴喇嘛領受近事戒和沙彌戒，聽受觀世音菩薩隨許法。此後在佑寧寺法台塔巴扎西堅贊身前聽受因明及般若的各部論著，對這些論著的內容理解無餘。

之後，爲正確無誤地學習顯密經典，他前去西藏，在五世達賴喇嘛身前領受沙彌戒律，起名爲阿旺洛桑卻丹，又拜見嘉色活佛洛桑丹增，聽受各種教誡。其後他又去扎什倫布寺拜見班禪洛桑卻吉堅贊，獻上盛大供養，並仔細瞻仰和朝拜扎什倫布寺的佛像、靈塔等。當他返回前藏時，在哲蚌寺的冬季學經期進入賢哲們匯聚的中心扎西郭茫扎倉，在上師赤烈倫珠的身

前學習三年，聽受般若學的全部知識，成為講論般若學的最傑出的學者。

他二十三歲時在五世達賴喇嘛身前受比丘戒，像愛護自己眼珠一樣地守護戒律。他二十四歲的陰木蛇年（1665年），上師阿旺洛追嘉措到郭茫扎倉講經，他在上師身前聽法八年，學完了因明、俱舍、戒律等著作。火猴年（1665年，疑此紀年有誤，當是1673年），他在哲蚌寺獲得林塞噶居巴的稱號。他三十三歲時又去扎什倫布寺拜見班禪洛桑卻吉堅贊的轉世靈童，向夏孜堪布洛桑白瑪和上師根敦頓珠等大德學習許多灌頂、教誡、經咒等。他這樣從二十一歲到四十二歲之間一直在西藏從許多學識廣博的大德那裡聽受各種深廣佛法，並且全部融匯貫通。

後來，他於水豬年（1683年）返回安多地區。其後當甘丹赤巴阿旺洛追嘉措應邀前往北京路過青海時，他去拜見上師，上師要他一起前去，於是他隨上師前去北京。火兔年（1687年）阿旺洛追嘉措兩次朝見皇帝時他都參加了，第一次朝見時大皇帝對他們詢問並賜給哈達、緞子等，第二次朝見時，遵照皇帝的命令章嘉·阿旺洛桑卻丹與乃寧夏茸在旃檀覺臥像前進行對辯，皇帝心中大喜，賜給了獎品。皇帝下令要章嘉·阿旺洛桑卻丹和經師二人留在北京，他通過甘丹赤巴阿旺洛追嘉措設法向皇帝請假，於土龍年（1688年）返回青海，就任佑寧寺的法台，為僧眾說法講經。

鐵馬年（1690年）他到靜修地絳曲林體驗顯密教法的修行道次。此後，由於章嘉·阿旺洛桑卻丹本身誓願之力，教化漢

地有緣眾生的時機已到，康熙皇帝頒賜詔書催促說：「我需要一位有大功德的喇嘛，你是有大功德的良善上師，故遣使召請，望無論如何也要前來。」按照皇帝的命令，章嘉·阿旺洛桑卻丹率領松巴活佛爲首的許多精通經論的弟子前去漢地，朝見康熙皇帝，康熙皇帝賜給他和隨從弟子每人一套袈裟等無數用具。章嘉·阿旺洛桑卻丹五十六歲的火牛年（1697 年），他奉大皇帝的命令去西藏參加六世達賴喇嘛的坐床儀式，並向班禪大師等許多上師奉獻禮品，聽受教法，然後返回。

他按照皇帝的命令，每年冬天在北京居住，夏天在多倫諾爾寺⓮居住。他以自己的不可思議的斷證功德感化四十九旗的官員百姓以及喀爾喀五十餘扎薩克等廣大蒙古地區的眾生，使各地修習佛法深義的眾人如蜜蜂聚集蓮園一般聚集到他的身邊，他爲眾人傳授沙彌戒和比丘戒，傳授修習菩提道的次第以及密集、勝樂、大威德的灌頂、隨許、敎誡等，降下佛法的甘雨，使眾人心中的菩提幼苗發育生長，使佛法的功業弘遍十方，成爲醫治眾生心靈的良藥。

章嘉·阿旺洛桑卻丹六十五歲的陽火狗年（1706 年），大皇帝封他爲「灌頂普善廣慈大國師」，並賜詔書、金冊以及重八十八兩八錢八分的金印。他六十九歲的鐵虎年（1710 年）回到佑寧寺，當時嘉木樣協貝多吉活佛前去拜見，他對嘉木樣協貝多吉活佛說：「你以前曾說過要建立一座講修密法的經院，現在時機已經到了，請你建立起來吧。」嘉木樣活佛按照他的吩咐修建了密宗經院，講說甘丹赤巴以及丹麻活佛等人撰寫的密法注疏。他還任命丹麻活佛爲這密宗扎倉的上師，噶欽洛追

嘉措爲引經師，各學期的課程完全按照拉薩下密院的制度進行。他在安多地區廣利佛法及衆後生，又返回北京利益衆生。

　　章嘉‧阿旺洛桑卻丹七十二歲時，在多倫諾爾按照皇帝的命令他與皇帝二人同坐在一個坐墊上，由兩名噶仁巴侍從進行對辯。皇帝聽後心中非常高興，臨走時對他說：「此寺是爲外藩諸蒙古而建，由於你等善修法事之力，使衆蒙古安樂富足，爲結下今後像以前一樣長期安住之善緣，特贈哈達一方。」賜給章嘉‧阿旺洛桑卻丹哈達一方，並加獎諭。這樣，章嘉‧阿旺洛桑卻丹直到他七十三歲的木馬年（1714 年）之間都在利益西藏、安多、漢地特別是廣大蒙古地區的無數衆生，使佛法尤其是宗喀巴大師的清淨教法如白晝一樣愈益顯明。木馬年五月十三日章嘉‧阿旺洛桑卻丹患病，二十五日，他爲衆僧留下教言並摩頂賜福，仔細看視每個僧人，巳時，爲顯明諸法性空而逝往空行之處。

　　土觀活佛阿旺卻吉嘉措於陽鐵猴年（1680 年）生於離安多宗喀地方很近的一個名叫察森莊的村子裡。當甘丹赤巴阿旺洛追嘉措前去漢地時，母親帶他前去拜見，阿旺洛追嘉措與他行碰頭禮，並說：「願你長壽健康！」因此衆人議論說這個孩子定是與別人不同的人物。他三四歲時就回憶起前一生的情形，說出了一些上一世活佛的事跡。以前的弟子、僧人們聽到後，認定他爲上一世活佛洛桑拉丹的轉世，將他迎請到佑寧寺坐床。

　　他在章嘉活佛阿旺洛桑卻丹身前受戒出家，起法名爲阿旺卻吉嘉措，受章嘉活佛護持。他在佑寧寺入經院學習各部經論，他在僧衆中念《般若波羅蜜多心經》時，聽到天空中傳來念誦

《般若波羅蜜多心經》全部經文的聲音，因而對空性見獲得定解，從那以後他每天念誦《般若波羅蜜多心經》，以致有一次看到天空中充滿了金色的「啊」字，心中對見地的理解比以前更加堅定，猶如嚐到沒有嚐過的甘蔗香甜。有一次他在繞行佑寧寺的山頭到達名叫「科羅崗」的山頂時，清楚地看到在紅黃色光網之中的文殊菩薩。又有一次黎明醒來時他聽到寢室飛檐上有一隻小鳥念誦許多「無常」的詞句，使他對貪戀現世觀生起厭離。

他在章嘉活佛阿旺洛桑卻丹身前聽受喜金剛大威德十三尊灌頂，不斷修習生起和圓滿次第。此後他去西藏，入哲蚌寺郭茫扎倉學經，奉遍知一切嘉木樣協貝多吉為師學習各種教法。他與嘉木樣活佛在許多世中都有善緣，在這一世中也是心投意合，所以嘉木樣活佛將自己的全部教法毫無保留地傳授給他。此後他前去後藏，在班禪大師洛桑意希貝桑布身前受比丘戒，當時班禪大師吩咐他說：「你要為教法建立大功業！」此後他返回佑寧寺，受嘉色活佛之命擔任佑寧寺的法台，講經說法。當時眾人議論說：「佑寧寺的上師說法，從來沒有像這位上師任職時這樣興盛。」他還建立卻藏靜修地與七名立誓捨棄今生的修行者，一起修習禪定❹和苦行。他自己親見喜金剛、大威德等本尊神以及三十五位佛陀和十六羅漢等，對教法的體驗如夏季的大海一樣增盛。

後來，康熙皇帝下詔迎請他前去漢地京師，他進京朝見大皇帝後，使皇帝心中大喜，按照對待大呼圖克圖的例規，賜給他薪俸和賞賜。此後皇帝命令以他為首的漢、蒙古官員們，護

送在里塘出生的第六世達賴喇嘛的轉世靈童到西藏坐床，因此他與達賴喇嘛一起前去西藏，使達賴喇嘛登上寶座。他還向班禪大師呈獻了朝廷賜給的金冊，向以達賴喇嘛、班禪大師爲首的各位高僧大德賜送了禮品，並在拉薩祈願法會上向色拉、哲蚌、甘丹等寺院的僧衆熬茶布施。

此後，土觀・阿旺卻吉嘉措返回漢地，當時康熙皇帝已經去世，雍正皇帝即位。他朝見雍正皇帝時，雍正皇帝十分喜悅，向他詳細詢問了西藏的情形，封他爲掌管喇嘛僧人學經事務的掌印喇嘛。

當時，青海⑫的首領（羅卜藏）丹津⑬親王備受皇帝恩寵，但他有福不享，圖謀反亂，以蒙古軍摧毀漢地名叫新城的小城堡，引起戰亂。當時贊布寺（廣惠寺）的名叫徹辰熱絳巴的蒙古僧人，率領許多與他同族的僧人去爲蒙古軍助戰，由於這些違緣，主要是廣惠寺同時也牽連到佑寧寺等安多地區的大小寺院，都被以岳將軍（岳鍾琪⑭）和年公（年羹堯⑮）爲首的清軍摧毀，佛殿和僧舍被火燒，凡穿著出家人服裝的都銷聲匿跡。當時，大皇帝下令說：「必須把我的金剛上師章嘉大國師的轉世，安全地護送前來。」因此兩位將軍將章嘉・阿旺洛桑金卻丹的轉世送往北京，與土觀・阿旺卻吉嘉措會見，衆人大喜。土觀活佛又用善巧方便，在幾年中一再向大皇帝請求重建安多地區的寺院，因此皇帝從國庫發銀新建兩寺（佑寧寺和廣惠寺）的經堂僧舍，應知這全是土觀・阿旺卻吉嘉措的恩德。

土觀・阿旺卻吉嘉措在北京居住期間，還將大威德的灌頂等各種灌頂、教誡、隨許法，全部傳授給章嘉・若必多吉⑯。

皇帝還下令封土觀‧阿旺卻吉嘉措爲「靜修禪師」，賜給印章及金冊，其冊文爲：「皇帝詔曰：敕諭爲京城喇嘛僧人教習二規之扎薩克大喇嘛土觀呼圖克圖❼，佛陀教法最初弘傳於印度，其後盛行於漢地及土伯特地方，成爲消除一切衆生苦難產生各種安樂之根本。對講論佛法三藏、體驗三學且增益教法之大德尊崇褒封，乃歷代帝王之例規。汝土觀呼圖克圖乃秉性良善、心地純淨、具足斷證功德之大德，尤其爲朕效勞多年，從無怨尤，信奉日增，實應加以褒獎，特封汝爲靜修禪師之職。望汝感念朕恩，盡力弘法，不懈不怠，以善巧方便教化信奉小乘之三界衆生，使之進入大乘，使俗人衆盡皆追隨佛法。遵照朕歷輩先帝及朕之心願，使佛法教法更加弘傳。」據說這是大清朝中喇嘛僧人受封爲禪師並賜印信的最先一例。土觀‧阿旺卻吉嘉措又因嘉木樣協貝多吉是自己的根本上師，是具有學法修行功德的教法之主，又盡力於利益他人的功業，因此向皇帝奏請，皇帝封嘉木樣活佛爲「持教弘法額爾德尼諾門罕」，並賜印信。

土觀‧阿旺卻吉嘉措在北京期間，蒙古地方的呼和浩特席力格圖呼圖克圖❽、內濟托因呼圖克圖❾、扎雅班智達活佛❿、喜哇活佛、丁科爾班智達❶等執掌教法的大德學者們都來向他致禮並請求佛法。喀喇沁王意丹木扎布擔任他的主要施主，喀喇沁❷五旗的扎薩克、官員爲首的內蒙古四十九旗、總管八旗、喀爾喀七部的王、貝勒、貝子、公等大小官員都向他請求教法，擔任他的施主。他這樣在蒙古地方廣弘傳法之後，於五十七歲時在佑寧寺後山的靜修地示現智慧法身。

十二、清代蒙譯佛經及建立寺院之情形

　　這樣，康熙皇帝迎請以甘丹赤巴‧阿旺洛追嘉措爲首的講法修行的眾多高僧大德，廣利佛法。又爲慈悲護佑天下眾生特別是蒙古的全部人眾，召集了許多學者對譯成蒙文的大藏經《甘珠爾》部分進行了校勘、釐訂，並刻版印行，使眾多具有信仰和法緣之人得到教法的各種布施，心願滿足，使佛陀的教法成爲永遠不會消亡的勝利幡幢。此後，由文殊菩薩戲化爲人主的世宗雍正皇帝迎請其父皇的福田土觀活佛、濁世眾生的依怙章嘉活佛若必多吉、教法之主噶勒丹錫呼圖活佛傑尊洛桑丹貝尼瑪❸等大德，結爲施主與福田，敬奉三寶，弘揚黃帽派的教法。他利益佛法的情形，前文已經述及。雍正皇帝本人還對中觀見地進行體驗，以大慈悲心及政教合一之法規使天下臣民得到安樂。他還將大藏經《丹珠爾》重新刻版印行，受到賢哲們的讚揚，使吉祥利樂遍於各方。

　　雍正皇帝之子即文殊菩薩化現的乾隆皇帝發揚歷輩先祖的善規，對全體臣民十分仁慈，一心使眾生平安利樂，盡力服事佛法，特別是黃帽派的教法。他爲了利益眾生特別是蒙古之臣民，下令說：「如今佛法在蒙古地方廣爲弘揚，聖祖康熙皇帝下令將《甘珠爾》全部譯成蒙文並刻版印行，但《丹珠爾》以前未曾全部譯成蒙文，故命章嘉活佛若必多吉及噶勒丹錫呼圖活佛傑尊洛桑丹貝尼瑪二人主其事，將疏釋佛陀教語之《丹珠爾》全部譯成蒙文。」二位上師遵照皇上旨意，主持其事，在翻譯之前，因廣大蒙古各地的語言雖大致相同，但微小的差異

仍有許多，特別是翻譯經典所用的詞彙未曾統一釐訂。各位譯師按自己的意願安立不同的詞語，以致聞思經典的僧人們難以理解，故向皇帝奏聞，統一譯經所用詞語然後刻版印行之好處，皇帝大喜即下令照此辦理。

故，由章嘉活佛編訂了《正字法─學者之源》❹ 一書，書中有前言，翻譯佛經之規則，以及般若、中觀、阿毗達磨集論、阿毗達磨俱舍論、戒律、教派、密法、因明學、聲明學、工巧明、醫方明、古今文字等章，對各種詞語均以藏蒙兩種文字對照，這以前未曾有過的新創翻譯工具書，僅此一項功德，就使蒙古眾生永遠難以計量。這樣，與以前西藏菩薩王臣們在世時，諸位譯師班智達將佛經從印度文譯成藏文的辦法相同，釐訂了譯語，然後由章嘉活佛與噶勒丹錫哷圖活佛為主，其他許多精通佛典的高僧大德以及精通兩種語文的譯師參加，從陰鐵雞年（1741 年）十月十五日開始翻譯，至陽水狗年（1742 年）十一月十五日全部完成，進呈皇上審閱。乾隆皇帝大喜，大加讚揚，對參與翻譯的人員賜給了無數酬金和物品，並由皇帝的御庫出資刻印，頒發給蒙古各個地方，成為佛法永不消亡的聖緣。

木鼠年（1744 年），大皇帝向章嘉活佛詳細詢問在雪域西藏以前佛教是如何弘傳的，出過哪些執掌佛法的高僧大德，講習佛法的寺院是如何形成的，章嘉活佛將這些歷史一一奏明。乾隆皇帝正如佛陀教語所說：「執掌如來教法之人，如帝釋梵天治天下，成為轉動輪寶之王，心境安樂證得菩提。」，嚮往執掌佛法的利樂，於是感嘆道：「佛陀教法的弘傳及長久住世全賴講習佛法之寺院，因此建立聞思全部顯密學識之大寺院，

對佛法能長久利益。本地以前曾由怙主薩迦班智達和八思巴等人建立講習佛法的寺院，如今也僅剩下名義。」遂向章嘉若必多吉和噶勒丹錫呼圖活佛下令：「雖然京師北京地面廣大，先輩父祖已弘揚佛法，但講習內外道學識的法規還不興盛，現在為弘傳佛法特別是黃帽派的教法，完全父祖先輩的意願，增益眾生的幸福，願將父皇受封為親王爵位時所居府邸改建為具有佛殿、經堂、僧舍之大寺院，建立講習五明之學的各個扎倉。」兩位上師對此十分高興，說：「小僧一定竭盡全力效勞！」使大皇帝非常興奮。

此後不久，由大皇帝的御庫廣開施捨之門，建立興建寺院的衙署，將王府建成外面有寬大圍牆圍護，裡面有僧眾聚會的大經堂。大經堂的右面是佛殿，左面是護法殿，還有顯宗、密宗、聲明、醫學等四個扎倉的經堂、香積廚、拉章、僧舍等許多排房屋的寺院。各佛殿經堂中有無數佛像、佛經等，經堂及僧舍的各種用品，乃至掃帚等都全部由府庫供給。此寺院的名稱為「甘丹敬恰林」（即雍和宮❺），以章嘉活佛和噶勒丹錫呼圖活佛為首的僧眾為該寺舉行了為期三晝夜的盛大的開光儀式，朝廷賜給了廣大酬勞和布施。

同年中從蒙古四十九旗、喀爾喀七部以及漢、藏等地徵集五百名聰明博學的年青僧人入雍和宮學經，其中顯宗學院有僧人三百，密宗學院有僧人一百，醫學及聲明兩學院各有僧人五十名。寺內經堂集會制度、說法聽經制度以及日常規則等，都按佛法清規制定，皇帝也一再駕臨寺內看視。由府庫內按月給僧眾發給薪俸。

按照皇帝的命令，各個學院的上師以及擔任經師的大德都要從西藏召請，所以由哲蚌寺的哈東熱絳巴阿旺卻培擔任顯宗學院的上師，由色密院的喇嘛官卻丹達擔任密宗學院的上師，由摩覺巴夏茸擔任聲明學院的上師，彭措贊林擔任醫明學院的上師。從拉薩三大寺和上下密院中召請洛色林哇等適合擔任經師的大德十八人擔任寺內的經師，並讓從西藏請來的各位大德舉行對辯。大皇帝對此十分高興，賜給各位上師綢緞等物品，賜給僧人們半月形僧帽及銀兩等。

火虎年（1746年）二月，在此新建的寺院中舉行祈願大法會，二月初一大皇帝駕臨僧眾之中，由章嘉活佛與噶勒丹錫呀圖活佛進行對辯，由新建寺院的兩部僧人舉行立宗辯論，並由許多大德舉行對辯，還仿照拉薩祈願大法會，制定了授與學位稱號的制度。皇帝並命章嘉活佛在御駕前，爲集會的僧眾講經，賜給章嘉活佛和噶勒丹錫呀圖活佛以坐墊、靠背等用品，其下的喇嘛僧人等也依次賞給眾多物品。這樣，皇帝大法王及服事佛法的兩位大德等，在此濁世爲眾生消除衰損，弘揚完整無誤地闡明佛陀教法的黃帽派的教法，由於此善願之力，君臣三人聚首建立殊勝的弘法功業，受到所有佛子們的讚揚，願所有能觀察思考之人都信仰和追隨他們。

十三、六世班禪的事跡

乾隆皇帝爲增益佛法及眾生的利樂，迎請爲本書作者傳授比丘戒的親教師班禪無量光佛至尊洛桑貝丹意希旺布到京師，因此將班禪大師的量等虛空的廣大事跡摘要記述於此。

班禪大師在超過恒河沙數的無數個劫之前，投生爲轉輪國王輻輞王時，在寶心佛身前發菩提心，積聚難以計數的二部資糧，在西方淨土極樂世界證得法身大日如來、報身無量壽佛、化身無量光佛。此後，在十方無數世界中分別以清淨和不淨化身化現爲如來、菩薩、聲聞和獨覺阿羅漢、梵天和帝釋、轉輪王等，在世間存在之時利益有情衆生。在此娑婆世界 ⓯，當佛祖釋迦牟尼住世時，他轉生爲阿羅漢須菩提，此後他依次轉生爲阿羅漢迦葉的沙彌蓮性、大菩薩月光童子、持明壽火神童子等，其後又依次轉生爲吉祥怙主龍樹的心傳弟子大智杜鵑、阿闍黎清辯論師、阿闍黎金剛鈴、阿闍黎護無畏、香拔拉國具種王妙吉祥稱、大阿闍黎蓮花生、阿底峽尊者、阿闍黎拔哇拔陀羅、桂譯師・枯巴拉則、無比的崗波哇・索南仁欽、薩迦班智達・貢噶堅贊、甲哇容敦・多吉貝、克朱傑・格勒貝桑、大修行者索南卻朗、溫薩巴・甲哇洛桑頓珠、班禪・洛桑卻吉堅贊、班禪・洛桑意希貝桑布、班禪・洛桑貝丹意希等，利益有情衆生。

　　班禪・洛桑貝丹意希於第十二饒迥的陽土馬年（1738 年）十一月十一日太陽升起之時在後藏香地區的扎西孜地方降生，其父名叫唐拉，其母爲衆敬之王的後裔，具有婦人之美德，不欺瞞、秉性正直、信仰上師及三寶。他出生時有五色彩虹射入房中等諸種異兆。他出生後約兩個月就會雙手合掌，從七個月時起就一再突然發聲念誦「嘛呢」，八個月時念誦「穆則瑪」偈頌。看到前一世班禪的畫像說：「這就是我。」他平常不像其他小孩那樣啼哭、隨便躺臥，而是雙手合掌胸前結跏趺坐。

他在幼年時即遠離普通兒童的行為，只作信仰、布施、聰慧等上等人的行為，對禮拜和供養佛像、念誦經咒等諸大德讚揚的清淨法行，他都盡力去作。

鐵猴年（1740年）八月，頗羅鼐❺・索南道傑、七世達賴喇嘛的代表卓尼・阿旺洛桑以及扎什倫布寺派遣的人員迎請拉穆護法到甘丹康薩樓上，請求明示遍知一切班禪大師的轉世靈童，降生在前後藏及康區的何處。拉穆護法降下明確的授記說：「扎什倫布寺之寺主，降生在扎西孜地方。現在盡快迎進扎寺，吉祥光明照遍各方。」達賴喇嘛也說：「扎西孜地方出生的靈童從各方面看都可確認無誤，十分吉祥。」因此，透過兩位駐藏大臣向大皇帝奏報。到九月六日，達賴喇嘛為靈童起名為洛桑貝丹意希，並派自己的仲科爾到扎西孜地方道賀。

鐵雞年（1741年）六月四日，由大強佐以及大皇帝派來的喇嘛等為首的近萬名僧人舉著傘蓋、飛幡等列隊歡迎，迎請他到扎什倫布寺登上無畏獅子寶座。當時他向寶座多次禮拜，然後就坐，作合掌祈請的姿態。強佐洛桑才旺問：「這裡有什麼？」他回答說：「寶座上中間有宗喀巴大師，他的左右兩邊有文殊菩薩和金剛手菩薩，因此向他們祈請。」

水狗年（1742年），他在上師阿旺強巴身前聽受《菩提道燈論》，並受近事戒，聽受大威德灌頂。水豬年（1743年）由金剛執洛桑索巴擔任他的經師，為他講授許多教法。木鼠年（1744年）由經師洛桑索巴任親教師，為他傳授出家沙彌戒，使他成為求解脫眾生的頂飾。木牛年（1745年），他從經師聽習攝類學，並聽受宗喀巴大師、班禪・洛桑卻吉堅贊、班禪・

洛桑意希的著作。

　　他十三歲時，爲了給自己祈壽而撰寫《無量智慧》等著作。他十五歲的水猴年（1752年），在觀世音菩薩化現的七世達賴喇嘛洛桑格桑嘉措身前，聽受密宗四續部庫藏金剛寶串、密多羅百門灌頂、吉祥時輪灌頂、大威德金剛十三尊灌頂、那塘百法、巴日百法、各種修行隨許法，以及七世達賴喇嘛的論著等許多教法。在傳授大威德金剛灌頂結束時，達賴喇嘛對他說：「如果你以大威德金剛❸爲你的最主要的本尊神，就可以很方便地完成殊勝和共通成就。」這樣，達賴喇嘛將班禪洛桑貝丹意希扶持爲密乘教法之主。他二十歲的火牛年（1757年）六月四日舉行大法會時，由上座持律師經師洛桑曲培任親教師，由兌桑林、洛桑扎西任羯磨師，爲他傳授比丘戒，使他成爲所有持戒僧衆的頂飾。他還從經師洛桑曲培聽受金剛執大輪灌頂等許多教法。

　　班禪‧洛桑貝丹意希二十二歲的土兔年（1759年），按照章嘉活佛若必多吉的請求，他爲章嘉‧若必多吉主僕以及第穆活佛❸、上師阿旺強巴、嘉木樣活佛官卻晉美旺布、乍丫活佛、嘉色活佛、善巴活佛、濟隆活佛、敏珠爾活佛、土觀活佛洛桑卻吉尼瑪、畢力克圖諾們罕、拉薩三大寺的喇嘛僧人等總計兩千多人，傳授了吉祥時輪灌頂教誡。

　　水馬年（1762年），彌勒佛現身對班禪大師說：「你應以講經、辯難、著作來執掌和增益佛法，特別是爲學法衆人傳授沙彌和比丘戒律。擔任傳授沙彌和比丘戒律的親教師，一般來說應在受比丘戒十年以後，但是在特別情況下，受比丘戒滿五

年者也可以擔任親教師。現在你接受比丘戒已有五、六年了，為了佛法的傳承，你應爲學法傳授比丘戒，首先，應爲昌都的帕巴拉活佛傳授出家的沙彌戒。」他按照彌勒佛的指示，擔任親教師爲帕巴拉活佛傳授了出家的沙彌戒。水羊年（1763年）正月十二日，由班禪・洛桑貝丹意希擔任親教師，爲九十二名修法者傳授了比丘戒。

木雞年（1765年）正月十二日，達賴喇嘛奉獻了新建時輪法會的資具。三月，由十六名修習密咒的僧人建立時輪修供；十日，建立吉祥時輪的具足身語意的彩粉壇城；從十五日開始，班禪大師進行七天修供，並進行燒施等法事，完成了使吉祥時輪的講修直至劫末也不衰敗的無上善緣。此後，八世達賴喇嘛請求班禪大師去前藏，擔任爲他傳授沙彌戒的親教師。故班禪大師去到前藏，於六月四日爲達賴喇嘛傳授了沙彌戒，使其成爲教法及眾生的救助者；並爲達賴喇嘛講授了《菩提道次第廣論》中的發心供養。

火狗年（1766年），皇帝派扎薩克喇嘛阿旺班覺呼圖克圖等人，向班禪大師頒賜封文，封文說：「朕頒賜金冊，依前世之例封汝爲班禪額爾德尼，並封爲扎什倫布寺之主，汝應向僧眾宣講戒律，謹持法行，使佛法在西藏照前弘傳，並一心尊奉我朝。」

有一次，班禪大師前去布達拉宮，爲達賴喇嘛傳授了密集不動金剛、吉祥輪勝樂、大威德金剛、紅色閻摩敵、黑色閻摩敵等十三尊大灌頂，以及金剛鬘、密多羅百門等灌頂以及各種修行法、巴日百法等教法，並傳授了許多隨許法，還講授了宗

喀巴大師的著作等。

又有一次，由班禪大師擔任親教師，爲達賴喇嘛傳授了比丘戒，從西藏、安多、蒙古各地前來的無數具有信仰和證悟的衆生，向班禪大師奉獻了各種財物及廣大的供養，班禪大師按照他們各自的意願爲他們傳授比丘戒，並每天爲他們講解深廣的佛法，使賢哲遍布於大地之上。

土豬年（1779 年）正月，天命文殊大皇帝按照宗喀巴大師所說：「明白事理諸根清淨，別人一見傾心信奉，依止他能增善去惡，如此大德世人景仰。」，下詔邀請班禪大師到京城相見。六月十七日，猶如星辰圍繞月亮一般，以駐藏大臣爲首的漢藏貴族官員及無數軍士簇擁著班禪大師離開扎什倫布寺上路，途中達賴喇嘛爲班禪大師祝願健康並獻禮送行。

在以後路途中班禪大師爲各地聚集的衆生摩頂賜福，講授廣大佛法。十月十五日，班禪大師到達第二佛陀的出生地位於宗喀地方的塔爾寺，在宗喀巴忌辰十月二十五日獻廣大供養。從十一月十日下午起，班禪大師入靜一個月，努力修持吉祥大威德金剛法，結束後舉行了息、增、懷、伏四業燒施。鐵鼠年（1780 年）三月十日，班禪大師從塔爾寺出發。當時因大強佐等侍從人員沒有出過痘，於是班禪大師對嘉木樣活佛官卻晉美旺布說：「你爲他們種痘。」嘉木樣活佛遵命進行。大強佐等人與僧俗三百多人一起先去阿拉善的丹吉林寺❿，因爲種過痘，所以他們無一人生病，使他們脫離患天花之苦，這是嘉木樣活佛對衆侍從的巨大恩德。

班禪大師依次前行，到達鄂爾多斯鄂托克貝勒的牧地，爲

四百八十五名學法僧人傳授了比丘戒，在察哈爾地方又為一百七十六名學法僧人傳授了比丘戒。六月二十日，班禪大師抵達多倫諾爾，朝廷派人送來聖旨和禮品，班禪大師為章嘉活佛等喇嘛和僧人講授了供養上師空樂無別等。每天都有從蒙古各地前來的高僧大德、官員和無數眾生向班禪大師頂禮，富有者奉獻了無數財物，如同向大皇帝交納賦稅一般。這樣，班禪大師敲響大法鼓，為眾生消除心中之苦，使佛法如圓劫時的雨水甘泉一樣增益。

班禪大師在多倫諾爾駐錫時，由於前來朝拜的人很多，所以他雖然為許多人傳授了近事戒，為沙彌和沙彌尼傳授了沙彌戒，但是沒有時間為人傳授比丘戒。二十九日，班禪大師從多倫諾爾出發，沿途為無數僧俗人眾摩頂賜福，並三次傳授比丘戒；第一次是三十日為一百零四人傳授比丘戒；第二次是七月一日為二百一十八人傳授比丘戒；第三次是七月五日在察汗加拉克地方住宿時，從下午開始至晚上一更，為梅智呼圖克圖等四百零三名學法僧人傳授了比丘戒，當時筆者我也得到接受比丘戒的善緣，心智頓開。班禪大師每天，還為從各地前來的如雲彩聚集一般的上萬名僧俗人眾摩頂賜福、講經說法。

七月二十二日，班禪大師在章嘉活佛等僧眾的歡迎中抵達熱河避暑山莊，與文殊大皇帝會見。班禪大師向文殊大皇帝獻內庫哈達並請安，皇帝也獻了內庫哈達並高興地與上師交談。大皇帝向班禪大師獻了他自己佩戴的用桃核大的珍珠串成的珠串等無價之寶，並請班禪大師到避暑山莊各處讚頌吉祥。隨後班禪大師到熱河扎什倫布（即須彌福壽寺）的寢殿下榻。

次日，大皇帝到須彌福壽寺向班禪大師獻了無數祝願大師康健的禮品，並請班禪大師觀看戲劇歌舞。在飲茶時大皇帝說：「在我七十壽辰的慶典之時，班禪額爾德尼欣然前來，對此方信仰佛法者大有利益。我雖然多年來隨章嘉呼圖克圖學習過少許佛法，但佛陀教法如大海深廣，我須執掌國政、治理天下之事，不得閑暇，呼圖克圖所授之教法未能修習證悟，只是盡力而為。如今我們施主與福田相會，正是以前的誓願和發心之善緣成熟之時，我要向上師請求眾多佛法及隨許法。我按照以前五世達賴喇嘛前來時先帝建黃廟❿以居之的先例，仿照扎什倫布寺修建此佛寺以供上師駐錫。我雖然以前不懂藏語口語，因上師前來，臨時努力向呼圖克圖學了一些日常用語，也不熟練，佛法的用語可由呼圖克圖翻譯。」大皇帝離去後，章嘉呼圖克圖對班禪大師說：「大皇帝對上師十分信仰，今天無比高興，老僧我活到這把年紀，一直與他相伴，從未見他這樣高興過。這全仗你們施主與福田二人發心的大願力，也是宗喀巴大師的教法更加增盛的標誌，故此深為感謝。」並向班禪大師獻了祝賀的哈達。

八月六日在須彌福壽寺舉行祈願法會時，施主與福田二人會聚，班禪大師作迴向並祝願佛法增盛。按照皇帝的旨意，班禪大師依照西藏扎什倫布寺的寺規為須彌福壽寺新制了學習顯密教法的規劃。八月七日，班禪大師為文殊大皇帝七十壽辰祝願皇上萬歲萬萬歲，向皇帝獻了佛像、像經、佛塔為主的大量禮品，祝福皇上國政功業廣大，聖壽無疆。這些讚頌由章嘉呼圖克圖譯成蒙古語奏聞皇上，大皇帝十分喜悅地回答說：「班

禪額爾德尼眞是佛爺，今朝所言俱是實情。我依照佛法護持國政，在京師等佛法住世之地廣建如來佛像及佛經、佛塔，並加以供養，新建衆多僧伽，並供給生活資具，使佛法更加弘揚。」

八月九日，班禪大師爲二百四十名學法僧人傳授比丘戒。八月十三日在大皇帝的壽辰慶典上，班禪大師向皇帝進獻「丹書克」（祝願健康長壽的頌辭），並撰寫了向皇帝歷代轉生祝願的文書，文書中說乾隆皇帝的歷次轉生是：釋迦牟尼在世時的勝光王、修行者大孤沙利、佛方王、吐蕃國王牟尼贊普、印度大成就者誓言金剛、西藏的俄譯師勒貝喜饒、貝丹達恰哇、蒙古忽必烈薛禪皇帝、絳漾門朗貝哇、上師嘉卻貝桑、班欽金巴嘉措、轉動法輪的天命大皇帝等。八月十五日，班禪大師爲四百七十六名學法僧人傳授比丘戒，八月十七日又爲四百七十二名學法僧人傳授比丘戒。

八月十八日，大皇帝正如貝丹巴俄所說：「由聽聞佛法而生信仰，就能成爲常時歡樂者，獲得智慧而去除愚昧，爲此拋棄血肉也值得。聞法是去暗除障的明燈，是盜賊偷不去的珍寶，又是摧毀昏暗的武器，教授經咒是最勝之友。」，思念聽聞佛法的無量利樂，願從班禪大師聞法，故班禪大師講解了白色勝樂長壽灌頂，由章嘉活佛譯成蒙古語奏聞。

班禪大師這樣在熱河建立無數利益教法及衆生之功業後，於八月二十五日動身前往京城，在途中各地亦廣利衆生。九月一日，班禪大師在高僧大德和官員們的迎接下，由僧衆列隊前導，登上黃寺的獅子寶座，由皇帝的御庫以及章嘉活佛等人向他奉獻了雲集一般的廣大布施。

此後，班禪大師前去圓明園❶⑥❷遊覽，途中與一名精通教法的大和尚講論見地及戒律，大和尚對大師所問對答如流，班禪大師十分高興，加以讚揚，大皇帝聽說後，即封那位和尚為禪師。此後班禪大師去皇帝的各處宮院以及旃檀覺臥寺。

十月三日，施主與福田二人在保和殿會見，皇帝為班禪大師舉行盛宴。班禪大師在京城時，為一百七十名學法僧人傳授比丘戒，並轉動深廣法輪。此後，大皇帝向班禪大師奉獻金質曼扎，按照皇帝的意願，班禪大師快速講授了六臂智慧怙主隨許法，由章嘉活佛譯成蒙語奏聞。為傳法所獻的酬謝有曼扎、庫緞七十二疋等。班禪大師向皇帝獻了哈達、護法天女像、印度出的機器發射的火槍、刀劍等，皇帝高興地接受了。從二十四日起，班禪大師身體略感不適，章嘉活佛和大皇帝等人多次看視，祈願大師康健，大師都說不要緊。班禪大師這樣親自前往漢地，滿足轉輪王大皇帝的心願，為漢、蒙古、滿等地無數具緣眾生轉動佛法深廣法輪，引導他們走上解脫及遍知的道路，猶如佛陀降臨世間一般，使東方廣大國土遍布吉祥與安樂。

十一月一日傍晚時，此教法之眾生之依怙班禪大師示寂，逝往無量光佛之心間。不久，班禪大師因對濁世之頑劣眾生，以大慈悲心眷顧又化現為轉世靈童降生，繼承三世十方佛陀之功業，以殊勝之功德使第二佛陀的教法至今仍如白晝一樣顯明。有詩讚道：「天國之主像如意寶樹降生此方，滿足文殊皇帝心願結下諸善緣，使漢地蒙古眾生飽飲佛法甘露，思念你指引道路之恩虔誠皈依。」

十四、清代蒙古各地佛教概況

此後，當今皇帝色西雅勒泰伊熱克勒圖嘉慶皇帝對太上皇帝的善規認真守護，以歷輩與我等漢地蒙古眾生有不解法緣的恩德無量的救護依怙三界眾生的上師章嘉活佛意希丹貝堅贊、噶勒丹錫呼圖活佛阿旺圖丹旺秋貝丹赤烈嘉措、赤欽南喀桑布的轉世諸部壇城之主金剛持晉美南喀等上師為自己的福田，敬奉三寶，使佛法及眾生的利樂日益增盛。此外，在以上諸帝在位之時，還迎請全部教法之主巴索濟隆活佛 ⑯、敏珠爾諾們罕 ⑯、土觀活佛洛桑卻吉尼瑪、東科爾曼珠室利諾們罕、阿嘉活佛 ⑯、阿旺班覺呼圖克圖等賢哲大德，弘揚佛法。這樣，大清朝的歷代皇帝都只與無比的格魯派的大德結為施主與福田，同時，這些大德中的大多數又為漢地、滿洲，特別是廣大蒙古地區的以官員們為首的臣民眾生降下佛法的甘雨，滿足他們的心願，使宗喀巴大師的教法在各個地方日益發揚光大。上述的諸位皇帝法王從西藏安多地方迎請眾多高僧大德使漢地和蒙古各處以顯密教法和講辯為代表的佛陀教法如白晝一般顯明的巨大功業，使吐蕃諸法王從印度迎請賢哲大德弘傳佛法的功業也難與之比美。

此外，在喀爾喀地方有大修行成就者黑行者 ⑯、遍知絳漾卻傑和大成就者多羅那它的轉世，其寶蓋上有如來虛空明點的示現佛陀功業的哲布尊丹巴洛桑丹貝堅贊的歷輩轉世，以及以《甘珠爾》經典和密多羅金剛寶串降下佛法甘雨廣弘佛教的大德、班禪洛桑卻吉堅贊和五世達賴喇嘛的親傳弟子扎雅班智達

羅桑赤列 ❿、喀爾喀曼珠室利諾們罕、喀爾喀額爾德尼班智達旺欽諾們罕、青蘇祖克圖諾們罕 ❿ 等大德降生，在各地興建大寺院，建立許多顯宗扎倉和密宗扎倉，弘傳佛法。

此外，在土爾扈特的阿玉奇汗 ❿ 的地方佛教也很興盛。在其東方有蒙古王噶爾丹卓里克圖洪台吉之時興建的有顯宗扎倉、道次扎倉、密宗扎倉等四個扎倉的寺院，有沙彌和比丘二萬餘人，他們都嚴守戒律，講論純正的顯密經典以及宗喀巴師徒和班禪洛桑卻吉堅贊的著作，依律修習體驗三學處，遍布於各地。

在阿拉善地方，有上師達布活佛更卓諾們罕 ❿ 建立的顯宗講經院，弘揚佛法。

在衛拉特地方，有大學者丁科爾班智達興建白格爾卻林寺，建立顯宗和時輪扎倉，廣弘佛法。

厄魯特、青海、鄂爾多斯、呼和浩特、察哈爾、蘇尼特、杜爾伯特、巴林、阿魯科爾沁、科爾沁、敖漢、乃曼、翁牛特、扎魯特等外藩和內屬蒙古各大部都從前後藏及安多等地迎請精通顯密教法的高僧大德，蒙古各旗也有許多僧人前往前後藏及安多等地學法，有一些賢哲還在蒙古各地興建大小寺院，建立顯宗講經院及密宗院、修習道次的扎倉等，僧人們講論佛法，守持戒律，使佛陀的教法在蒙古各地普遍弘揚。要想全面介紹，筆者實在力不勝任，只能作一些點滴介紹。

在我們喀喇沁土默特部，有由於以前積聚的廣大福德，具有善趣七德（種姓高貴、形色端嚴、長壽、無病、緣分優異、財勢富足、智慧廣大），對上師及三寶有不退轉之信仰，奉章嘉活佛為上師努力修習道次第及密法之偉人、佛法之大施主扎

薩克貝子哈穆噶巴雅斯呼朗圖。他爲使佛法弘揚並長久住世，在自己王府的附近興建了一座以規模宏麗的大經堂爲主的寺院，在寺院中建立顯宗扎倉。他爲僧人提供生活所需的用品，並向西藏的達賴喇嘛和班禪大師奉獻大量布施。特別是他迎請恩德無比的遍知一切的上師嘉木樣活佛官卻晉美旺布來到自己的牧地，並爲嘉木樣活佛在本旗及蒙古各地廣弘佛法提供資具，對佛法實有無上之恩德。

十五、二世嘉木樣活佛的事跡

在此，簡述嘉木樣活佛官卻晉美旺布之事跡。

此上師出生於多思麻的昂拉（今青海省黃南藏族自治州尖扎縣昂拉鄉）地方，他的父親是東科爾曼珠室利活佛阿旺索南嘉措的弟弟阿旺南傑，他的母親名叫南木吉。他於第十二饒迴的土猴年（1728 年）伴隨諸種祥瑞降生，起名爲仁欽喀。

他幼年時就毫無放逸之習氣，行爲莊重高尚，受衆人稱讚。他六歲時跟從格秀卻傑頓珠嘉措出家，起名爲阿旺堅贊，跟隨舅父學習讀寫，只要稍一指點，即能很好理解。他十三歲時，在伯父東科爾曼珠室利活佛身前受沙彌戒，起法名爲阿旺絳央赤烈堅贊貝桑布，學習兩部學識，從東科爾活佛聽受獨雄大威德金剛灌頂並完整地體驗，並聽受文殊言教的講解及作明母隨許法等許多教法。

他十六歲時，由拉摩護法⑰、乃窮護法⑫、噶哇冬護法等認定爲嘉木樣協貝多吉活佛的轉世，並被迎請到拉卜楞寺⑬坐床。次年他在拉卜楞寺的祈願法會上完整地講經說法，使參加說法

和迴向祈願的僧眾大爲敬服。他以格西阿旺丹增爲師學習攝類學，只用了一兩天就對因法很好理解。他迎請佛法之主白居寺的堪欽金剛持根敦嘉到他的身邊，爲他傳授大威德十三尊、密集兩尊的灌頂以及十一面觀世音菩薩灌頂等各類大灌頂，還傳授那塘百法、各種修行的隨許法、怙主十三尊、白度母、黑色大鵬、花色大鵬等隨許法，並聽受噶當六論、金剛鬘三部、班禪大師全集、章嘉活佛全集等各種深廣教法。

　　他二十二歲時，在佑寧寺請賢哲大德之頂飾章嘉活佛意希丹貝准美（即章嘉·若必多吉）作親教師受比丘戒。當年秋天，他迎請東科爾活佛到扎西拉丹新寺爲他傳授金剛鬘及事部大灌頂。他二十五歲的陽水猴年（1752年）去西藏，在布達拉宮拜見七世達賴喇嘛洛桑格桑嘉措和六世班禪洛桑貝丹意希。在班禪大師向達賴喇嘛聽法時，他也在聽法的行列中，聽受了各種修行法、巴日百法、那塘百法、藥師佛隨許法以及七世達賴喇嘛著作等許多教法。此後，他入哲蚌寺扎西郭茫扎倉，在堪欽桑結多吉身前聽受歷算學，又以大學者龍本·洛桑達傑爲師學習般苦學的經論，又在普布覺寺拜見大修行者強巴，使大修行者十分喜悅，他請求獲得法緣，故大修行者爲他傳授白度母長壽儀軌。水雞年（1753年），達賴喇嘛依照他的請求高興地爲他講解了菩提道次第及其四部注疏。當時，金剛持達普活佛從康區來到拉薩，他在達普活佛身前聽受了勝樂陸希巴派灌頂和薩迦金字經，然後師徒二人向大修行者強巴學了捷徑教授和大威德生起次第及圓滿次第等。

　　其後，嘉木樣活佛前往後藏，從班禪大師聽受了長壽灌頂

等教法，又到薩迦寺在上師阿旺貢噶洛追身前聽受黑色勝樂灌頂等稀有教法。當時章嘉活佛抵達前藏，他又到章嘉活佛身前聽受密集灌頂、勝樂止浦派內外壇城灌頂、勝樂身入壇城的生起次第和圓滿次第、八大教誡等。他又在色拉寺傑扎倉卸任經師阿旺頓珠的身前聽受《菩提道次第廣論》的講解，又從揚官阿仁巴・洛桑頓珠聽受各種修行法。他這樣廣泛學習中觀和般若學並聽受各種顯密經論後，於兔年（1759 年）回到拉卜楞寺，修習教法及世間學識。他三十三歲那年二月十五日，他登上講經說法的寶座講授五部大論等，爲從各地前來聚集的無數具緣眾生常轉深廣法輪。此時，文殊大皇帝封嘉木樣活佛爲「持教弘法額爾德尼諾們罕」，並賜印信詔書。

嘉木樣活佛三十六歲時，因以前班禪大師曾指示他：「應建立一座丁科爾扎倉（時輪學院）。」他想到應完成這一指示，於是修建了一座丁科爾扎倉，並親自講數座法，開創了講習時輪的例規。他又依照以土觀活佛爲首的佑寧寺的執事們的請求，登上佑寧寺的法座，弘傳佛法。他三十八歲時又應塔爾寺僧眾的請求登上塔爾寺的法座轉動法輪。他這樣向以拉卜楞寺、佑寧寺、塔爾寺爲首的各地的大小寺院、青海的王族等無數蒙藏眾生傳授灌頂、隨許、教誡等教法以及比丘戒律等，以深廣佛法的甘露滿足他們的願望。

他以前在佑寧寺曾向章嘉活佛講說自己很想聽受密多羅灌頂，章嘉活佛說：「參卓堪布曾在噶勒丹錫呼圖活佛身前聽受過這種灌頂，你最好向他請求。」這時他爲了聽受密多羅灌頂以及向章嘉活佛請求講解《五次第明燈》，同時也爲了朝拜五

台山聖地，於是在土牛年（1769年）四月二十二日動身去五台山。途中各地的大德和官員們都來迎送，並向他請求教法，恭敬服事。

他到達五台山時，以諸大德爲首的僧衆列隊出迎。當時章嘉活佛正在嚴格閉關靜修，因此只准許嘉木樣活佛獨自一人入見談論許多世間出世間之事理。在七月裡嘉木樣活佛繞行五台山時，聽說他親自見到了大威德金剛。八月份章嘉活佛結束靜修後，按照嘉木樣活佛的請求，爲他和隨從們傳授了獨特的直傳教誡加行，又爲他單獨傳授了一些深密教法。

嘉木樣活佛在完成朝拜五台山的心願後，因以前曲扎布岱音其懇切迎請，於是前往呼和浩特。此後又因杜爾伯特、蘇尼特左右旗的官員們的迎請前往杜爾伯特和蘇尼特。他在杜爾伯特時，佛法大施主土默特貝子派多仁巴阿旺喜饒及一名佐領前來迎請，他答應以後前去。此後嘉木樣活佛漸次去到多倫諾爾和熱河傳布佛法。此時，根本施主、土默特的哈穆噶巴雅斯呼朗圖貝子派使者率烏拉差役前來迎請，所以嘉木樣活佛在十二月裡前往土默特旗，到達貝子住地附近時，土默特貝子及其屬下和侍從以及寺院的喇嘛、執事等人騎馬來迎。由舉著各種供品的僧衆列隊前導，嘉木樣活佛去到寺院中。

嘉木樣活佛住在寺內的期間，對他和他的隨從的服侍供養都由貝子承擔。鐵虎年（1770年）的祈願法會上，由嘉木樣活佛講經說法，按照貝子及其兒子等人各自的祈請，他傳授了總攝輪六十二尊、大威德十三尊、獨雄大威德、開天門等灌頂、密集和勝樂的生起次第和圓滿次第的教誡、呈卜直傳教誡等許

多甚深教法。他還爲許多求法者傳授了近住戒、近事戒以及沙彌戒、比丘戒等戒律。嘉木樣活佛每天還爲從各地前來拜見的數千人摩頂賜福，滿足他們的願望。二月份，嘉木樣活佛前往京城，三月份他在諸部壇城之主章嘉活佛的身前，聽受了宗喀巴大師的著作的精要《五次第明燈》的講解，後來嘉木樣活佛曾多次講解這部大論，樹立起使大密金剛乘的教法永不衰敗的經幢。

此後嘉木樣活佛去到熱河，按照他以前想要聽聞密多羅諸部教誡的心願，從四月十三日開始用了四十來天的時間，在具足內外二十眞實的金剛持參卓堪布洛桑達傑**⑰**的身前聽習轉動成就法輪的密多羅佐給的心傳教誡、密法導師金剛持關於壇城類的各種教誡、攝集教理和護持力的經咒如意之寶《寶篋經》、前往雙運寶島的瑜伽自在師舵手所依靠的大船被稱爲密多羅百法灌頂的全部內容，並全部貫通，因此也使參卓堪布的功業大爲增益。同時，參卓堪布也向嘉木樣活佛請求了一些隨許法和深密教誡，並得到滿足。

此後又依喀喇沁王的迎請前往，傳授了大威德十三尊灌頂等法，每天使數千名前來拜見者心滿意足。此後嘉木樣活佛又應扎薩克公、王等旗以及金剛持拉然巴格西扎西達傑的迎請前往各地，普降教法甘露。此後又前去土默特貝子的寺院，按照貝子的請求在經堂中爲全寺僧衆及旗中的官員臣民傳授無量壽佛九尊、紅色閻摩敵、黑色閻摩敵三尊的大灌頂，當時筆者我也享受到教法的甘露，心中無比興奮。在寢殿中，嘉木樣活佛又向貝子主僕等少數人傳授了語自在孔雀、黑色六法等許多深

密教誠，又爲近千名學法僧人傳授了比丘戒，使東方廣大國土上遍布身穿鵝黃色袈裟的僧人。

此時從阿魯科爾沁也來了迎請的使者，於是嘉木樣活佛又動身前往，在途中也滿足了數千名拜見者的願望。他在阿魯科爾沁停留一個月，按貝勒等人的請求，傳授了紅色、黑色閻摩敵及大威德、普明大日如來、觀世音菩薩等灌頂法，大轉佛教法輪。後來，又按扎魯特左右旗、巴林王等人的迎請前往，傳授白傘蓋佛及觀世音菩薩的灌頂法，滿足衆人心願。之後，在蒙古爾津顯揚佛法的察罕達因齊活佛⑯先前曾經講過，此時又派強佐爲首的數名執事率烏拉差役前來迎請，於是嘉木樣活佛又前去蒙古爾津，以察罕達因齊活佛爲首，蒙古爾津的貝勒索南木班覺父子等人前來迎接。在僧衆列隊歡迎下，嘉木樣活佛進入蒙古爾津寺院。在十二月裡，嘉木樣活佛爲察罕達因齊活佛、喀剌沁門朗喇嘛金剛持扎西達傑等衆多學法僧人講解了《菩提道次第廣論》。嘉木樣活佛四十四歲的陰鐵兔年（1771 年）的新年也在蒙古爾津寺度過，使從各地前來拜見的十萬餘人滿足心願。

有一天他說：「我要到學經法園去講解《七十眞實論》。」以前嘉木樣活佛在塔爾寺擔任法台時，察罕達因齊活佛在從西藏返回的途中曾去拜會他，當時察罕達因齊活佛請問：「在我的寺院講授法相學會怎麼樣？」嘉木樣活佛回答說：「講授法相學會增益講辯佛法，將來由我來講解七十眞實論。」正像非常準確地卜算過的一樣，嘉木樣活佛所說的話成爲重要的緣起，當時蒙古爾津寺院的法園中分有堆扎、洛達等班級，嘉木樣活

佛到達時正是七十眞實論的班級開始之時，回想起當年嘉木樣活佛所說的話不由得使人信服他有預見未來全部事情的神通。嘉木樣活佛說法之後，使衆人更加堅定信仰，大德們都無比高興。

嘉木樣活佛在法園講解七十眞實論之後，又依照察罕達因齊活佛的請求，寫了一本七十眞實論的摘要本。僧人們衆口同聲地說：「以前本寺的講論曾幾度衰落，今後能夠沒有違礙地發展講論，這是這位上師的大慈大悲。」嘉木樣活佛還爲聚會的衆人傳授了白傘蓋灌頂等，又依照貝勒等人的請求爲他們傳授了灌頂、隨許等許多教法。此後，嘉木樣活佛又去土默特貝子的寺院，講經說法，摩頂賜福，滿足衆人的願望。此後又應各旗王公的迎請，前去翁牛特、巴林、烏珠穆沁左右旗、阿巴嘎等旗，傳授勝樂及不動金剛等灌頂，廣布教法甘露。這樣漸次抵達多倫諾爾，向章嘉活佛獻銀一千兩。此時全部佛法之主喀爾喀部的哲布尊丹巴活佛正跟章嘉活佛聽法，嘉木樣活佛與哲布尊丹巴活佛一起聽受了密集、勝樂、大威德的灌頂等許多教法，並獻會供。嘉木樣活佛向哲布尊丹巴活佛獻了廣大供養，哲布尊丹巴也向嘉木樣活佛贈送了許多物品。

接著，嘉木樣活佛又應蘇尼特左右旗、杜爾伯特、喀爾喀、呼和浩特、鄂爾多斯、阿拉善等地的高僧大德和王公們的迎請，前往各地，傳授了大威德、起尸八法及四十九法、金剛界等灌頂法，廣布教法甘露，使衆人心願滿足。嘉木樣活佛這樣前來蒙古廣大地方，按自己的心願聽受了教法，並以見、聞、思、觸的法緣使衆生全都進入增上善道，使宗喀巴大師的清淨教法

在直抵東方大海的各地廣爲弘揚。

此後，嘉木樣活佛依次前行，於龍年（1772年）正月十一日抵達拉卜楞寺，在僧衆列隊歡迎和上萬前來朝拜者的簇擁下進入大拉章中。過了一天，他即升座說法，講本生經等，爲以拉卜楞爲首的各寺院的僧衆發放布施和僧糧，先後傳授吉祥時輪及密集、勝樂、大威德等灌頂，轉動廣大法輪。拉卜楞寺的大經堂以前有八十根柱子，他設法不移動大經堂後面的後殿、護法殿以及各個座位，將其他牆面全部拆掉，向前方及左右兩方擴展六十根柱子，改建爲有一百四十根柱子的大經堂。經堂內的壁畫繪有宗喀巴大師、普見佛、大威德金剛、賢劫千佛、白傘蓋、馬頭明王、度母、怙主等許多上師、本尊、護法神像作爲裝飾。他每年還傳授比丘戒等戒律，講說許多佛法。其中主要的有：在華日圖欽寺應達普活佛更卓諾們罕的請求傳授金剛鬘灌頂，在阿木去乎寺又傳授一次，應王阿旺達傑的請求傳授一次，以上共計三次；此外還傳授菩提道次第廣論、文殊教誡直接傳授、勝樂、密集、大威德的生起次第和圓滿次第以及四部注疏、五次第明燈、各種教法的灌頂和隨許等。

土豬年（1779年）班禪大師前去漢地的途中，他前去迎接和拜見，班禪大師與他高興地談話，班禪大師送給一柄特別珍貴的雙刃劍，以顯示一種緣起。按照班禪大師的吩咐，嘉木樣活佛命自己的強佐和索本堪布爲班禪大師的隨從三百餘人種了牛痘，使他們到漢地沒有染上天花等疾病，爲此班禪大師無比高興，致書嘉木樣活佛，開頭說：「以精通佛法作爲莊嚴，三學的妙相全部具足，各種學識成就笑金剛，致書於嘉木樣活佛

身前」，信中還贈給嘉木樣活佛「智慧阿齊圖瑪哈室利班智達」稱號，並贈送內庫哈達、黃金一兩、馬蹄銀十錠等大量禮品。我的恩德無比的上師貢塘活佛曾引用了嘉木樣活佛的話：「我在東科爾城時，曾夢見一個鐵牆圍成的圓形院子，找不到門進去，有一個人說笑金剛家立有一架梯子，我去一看，有一架黃金做的梯子，我順著梯子爬了上去」。那一時期，他還在各地傳授了灌頂和隨許法等。

木龍年（1784年），嘉木樣活佛前去西藏，向達賴喇嘛、班禪大師等上師奉獻大量物品，向色拉、哲蚌、甘丹、扎什倫布等大小寺院布施齋僧茶飯，恭敬服事。他在後藏向洛欽活佛傳授了金剛鬘及密多羅百法灌頂，向其他人傳授了時輪、密集、大威德等灌頂及隨許法。他還撰寫了《班禪大師廣傳》等著作。嘉木樣活佛在前藏應乍丫切倉活佛貝丹丹巴堅贊 ❶❼❺ 的懇切請求，爲乍丫切倉活佛、濟隆活佛意希丹貝官布 ❶❼❼、恩德上師貢塘活佛官卻丹貝準美 ❶❼❻ 等活佛和高僧格西四百餘人傳授金剛鬘和密多羅百法大灌頂、各種修行、巴日百法、依怙十三尊隨許法等深廣教法。又應隆多喇嘛等人的請求，傳授了秘密文殊、黑色勝樂、金剛界等灌頂以及薩迦十三金法的隨許法、金鬘經講解等眾多教法，爲前後藏政教結合之佛教及眾生作廣大利益。

此後嘉木樣活佛返回拉卜楞寺，以聞思、斷棄、所爲三輪護持本寺。尤其是他在該寺的活佛、執事、僧眾一再請求下，爲法台金剛持官卻德欽、赤欽活佛金剛持晉美日貝僧格、赤欽活佛金剛持晉美南喀、德赤活佛絳央圖丹尼瑪等僧俗五千餘人傳授觀世音菩薩及諸佛親自傳給大成就者密多羅佐給的密多羅

百法大灌頂，又應喀爾喀車臣汗部的經師丹巴意希嘉措的請求，為班欽晉美迴乃傳授了至尊金剛瑜伽母親傳的金剛鬘灌頂、陸希巴派和止浦派的勝樂內外壇城、獨雄大威德以及十三尊大威德灌頂、密集生起次第及圓滿次第、五次第明燈的講解、中觀六論、噶當六論、小法百門、噶當書函、密勒日巴傳記及道歌、供養上師及大印的教誡等無數教法，還為晉美迴乃傳授了沙彌戒和比丘戒。這其中的大多數教法，筆者我也得到傳授。

嘉木樣活佛還為了引導與他有法緣的眾生前往兜率天宮彌勒佛的身前，興建了拉卜楞寺的大金瓦殿（壽禧寺），在殿內建造了主供的被稱為「絳欽同哇頓丹」的彌勒大佛像。又應夏瓊寺❶的活佛、執事們的請求就任夏瓊寺的法台，廣布佛法。從早年起嘉木樣活佛就在安多、西藏尋訪與舊派不相混雜的甘珠爾經的清淨經教傳承，他擔任夏瓊寺法台時，經師丹巴卻傑洛桑扎西從察哈爾前來會見，在他們二人講論中嘉木樣活佛發現洛桑扎西有可信的經教傳承，於是吩咐他到拉卜楞寺講解甘珠爾經。於是恩德無比的上師甘珠爾卻傑前去拉卜楞寺，對以顯明佛法的貝孟活佛為首的三十餘名格西完整地講述了由教法之主扎雅班智達近傳的《甘珠爾》經經文傳承，由此又由格西晉美熱傑在拉卜楞寺、塔爾寺、卓尼❶等地五次傳授《甘珠爾》經經文，由貝孟活佛等人廣為傳揚。

應和他們在藏區和蒙古地方以方便善巧弘傳佛陀教寶的功業，思念他們的無量恩德。嘉木樣活佛這樣完成自身的教化事業後，於鐵豬年（1791年）十月二十八日黃昏時去世，逝往兜率天宮彌勒佛身前，此後轉生為教法及眾生的吉祥怙主、恩德

無比的救主洛桑圖丹晉美嘉措，登上拉卜楞寺的無畏法座，正使佛教的事業如上弦月一般日益增盛。

嘉木樣活佛的心傳弟子中，有經幢頂飾一般的具有恩德的根本上師金剛持土觀活佛達磨瓦齊爾 ❸（即土觀・洛桑卻吉尼瑪）、根本上師贊布敏珠爾諾們罕阿旺赤烈嘉措 ❷、至尊文殊菩薩眞實化現的東科爾曼珠室利活佛絳央丹增嘉措，這三位殊勝的心傳弟子也曾應邀前來此方（蒙古），廣利佛法及眾生。

十六、赤欽活佛晉美南喀的事跡

現將嘉木樣活佛官卻晉美旺波的心傳弟子赤欽活佛金剛持晉美南喀在蒙古地方弘傳佛法的事跡簡述如下。

此上師的前一世是赤欽南喀桑布，他出生在安多的娘倉多蘇地方，出家後去西藏，入哲蚌寺雄巴康村，學完三個堆扎的各個班級的課程及五部大論等顯宗教材，在拉薩祈願法會上獲得熱絳巴 ❸ 學位，入拉薩上密院學習密宗後，立志專心修行，到哲蚌寺後山的格培日楚（靜修地），住在嘉木樣活佛的禪房中努力修持顯密教法。此後他又擔任上密院和夏孜的法座，後來又登上甘丹寺的宗喀巴大師的金座（即擔任甘丹寺的法台—甘丹赤巴 ❸），廣弘佛法特別是宗喀巴大師的教法。最後在去世時上升兜率天宮。有一次，世間及出世間的頂飾班禪大師在對僧眾說法時，仰視天空，露出微笑，眾人詢問原因，班禪大師說：「赤欽南喀桑布爲利益眾生已從兜率天宮降生此界」。

按照班禪大師的預言，赤欽晉美南喀出生在離拉卜楞寺不太遠的地方。他幼年時去到拉卜楞寺，依止嘉木樣活佛出家受

沙彌戒，學習諸部大論，此後又在嘉木樣活佛身前受比丘戒，並接受喜金剛、大威德和陸希巴派的勝樂等灌頂，以及金剛鬘、密多羅百法的依次灌頂，並聽受怙主十三法的隨許法、怙主教法詳解等教誡、經咒，如佛法甘露注滿心中，成為教法之主。此後，他為滿足蒙古地方的僧眾及施主們的心願，前去蘇尼特地方，廣弘佛法，然後返回拉卜楞寺。

此後，在水狗年（1802年）前去西藏清淨之地，向達賴喇嘛等上師奉獻大量物品，並聽受了許多教法。當時大皇帝傳旨給達賴喇嘛說：「須派遣一名有大功德的喇嘛到我這裡來。」達賴喇嘛遂派晉美南喀前往，於是晉美南喀於水豬年（1803年）到達皇帝的京城。他對於皇帝的內外大事都以預知的神通毫無障礙地作出清楚預言，並顯示做法事消除違礙的明白證據，因此使皇帝十分高興，將他奉為受寵信的福田。他擔任具有四個扎倉的雍和宮的法台，為僧眾講解世間與出世間之法，將僧引導到第二圓劫的福地，僧眾非常高興，對他讚揚之聲常時不絕。

由於他福德廣大，與他結有法緣的眾生全都受到三皈依之真實文殊菩薩的護佑，為了使眾生在未來時成為在奇妙淨土的獅子吼佛的眷屬，依靠與甚深中觀見地相連的金剛乘善道即身證得三身（即成佛），他如天界工匠畢夏噶瑪一般顯現神幻，建造了十分巨大的獅子吼佛鍍金銅像，並在拉卜楞寺修建了四層樓的佛殿，作為眾生積德的福田。他還多次向嘉木樣活佛的轉世奉獻了別人難以想像的廣大供養，向僧眾多次布施齋僧茶和財物。作為教法及眾生的吉祥依怙，他擔任皇帝為利益整個

蒙古地方而興建的多倫諾爾大寺院的掌印喇嘛。從他初到多倫諾爾那時起，他就向漢、滿，特別是蘇尼特、喀爾喀、喀喇沁、土默特等內藩和外藩蒙古各部的活佛、王公等為首的無數具緣眾生傳授適合他們的各種戒律，清楚地作出預言，並傳布灌頂、隨許、教誡等深廣教法，在眾生智慧心田中種下解脫和遍智的種子，其功業如上弦月一般正日益增盛。

十七、德哇活佛絳央圖丹尼瑪的事跡

嘉木樣活佛的心傳弟子絳央圖丹尼瑪在蒙古地方弘傳佛法的事跡如下所述。

絳央圖丹尼瑪的前一世為大修行者德哇・洛桑頓珠 **⑱**。正如《大般若》中瑪久勒準的預言「多德・阿格旺布和卓德・嘉哇迴乃，將在『拉』和『赤』地方出生。」所說，瑪久勒準的弟子多德・阿格旺布將來在昂拉地方轉生為嘉木樣活佛，瑪久勒準的另一弟子卓德・嘉哇迴乃將來在赤卡（青海貴德縣）地方轉生為德哇・洛桑頓珠。德哇・洛桑頓珠在赤卡降生後，幼年出家，前去西藏學習五部大論，領會貫通後於二十五歲時在拉薩祈願法會上獲得熱絳巴學位，成為一世嘉木樣活佛的殊勝弟子。在創建拉卜楞寺以及用法力消除講經說法的違礙方面出力甚多。他繼阿旺扎西之後，繼承嘉木樣活佛的法座（指擔任拉卜楞寺法台），以世間和出世間法護持寺院，特別是他主持認定我輩的唯一法緣和法怙、嘉木樣活佛的轉世，並迎請轉世活佛到拉卜楞寺登上無畏獅子寶座，成為佛教功業幡幢的頂飾，具有無上恩德。他有四十顆牙齒俱全等奇相，能在極薄的石板

上清楚留下長柄碗的印跡的法力，具有無數大功德。據說他是獲得金剛手成就的洛扎大成就者南喀堅贊的化身。

洛桑頓珠的轉世德哇‧絳央圖丹尼瑪在上部蒙古地方出生，幼年時被迎請到拉卜楞寺，跟從依怙嘉木樣活佛出家，學習諸部經論，在嘉木樣活佛身前聽受金剛鬘和密多羅百法的灌頂等許多教法，又在貢塘活佛身前受比丘戒，並從貢塘活佛及科爾沁噶勒丹錫呼圖活佛聽受灌頂、隨許、教誡等許多教法，飽飲佛法甘露，並為具緣眾生傳布教法。

後來，他應佛法大施主阿魯科爾沁的貝勒的迎請，為教化彼方眾生而前往。抵達後在該旗傳授吉祥時輪大灌頂，並新建了一座丁科爾扎倉（時輪學院）。土默特旗也多次派人迎請，於是他前往該旗，在如意安樂寺為從各地聚集來的上萬人傳授了吉祥時輪大灌頂，又在多倫博拉克寺按許多佛法施主的請求傳授了時輪大灌頂，也建立了一座丁科爾扎倉，為以土默特旗、蒙古爾津、喀剌沁、乃曼等旗的王公官員為首的無數應化眾生降下佛法甘露，使他們走上增上實善之正道。為了使與自己有法緣的眾生受到文殊菩薩及賢劫千佛的護佑，引導他們到達文殊菩薩的清淨剎土，他建造了一尊巨大的文殊菩薩鍍金銅像，左右兩邊有釋迦牟尼像和彌勒佛像以及形制美妙的賢劫千佛像，在拉卜楞寺一起建成開光。如今德哇‧絳央圖丹尼瑪作為佛法及眾生的依怙仍然身體康健，其佛法功業如夏季的大海一樣增盛。

十八、參卓堪欽絳央喜年的事跡

嘉木樣活佛的心傳弟子金剛持參卓堪欽活佛絳央喜年在蒙古地方弘佛法的事跡如下所述。

絳央喜年幼年時到拉卜楞寺，在嘉木樣活佛身前出家，並接受金剛鬘灌頂等佛法甘露。此後前去西藏，依止眾多大德，學習貫通各種深廣教法。此後，他按照他的前一世的主要弟子和施主巴林王的邀請，前往巴林旗。在巴林及蒙古各地傳揚佛法，如今他正在使第二佛陀宗喀巴大師的清淨教法更加增盛。

上述的具有廣大斷證功德的上師，以各種善巧方便弘傳佛法特別是第二佛陀喀巴大師的教法，以見、聞、思、觸等護持具有法緣的眾生，引導他們走上菩提正道，建立了殊勝的功業。對蒙古地方的所有眾生具有無量恩德的這些上師，毫無追求自利之心，完全因弘揚佛法之誓願，為了引領與自己有法緣的具業眾生走上成熟解脫的道路而來到邊遠之地，他們所建立的功業是無比奇異的殊勝功業。正如扎巴堅贊活佛的預言中所說：「文殊菩薩降臨大地，化現眾多殊勝比丘，為了利益具緣眾生，從清涼之地來此方，廣布福德以及利樂。」

十九、蒙古各地的高僧

博克達額次格喇嘛格根（內濟托因）的弟子察罕達因齊在蒙古爾津旗的三個靜修地專心修行體驗達十八年，成為有殊勝證悟的大德。他修建了蒙古爾津寺 ⓰。他的轉世建立了顯宗學院及密宗學院，廣弘佛法。在此寺中有四世達賴喇嘛雲丹嘉措

的佛塔。由於察罕達因齊活佛執掌佛法的誓願之力，該寺現今更加發展，又建立了曼巴扎倉（醫宗學院），成為有三個扎倉的寺院。

班禪大師的心傳弟子、大學者夏茸喇嘛阿旺嘉措也在蒙古爾津建了寺院，建立顯宗學院和密宗學院，廣建弘揚佛法的功業。夏茸喇嘛的轉世現今正在利益佛法。

有功於蒙古爾津旗的土爾扈特喀爾喀地方有顯明佛法的梅智呼圖克圖修建寺院，建立顯宗學院，弘揚佛法。

在蒙古準噶爾烏格隆地方出生的大德墨爾根喇嘛阿旺洛追**⑱**，幼年時起在熱絳巴呼圖克圖身前學習佛法，並將《菩提道次第廣論》譯成蒙文。此後他前去西藏，入哲蚌寺郭茫扎倉學法，學到般若學法輪時，產生了自以為懂得佛法的傲慢之心，他意識到自己的驕傲，想：「我為了調伏自己而入法園學法，但稍微懂得一點佛法卻成了愚昧增長之因，應當到一僻靜處去調伏自心。」於是去到格培日楚附近的一間房子裡修習上師瑜伽及空性見地。

有一天他正生火燒茶時，想到空性見地之意義，忽然清楚領悟了空性，因而附近的房屋及自己的身體全都看不見，變成了空。墨爾根喇嘛心裡害怕，疑惑地站起來想走，但眼前什麼也沒有，毫無障礙地走來走去。

這時在山坡高處放牧牲畜的一個老漢看見這邊冒煙，過來觀看，看見一個僧人不受阻礙地穿越屋牆，走來走去。老漢疑惑地想：「是房子沒有門才穿牆而出，真是可笑而又稀奇，要想個法子去看看。」於是帶著牛奶前去，大聲喊道：「我是來

送牛奶的。」墨爾根喇嘛忽然能看見東西，打開門請老漢進去，把牛奶加入茶中飲用，並讓老漢喝，老漢喝茶致禮，因見了比丘，高興地返回。他對附近的靜修者們講了比丘毫無阻礙地穿越屋牆的事情，靜修者們以前不知道，從那以後才知墨爾根喇嘛是一個有解悟的僧人。

後來，墨爾根喇嘛去到郭茫扎倉的經師霍爾敏珠爾法王身前，請求說：「我產生了這樣的徵兆，可能是墮入了斷邊，這樣的話我永遠也不能出離地獄，請你毫無隱瞞地加以指教。」霍爾敏珠爾法王說：「我沒有證悟空性，所以不能知曉。但是從因明推理來看，若說有妨害，似乎又沒有什麼妨害，若說無妨害，似乎又有一些妨害。你的疑問我解決不了。色密院的金剛持喇嘛據說是一個證悟空性的喇嘛，你可到他那裡請問。乘馬和路上的口糧由我給你。」賜給了馬匹和口糧，讓他前去。

黑爾根喇嘛到達金剛持喇嘛身前時，金剛持喇嘛正在對僧眾講經，他哭喪著臉對金剛持喇嘛說：「我遇到這樣一件可笑之事。」把以前的經過說了一遍，金剛持喇嘛微微一笑，從身邊拿起一冊書遞給墨爾根喇嘛，說：「我現在正在講經，你先讀此書並喝茶。等我講完經你立即前來。」又對索本說：「用茶好好招待這個僧人。」讓他讀的書是一本讀本，墨爾根喇嘛看了一遍，就疑惑全消，心境安然。金剛持喇嘛看到墨爾根喇嘛已證悟空性，大為高興，對他說：「現在除了這冊書外，我沒有多餘的話要說。」後來金剛持喇嘛對墨爾根喇嘛傳授了許多經教，加以護持，使他成為雪域普遍傳頌的「色密院師徒五人」之一。

嘉木樣活佛也曾從墨爾根喇嘛那裡聽法。他把自己住的那間靜修禪房也賜給了嘉木樣活佛。當嘉木樣活佛翻那間禪房時，因門是墨爾根喇嘛親手造的蒙古包的門的形式，嘉木樣活佛說：「這是一個有用的徵兆」，因而保留原樣。嘉木樣活佛在那間禪房中住了很長時間，專心修行體驗。他認爲「這是我的上師住過的有加持力的地方」，因而在那裡寫了中觀、釋量論等教派方面的論述，並給那間禪房起名爲「空行幕室」。墨爾根喇嘛年邁之時，僧人們看到他手捏念珠計數，問：「你在計算念誦經卷的數字嗎？」他說：「我計算那麼多經卷幹什麼，我是在計算皈依三寶的次數，不要弄錯。」這即是計算念誦「皈依上師」等頌詞的數目，可見他一直到生命結束都在反覆皈依三寶。

　　此外，還有一位準噶爾烏格隆的大德，是嘉木樣活佛的親傳弟子，即是具足斷證功德曾任哲蚌寺郭茫扎倉法台的大學者洛桑彭措。此外還有佛法大施主喀喇沁喇特納錫第王（札薩克多羅杜棱郡王）的第四子，他幼年時出家，前往佑寧寺，以土觀活佛爲師修習教法，領受佛法甘露。此後他又前去西藏，入郭茫扎倉學習五部大論，學成後獲得拉然巴學位，並依止達賴喇嘛和隆多喇嘛等人領受深廣佛法的甘露，曾擔任扎西郭茫扎倉的法台，使講經聽法的事業日益增盛。他在僧眾聚會上講解第二佛陀宗喀巴大師的著作，使宗喀巴大師的教法廣爲弘揚。他即是我的恩德無比的上師圖多尼瑪。這兩位郭茫扎倉的法台卸任後返回自己家鄉，傳授顯密經論、修習道次、灌頂、教誡、隨許等，成爲追求解脫的具緣眾生的舵手和佛法教室的莊嚴。

此外，還有擔任過郭莽扎倉法台的土爾扈特的頓珠嘉措和土爾扈特格西洛桑年扎等許多大德，他們弘揚佛法的事業難以計量，筆者不能在此盡述。

此外，全部教法之主殊勝學者喀爾喀恰多爾堪布爲護持此方具緣衆生來到呼蘭旗，爲從各地前來聚集的高僧、王公爲首的數百人講解道次、醫藥、曆算、詩韻等，並傳授金剛鬘灌頂等許多灌頂、隨許、教誡，廣利佛法。

在敖漢地方，有佛教大德格西喇嘛阿旺洛桑，他不僅自己傳布佛法，還迎請土觀活佛的心傳弟子王佛意希達傑以聞思、禪定、修行在該旗以及其他各旗弘揚佛法。

在附近的蒙古地方，也有一些弘傳依怙上師宗喀巴大師的教法精要菩提道次的大德，其中一些人的事跡有如下述。

章嘉活佛阿旺洛桑卻丹及嘉木樣活佛的弟子烏珠穆沁門朗喇嘛丹增扎巴的前後轉世，都弘傳菩提道次第的講授。喀爾喀扎雅班智達的親傳弟子奈曼瑜伽扎日活佛也在該旗的三座塔寺講解菩提道次第。

在喀喇沁旗，有筆者的上師金剛持拉然巴扎西達傑。他出生於高貴家庭，從幼年時起就到土默特三座塔寺，以奈曼瑜伽扎日喇嘛爲師，聽習《菩提道次第廣論》多年，智慧大增。此後他又去西藏，以甘丹赤巴南喀桑布爲師學習五部大論，學成後獲得拉然巴格西❸學位。在南喀桑布身前聽受喜金剛、獨雄大威德大灌頂等許多教法。此外，他又從達賴喇嘛、班禪大師、章嘉活佛等大德那裡領受了許多教法。返回家鄉後他興建了博爾漢召和達賚大寺兩座寺院，建立菩提道次扎倉，廣傳《菩提

道次第論》。又在喀喇沁、敖漢、土默特等旗傳授金剛鬘灌頂等深廣教法。他去世後前往南海普陀山❽觀世音菩薩的身邊。其後不久，他又轉世降生此方，作為教法及眾生的依怙，正建立廣大功業。

由上述這些恩德上師傳出的固始❾、卻傑❿等人，在土默特、蒙古爾津、喀喇沁、乃曼等旗有許多，他們廣布菩提道次的講授。在蒙古爾津旗，有崗甘噶居喇嘛弘傳菩提道次的講授，在土默特旗，有譯師拔克西和奈曼瑜伽扎日喇嘛的弟子黑勒甘台洛桑卻傑等講授菩提道次的學者。特別是恩德無比的上師、全部教法之主、虔信佛陀的大德、金剛持瑜伽扎日喇嘛阿旺頓珠貝桑布廣弘《菩提道次第》的修習，故將其事跡記述如下。

這位上師出生在本旗的莽諾特地方，父親名叫達賚，母親名叫俄爾郭美勒。他於第十三饒迥的土龍年（1748年）伴隨諸種奇兆降生。他在幼年時即具有大德們的舉止，六歲時到黑勒甘台寺院學習讀寫、迎請、請浴、救度心經等，都毫無困難地領會貫通。他八歲時跟隨達音齊固始室利扎西出家，起名為洛桑頓珠，又在固始室利扎西身前學習供養上師及大威德金剛、普明大日如來的修供儀軌等許多念誦法，熟記於心。

他幼年時，許多人對他報五十、七十等數字，然後問他總數是多少，他們剛剛問完，他就不假思索地說出答數，那些人仔細計算，得數竟與他說的完全相符。經常有許多僧人和施主從各地來固始室利扎西身前，有的人問他：「今天會有什麼客人前來？」他說出客人們的名字及乘騎數，毫無差錯，使眾人大為驚奇。這一情形正如以前舍利子轉生為仙人光明時，以神

199

第二章　佛教在蒙古地方的傳播

通之力用了十二年零七天算清了樹王那雅卓達的樹葉數，有一次釋迦牟尼往世轉生的婆羅門蘭色來到樹下，仙人光明問他：「這樹有多少片葉子？」婆羅門蘭色立即說出了數字，不多不少。他跟從固始喇嘛室利扎西學習光明法行及章嘉活佛所寫的譯成蒙古文的講解道次的筆記等，對菩提道次第生起理解。

此後，他於十四歲時與一些同伴到烏珠穆沁的哈納噶蘇木的仁欽卻珠林寺，入顯宗學院學習佛法初步的堆扎等，不久即很好理解，在這些時期他還修習道次修心等教誡，對這些內容的理解也日益增進。經過不到一年的努力修習，他對死、無常等獲得殊勝的領悟。在該寺住了三年後，他返回故鄉，在覺尼達音齊喇嘛身前聽受《大解脫經》及章嘉活佛阿旺洛桑卻丹的著作，還領受了一些灌頂。此後他十七歲時前去西藏，入哲蚌寺郭茫扎倉，以堪布桑傑俄色為師，從郭茫喇嘛阿旺格勒學習算學，修習七十法、般若等經典，領悟貫通。

在這些時期，不論衣食名譽如何，他都不計較，也不與別人結交，不分晝夜地聞思修行。不論旁人怎樣欺侮嘲笑，他都只當他們在欺侮嘲笑土石，不予回答，也不忌恨。後來眾人都一再說：「這必是一位瑜伽師。」，因此給他起名為瑜伽師，許多人都對他讚不絕口。他又從藏巴喇嘛意希班覺聽受白色妙音天女隨許法，並進行修習，因此猶如礦藏被開發一般對所有經典全部理解，他還在這位上師身前聽受了密集、大威德金剛的大灌頂等許多教法。在學習般若時，研讀了《注疏明義》、《入中論注釋明鏡》、《善說心要》、《中觀辨析》等，斷除戲論。

之後，他想現在是離開嘈雜到僻靜處去體驗自己聽聞過的教法的時候了，準備前往靜修地，一些同伴發覺了，勸阻他說：「你現在學得很好，年齡又小，還應再學一段。」過了幾個月，他的雙眼突然得了病，怎麼也治不好，於是請求班禪大師卜卦指示，得到的回答是：「立即到靜修地修習皈依法，就沒有什麼要緊。」這正與他的心意相符。於是，在土牛年（1769 年）四月前去扎日靜修地，向大學者涅塘拉蘇‧阿旺頓珠講述了自己的病情並祈請護佑。涅塘拉蘇‧阿旺頓珠高興地爲他傳授了皈依教誡，他修持幾天之後，兩眼即變得清亮，因而對班禪大師和涅塘拉蘇生起特別的信仰。

他又從涅塘拉蘇‧阿旺頓珠受比丘戒，上師給他賜名爲阿旺頓珠。他很好地修習戒律，成爲殊勝的持律師。他念誦經文、磕長頭、獻曼扎各十萬次以積福，同時修持廣略《菩提道次第論》，他向涅塘拉蘇學習安樂道教誡十天，又修持六個月，對道次生起殊勝的理解。在作勝觀時依離一異因抉擇見地，出現了十分可怖的景象，因而靠近了中觀的見地。此後，他仍以道次教誡爲主進行修習，還不時去聽受涅塘拉蘇講解的教誡。他又依次聽受了《般若八千頌》、《賢劫經》、《中觀六論》等諸部經典以及宗喀巴大師、班禪‧洛桑卻吉堅贊、章嘉‧阿旺洛桑卻丹、七世達賴喇嘛格桑嘉措等人的全集，以及生起次第和圓滿次第的教誡。他無論聽受哪一種教法，都要借來經籍仔細閱讀，對《菩提道次第論》、《密宗道次第論》、《五次第明燈》及其四部注疏中的疑難處還向涅塘拉蘇請教，對廣大顯密經論注疏奉爲教誡修持，修證如上弦月日益增盛。

此外，他還從郭茫拉蘇‧根敦德欽聽受十三尊大威德金剛及獨雄大威德金剛的灌頂，從官薩格西年扎聽受密集、勝樂陸希巴派、十一面觀世音菩薩的灌頂，並進行依止這些教法的禪定、圓滿燒施等。特別是他進行依止大威德金剛的修持六個月，產生了奇特的徵兆和景象。當時涅塘拉蘇說：「這位瑜伽師已完成了生起次第的修習。」此後，他又請涅塘拉蘇傳授那若空行母四部灌頂 ⑲，並依止修習。有一天清早他被光明照醒，起來到門邊看見一個女人在討要糌粑，這是他親見空行母。

　　此外，他又從涅塘拉蘇聽受巴日百法隨許、依怙十三法隨許、法王內外密三部隨許等教法。他依止二部依怙 ⑲，不斷拋施朵馬，結果他住的房子裡長出一朵菩提花，上師涅塘拉蘇說：「若沒有菩提心，是不會生出這種花的。」他這樣不間斷地修行體驗四個多月，遠離內外嘈雜喧嚷，向乍丫喇嘛學習三日臍輪火，修習三日，肚臍燃起樂暖之火，冬天也能只穿一件布衣。他得到任何大小物品都奉獻給上師，自己守持吸收花汁為生的苦行，與作四聖行 ⑲ 捨離一切的聖者溫薩巴（二世和三世班禪大師）相同，他殊勝的證悟如上弦月與日俱增，故他成就的果位也越來越高。這一情形，正如土觀活佛洛桑卻吉尼瑪所說：「吸取廣大經教的精華，按照祖師佛陀的心意，到僻靜之地如律修煉，祈願兩部成就自然圓滿」，固始瑜伽扎日喇嘛具有了所說的功德。

　　此後，固始瑜伽扎日喇嘛以前發心誓願之果已經成熟，教化我等的時機已到，又值他的叔父一再讓人帶信給他，讓他返回故鄉。他向尼瑪唐活佛請問：「是去蒙古地方好還是住在西

藏好？」尼瑪唐活佛說：「對獲得心定的瑜伽師，不論住在何處都無差別，不過回到自己家鄉對眾多有緣眾生有利益，所以還是去蒙古爲好。」就這樣做出了決定。固始瑜伽扎日喇嘛二十六歲的水蛇年（1773年）在請求上師護持後動身返回蒙古。有一個塔爾寺的名叫格隆貝丹扎巴的僧人在西寧拜見他，並請求當他的侍從。

在巴彥烏蘭的後山有一個叫烏蘭哈日的地方，山勢雄偉，山後有一條叫多莫托的山溝，溝裡有樹林花草，格隆貝丹扎巴在那裡建了一座山間小廟，於木馬年（1774年）迎請固始瑜伽扎日喇嘛到那裡去，受到聚集在那裡的僧俗人眾的信奉和眞心服侍。他按大眾的請求傳授了上師瑜伽兜率百尊❶的教誡及穆則瑪的持誦，建立了利益宗喀巴大師的教法的緣起，這是他最初打開了功業之門。

之後，他逐漸聚集了六十二名弟子，將記錄的章嘉活佛所講的道次教誡的筆記譯成蒙古文，對弟子們講解，並爲皈依、兜率百尊、穆則瑪等善業進行加行。正如佛陀的教誡所說：「守戒比丘具光明，持戒之人得安樂。」由於嚴守清淨戒律，固始瑜伽扎日喇嘛的聲名傳遍各地，具智慧的求法者如黃鴨匯聚於蓮海一般在他身邊越聚越多，他也以適合他們各人的教法滿足他們的心願。筆者我也在他的身邊度過五年，學習菩提道次第的教誡以及灌頂、隨許等法，還有密宗道次第的教誡。

水兔年（1783年），固始瑜伽扎日喇嘛前去至尊文殊菩薩的道場五台山朝佛。當時章嘉活佛也在五台山，他以許多疑難問題向章嘉活佛請教，章嘉活佛都高興地予以解答。他從章嘉

活佛聽受了不動金剛大灌頂、白色文殊及黑色文殊的隨許法等。他還在五台山的善財洞住了五六個月，修習本尊。其中有段時間，他見到了土觀活佛洛桑卻吉尼瑪，心中十分高興，與土觀活佛講論了許多教法，土觀活佛將上師瑜伽學證單傳⑱的教誡、安樂道⑲甚深教誡、縫師直接傳授、禁食齋儀軌傳授以及他自己的六函著作，龍王及金剛菩薩咒語的隨許法等教法甘露滿注於固始瑜伽扎日喇嘛的心瓶中。固始瑜伽扎日喇嘛又再次積淨，修習安樂道的教誡。當土觀活佛動身返回家鄉時，他對土觀活佛作了許多讚頌。

這樣，從木馬年（1774年）至火蛇年（1797年）的二十四年中，在固始瑜伽扎日喇嘛身邊聚集的以土默特和蒙古爾津等旗的守戒僧人和具信仰的施主為首的具緣眾生越來越多，他向這些人傳授了適合他們各人情況的以廣略《菩提道次第論》的殊勝講授為主的安樂道和文殊菩薩教誡的直接傳授。並將修心、法行及守禁食齋的律儀，以及《比丘學處入門》、《律學廣論》、《毗奈耶因緣經》、菩薩學處《菩提大道》等三律儀大小經論及《醫宗四續》譯成蒙古文，將佛法甘露廣布，在眾人心中種下解脫和遍知的種子。

他每年冬天用兩三個月的時間嚴格入靜，努力修持道次及生起次第和圓滿次第瑜伽行。固始瑜伽扎日喇嘛還向從各地前來聚集的僧人們，講解在體驗上師瑜伽的基礎上守護清淨戒律，生起相信業果之心的重要。從不貪圖今生安樂懂得暇滿人身難得及死無常的道理開始，逐步引導他們之心進入安樂道。接著，講授體驗和修持的加行，對以前受過灌頂的人傳授守護清淨法

誓，並按他們各自的意願傳授黃色及白色文殊菩薩、觀世音菩薩、綠色及白色度母、無量壽等本尊的隨許法，引導他們進入密宗道。他還按少數具緣弟子的請求，完整而慎重地傳授大威德金剛灌頂及生起和圓滿次第教誡。他在傳授廣略《菩提道次第論》和文殊菩薩教誡時，每天只講一頁或半頁，但一字不漏地完整講解，在此方開創了以前沒有過的嚴密的講授方法。他還以反覆測驗的辦法使攝集三皈依精要的宗喀巴大師的主要教誡《菩提道次第廣論》傳布到各個地區，其恩德難以估量。

有的人說大德固始瑜伽扎日喇嘛是印度的那諾巴大師的轉世，還有人上奏說他是廣弘菩提道次第論的奈曼瑜伽扎日喇嘛的轉世，可以確認，因而有使者前來迎請他，但他根本不希求活佛的地位，置之不顧。由於他嚴格守持戒行，專心修習密宗道，表裡一致地抉擇因果的取捨，對世間的大小事務全都遠遠捨離，仿效仲敦巴甲哇迴乃的事跡修持。他對別的大小人物從不說長道短，只稱頌別人的功德，對弟子們的惡行即使了解得很清楚，也從不直接說什麼，只是用講以前的故事的方式來告誡他們。他很善於啓發誘導，從來不說沒有意義的話，偶然有時失言，也要努力按自己所說的去做到，不使自己的話成為空話。特別是由於他像愛護眼珠一樣守護三律儀 ⑲，因而他的身體發出一種戒香，甚至他穿的袈裟和身邊的用品等也都沾有戒香，具有智慧的人都能感覺得到。

他平常白天完整地作四座瑜伽修行，並講授菩提道次等，還按具緣眾生的請求講授般若八千頌、般若集頌、賢劫經、解脫經等許多顯密經典，以及宗喀巴大師的許多著作、班禪洛桑

卻吉堅贊、章嘉活佛阿旺洛桑卻丹、土觀活佛等人的全集，還傳授供養上師、守禁食齋以及生起次第等許多教誡、本尊神的隨許法，轉動深廣法輪，在廣大蒙古地區使佛法特別是修習密宗的教法大為弘揚。他這樣在二十四年中在廣大蒙古地方通過講修兩條途徑樹立起以前沒有過的佛法顯密教證的幡幢，在完成自己的教證功業之後，於火蛇年（1797年）六月十五日上午示現化身，前往兜率空行天宮彌勒佛身前。

恩德無比的上師固始瑜伽扎日喇嘛的心傳弟子阿玉奇墨爾根卻傑的轉世呼圖克圖喇嘛阿旺洛桑嘉措出於弘揚佛陀教法的清淨誓願在他自己所住的黑勒甘台寺即甘丹彭措林寺建立一座講經院，他對懶散小僧我三四次認真吩咐：「由你擔任監堂師，建立顯宗扎倉。」我承擔下來，建立起講經院，從略本、中本攝類學讀本起，對廣本攝類學、七十法以至般若學都進行講授，他也參加一些講授，在每段講授的末尾還加上使聽眾理解的議論、書籍評述、測驗及考核等，使僧人們認真修持和學習，培育出許多具智慧的求法僧，繼承諸位賢哲的事業。

此外，還有我們的導師固始瑜伽扎日喇嘛的另一位無比賢德的心傳弟子，筆者的學法友伴，顯明佛法的格西、澤當寺 ⑲ 卸任堪布阿旺喜饒，他正確地服事佛法的事跡如下。這位大德生於本旗的奇察台地方，與生俱來的智慧如火熾燃。他幼年時就向一些大德學習譯成蒙古文的道次和修心的讀本，特別是他在思想和行為兩個方面都依止遍主金剛持瑜伽扎日喇嘛修持道次及修心等教法，成為得到上師的喜愛的殊勝弟子。後來上師看到他具有智慧、勤奮和善根，對他吩咐說：「你到西藏去，

入顯宗和密宗各經院努力學習。」他遵照上師指示，前去西藏，入郭茫扎倉學習五部大論，獲得熱絳巴學位，並擔任扎倉的格貴 ㉑。此後又入拉薩下密院，修持顯密，曾擔任密院的格貴，並從達賴喇嘛、班禪大師、隆多喇嘛、嘉木樣活佛等上師那裡領受灌頂、教誡、隨許等教法甘露。後來，由於他的賢哲的聲名遠布，傳到大皇帝的耳中，皇帝十分高興，封他爲諸佛慈悲化現的蓮花手菩薩親自加持過的澤當寺的堪布，他登上該寺的法座利益佛法。後來他返回故鄉，擔任佛法大施主貝子諾顏的大寺院的顯宗扎倉的法台，講授經論，使講論佛法的事業增盛。他在自己的出生地修建了一座寺院，建立修習道次的扎倉，講經說法，弘傳宗喀巴大師的教法。

在本地還有筆者的恩德老父所建的一座小小寺，建立用譯成蒙古文的宗喀巴大師的《菩提道次第廣論》進行講授、辯難並同時講論時輪的講經院，正日益興盛。

在廣大蒙古地方，以前由至尊喇嘛扎雅班智達、甘珠爾諾們罕洛桑楚臣、娘倉呼圖克圖、察哈爾瑜伽扎日活佛以及他們的傳承弟子們將千萬劫中也難得聽聞的佛陀教語甘珠爾經的經教傳承在喀爾喀等廣爲弘傳，特別是筆者的經師察哈爾喇嘛甘珠爾卻傑洛桑扎西在拉卜楞寺等地廣弘這一傳承，其恩德無法計量。至於在喀喇沁、土默特、蒙古爾津等地傳承甘珠爾經教的情形，爲了不使具德上師們以慈悲心所建立的不朽功業隨著時間的流逝而埋沒，僅根據自己所見所聞，勉強作一盡可能詳細的記述。

從鐵猴年（1800 年）開始，在土默特旗和蒙古爾津兩地，

念誦繼承上師扎雅班智達經教傳承的甘珠爾經文三遍，念誦了般若全部以及華嚴、寶積部三十八函，念誦般若八千頌九遍、解脫經十一遍。此外，除了兩三節經文以外，還完整地念誦了慈氏五論、中觀六論、噶當六論等現在歸入丹珠爾經中的十餘函經文，其中慈氏五論五遍、中觀六論六遍。這樣對許多經文作了多次念誦。此外，還念誦噶當道次論和蘭色手冊、密勒日巴傳及道歌、大威德熱函、依怙手冊、嘉色活佛全集、洛扎巴全集及灌頂隨許寺、宗喀巴全集各兩遍，念誦現存的上師都眞巴、賈曹傑、克珠傑三人的著作全集、達賴喇嘛根敦朱巴、根敦嘉措、班禪大師洛桑卻吉堅贊、一世嘉木樣活佛、二世嘉木樣活佛官卻晉美旺波、上師強巴活佛的全集各一遍。

又，念誦溫薩巴（二世及三世班禪大師）全集兩遍、章嘉活佛阿旺洛桑卻丹的全集四遍、章嘉活佛若必多吉的全集兩遍、《菩提道次第廣論》的三種注疏四遍、《菩提道之第略論》的講解兩遍、安樂道及聖道三要、修心七義等教誡多遍、修心百法及法行顯明等經教、大灌頂作法珍寶海聚、修行法隨許及梵文經兩遍、巴日百法隨許及梵文經兩遍、那塘百法隨許兩遍、文殊教誡及覺派二十一尊度母 ⑳ 的隨許各三遍，依怙十三法及天王十五法的隨許多遍。這樣，從鐵猴年（1800 年）起直至今年土兔年（1819 年），在上述兩地爲完成諸位恩德上師的心願和教示，每年從春末經過夏天至秋末之間，都要念誦以菩提道次第廣論和略論爲主文殊教誡及其筆記、最初修心及道次修心、有時還有戒律總說、譯成蒙古文的三部律學等，在念誦甘珠爾經時同時完整念誦，並進行三部律儀的體驗，還傳授別解脫律

儀即以五百五十五條近圓律儀爲主的四千七百四十一條律儀。這樣使僧衆具有正確的動機踴躍參加經教傳承的行列，這也是諸位恩德無比的賢哲們的恩澤。

在這樣三次集誦甘珠爾經之時參加集誦的僧人中，噶居官卻諾布在上師的修行地念誦一遍，熱絳巴官卻善珠在本寺中念誦一次，現在噶居官卻貝丹和一名卻傑在土默特本旗、另外兩名卻傑在蒙古爾津旗分別念誦甘珠爾經。第一次集誦甘珠爾經之後，大格西澤當卸任堪布在敖漢旗向格西、高僧等傳授隆多喇嘛所傳的甘珠爾經文一次，又在土默特和蒙古爾津兩旗各傳授《大般若經》各一次。此外，在上師的修行地傳授宗喀巴大師的全集，在其他各地傳授章嘉活佛阿旺洛桑卻丹、達賴喇嘛洛桑格桑嘉措、授戒上師六世班禪洛桑貝丹意希、經師阿旺強巴、章嘉活佛若必多吉、嘉色活佛、土觀活佛洛桑卻吉尼瑪、經師意希堅贊等尊聖上師們的全集以及噶當書函等許多典籍。

另外，還傳授了獨雄❷和十三尊大威德金剛、五尊勝樂、九尊不動金剛、九尊無量壽、五尊觀世音菩薩的灌頂等，在敖漢和蒙古爾津兩旗分別傳授了修行法寶藏隨許等許多隨許法以及以安樂道教誡爲首的許多教誡，廣弘佛陀的教法。在澤當寺卸任堪布傳授甘珠爾經文的同時，我的學法友伴思辨廣大的噶居阿旺勒丹在蒙古爾津旗傳授扎雅班智達所傳的甘珠爾經文，他的聽法弟子、講論廣大經典的說法師絳央根敦在蒙古爾津旗的兩個地方傳授甘珠爾經文兩次。此後，百部論主拉然巴格西意希頓珠在土默特貝子的寺院的如意安樂佛殿傳授隆多喇嘛所傳的甘珠爾經文一遍，以三門廣弘佛陀之教法。此外，還有精

通顯密教法的蒙古爾津旗的托因拉然巴格西扎薩克喇嘛仁欽嘉措的經師擔任察罕達音齊呼圖克圖的寺院的顯宗學院的法台，傳授宗喀巴大師全集等經教。在蒙古爾津、土默特等許多蒙古地方產生了獲得拉然巴、多仁巴 ❷⓿❸、噶布楚 ❷⓿❹ 熱絳巴等學位的眾多高僧大德，他們都正在以各種方便善巧盡力弘傳佛法特別是宗喀巴大師的教法。

二十、旃檀覺臥佛像的歷史

作為全部利樂資糧的源泉的佛陀教法，如今在蒙古的廣大地區比以前上百倍地弘揚光大，這一方面是因為佛陀所預言的在蒙古地方弘法的時機已經到來，另一方面也由於繼承佛陀事業的達賴喇嘛、班禪大師等眾多大德所建立的難以思量的廣大功業，不僅如此，還由於有與釋迦牟尼本人沒有差別的旃檀覺臥佛像 ❷⓿❺ 成為蒙古眾生供養的福田等殊勝的緣起。因而在此按章嘉活佛所教示，簡述旃檀覺臥佛像的歷史。

釋迦牟尼的母親摩耶夫人 ❷⓿❻ 去世後從贍部洲轉生到三十三天，釋迦牟尼三十八歲時為利益其母親並護持三十三天的具緣天神等，上升到天界，在天界住夏三個月，為母親及天界眾生講說法諦。當時貝拿勒斯 ❷⓿❼ 國王鄔達羅衍那 ❷⓿❽ 因很久不見佛陀之面，心中悲苦，想要造一尊與佛陀真身一樣的像，於是向目犍連 ❷⓿❾ 子求告。於是目犍連子帶領能工巧匠三十二人運用神變去到天界，讓他們觀看釋迦牟尼的真身。由於釋迦牟尼身具無量光明和威嚴，工匠們不能記住釋迦牟尼身體的各種特徵。因此釋迦牟尼去到河邊，為造像而端坐，工匠們觀看他在水中顯

出的身影，反覆三次，記住了釋迦牟尼相貌端嚴的各種特徵，用果謝喀旃檀（白檀香木）造了一尊釋迦牟尼像，因爲按水中的影像所造袈裟上有水紋，故此像亦稱有水紋的佛像。

此像由釋迦牟尼加持一天，然後作鄔達羅衍那王供養的福田。此後，當釋迦牟尼返回世間時，化現出三架珍寶製成的梯子，右邊梯子上有大梵天神舉著金柄白色傘蓋與色界衆天神在一起，左邊梯子上有帝釋舉著寶柄拂塵，與欲界衆天界在一起，上方有淨居天衆多天子、天女舉著各種供品供養，下方有四大天王等天神舉著妙香迎接，釋迦牟尼的端嚴身相放射光明，如太陽一樣輝煌燦爛，以神變從中間梯子依次下降。

當時，衆比丘和國王、大臣、婆羅門、男女施主等人都捧著自己所有的各種供養物品前去迎接，旃檀佛像也騰起空中，邁六步迎接，在與釋迦牟尼會面時，點頭三次，如向釋迦牟尼問候一般。釋迦牟尼將右手放到旃檀佛像的頭上，如對眞佛一樣讚頌，並預言說：「當我滅寂後，時過一千年，汝去東方漢地，利樂教法衆生。」又對鄔達羅衍那王說道：「善哉！最先建造的這尊像將利益我的教法，並成爲衆多具緣衆生的福田，還會成爲無數有情生長善根的土地、清除罪障的無上方便，你開創建造善逝佛陀身像的功業，無人可比。」

這尊旃檀佛像具有一些特殊之處：像的心間經常發出一絲暖氣，像的腳掌與像座間有一線空際，別的工匠無論怎樣仿造也難以造出與此像神態形象完全一樣的佛像。從那以後，此旃檀佛像先後成爲印度、于闐、漢地諸帝王供奉的福田，大金朝亦迎請此像到北京皇城之中與歷朝一樣加以供奉。

後來，蒙古諸帝特別是忽必烈薛禪皇帝新造大佛殿建立僧伽，對此像加以無上供奉。又，蒙古諸帝以及大明、大清諸帝也全都加以供奉。從各地前來聚集的眾生在此栴檀佛像前奉獻供養並祈願，由此眾生安樂，佛法廣弘。

二十一、五台山等聖地概說

《文殊菩薩根本續》中說：「在印度和漢地，有文殊大成就。此菩薩大勇武，文殊具大光明。在此清淨之地，示現童子之身。在其道場聖地，眾人俱獲成就。」在《華嚴經》中說：「在東方和北方交界之處，有清涼山，是劫初時眾菩薩聚會之處，如今也有菩薩文殊童子及其隨從上萬名菩薩常住於此處，弘傳佛法。」預言廣大漢地是文殊菩薩加持之地，而按照班禪大師等大德們所說，蒙古地區亦屬於漢地。在蒙古與漢地交界之處有南贍部洲四大聖地之一，佛陀曾預言說這是文殊菩薩的住地，此即通常所說的化現的聖地五台山❹。

按照章嘉活佛的說法，在五台山住有尊勝文殊菩薩及五部佛等佛、菩薩以及印度的五百名班智達居住，文殊菩薩經常對無數隨從菩薩說菩提道次、中觀、密集及勝樂、大威德的生起次第和圓滿次第等顯密教法，轉動無數法輪。在五台山及京城北京都有大白塔❹，塔中藏有許多為使釋迦牟尼在世時無緣受其教化的眾生種下解脫和遍智的種子具有巨大護持力的舍利，在夜晚放射光明，在每月的初八及十五等吉日的夜晚更是大放光明，使眾人都清楚看見。這兩座成為護持力的源泉的大白塔以及在阿拉善地方的《牛頭山授記經》中所說的牛頭山的佛塔，

為人們所熟知。

此外，以前漢地的唐肅宗在位時，大臣們對他說：「據說十六羅漢正在作護持佛教的功業，你如果是一位法王，應當請他們來這裡住夏」。於是皇帝作了祈願，十六羅漢穿著漢地和尚的黑色僧衣於六月十三日前來漢地住夏。皇帝建了十六間房子讓他們居住。皇帝及其眷屬侍從以及漢地的眾生獻了許多綢緞製成的袈裟等物品，並紛紛祈願，於是十六羅漢變成了報身的裝束。到住夏解制時，皇帝請求十六羅漢繼續住下，羅漢們不答應。皇帝說：「我是法王，才請你們來住夏，你們是護法的大臣，所以請你們秋天繼續住下去。」眾大臣也這樣地祈請。十六羅漢回答說：「我們還要去別的洲利益有情眾生，不能住下去，可為我們每人塑一尊像，以利益此方眾生。」於是皇帝在房中為十六羅漢各塑一像，作為供奉的福田。十六羅漢在漢地住夏時還說了《阿羅漢授記經》，使大乘的教法廣為弘揚。據說漢地權勢巨大財源富足也是由於十六羅漢親臨其地並居住所帶來的護持力的緣故。

漢地除了這樣受到十六羅漢的護持外，在漢藏交界的涼州城中據說還有噶瑪拉錫拉的靈塔，在涼州城外的東方還有寺內有薩迦班智達的靈塔等許多靈塔的幻化寺 ⑫，在城外的南方有薩迦班智達曾傳授灌頂的灌頂寺，在城外的西方有寺內有隨巴仁莫的靈塔的蓮花寺，在城外的北方有寺內有自現空行母像的湖海寺。在這四座寺院的西南方有《牛頭山授記經》所說的高達十八庹的著名的樂生佛佛像等。在漢地和蒙古各處的這許多具有護持力的大寺院和佛像等，受到以漢地和蒙古歷代帝王為

首的眾生虔敬供養和祈願，因此使得世間充滿了吉祥和善業，佛陀的教寶在各方弘揚，並具備了使佛法長久住世的各種善緣。正是：

「智慧和慈悲廣闊無邊，充滿了賢哲的如意寶，蕩起奇異格言波濤的，第二佛陀教導最殊勝。以宏大誓願作為舟船，選擇顯密雙運的正道，對漢地蒙古虔信眾生，用講辯著三者來教化，如同降下利樂之雨露，使邊地眾生脫離苦熱，布下無數資糧的盛宴，擔任眾生的教法導師：大乘法王及三位達賴，四五六三世班禪大師，哲布尊丹巴內濟托因，扎雅班智達嘉木樣佛，歷輩土觀及門朗喇嘛⑬，這些恩德無比成就者，思念起他們大恩大德，使人不禁歡欣敬信。

執掌依怙上師教法的賢哲如太陽，
受到漢地蒙古法王人主信奉之時，
放射無數光芒使政教白蓮花盛開，
吸引具緣蜜蜂前來採取利樂花蜜。

以上是為中間讚頌之詞。

二十二、七世達賴喇嘛的教理格言

以上已將主要內容敘完，附帶在此記錄教法漫議數則。此數則為何人而記？非為具有法眼之人眾，猶如眼明之人不須指路也，亦非為自詡為賢哲之愚人及不習佛法之惡人，因為正如吉祥怙主龍樹菩薩所說：「給蛇添以乳汁，只會增加毒液，對惡人傳教誡，只會自己受氣。」我這裡只是為與自己緣分相等

求習佛法之人講述出離輪迴之教法等。正如佛祖之教誡所說：「此等眾生貪戀名色泥淖，漂流猶如風輪之輪迴中，迷誤之眾生如獸墜網中，有識之士應如鳥飛高空，有所執持全是無明煩惱，應知無我無自持之道理。」我等異生之凡人，貪戀執著於自己設施處五蘊，認其爲自性眞實，故飄流輪迴之中，只有解悟無自性之理方能自輪迴解脫，故應努力於生起此解悟之方便道。又正如七世達賴喇嘛洛桑格桑嘉措的格言所說：

「若問難達彼岸的，　　　大海究竟是何者？
　即是若浪翻滾的，　　　三界中往覆輪迴。
　若問這所有苦難，　　　最初因何而招來？
　由於業緣與煩惱，　　　眾生生於此世間。
　若問日夜煎逼的，　　　無明中何者最大？
　青春年華一瞬間，　　　使人衰竭老即至。
　使得眾生喪命的，　　　掌管懲罰為何人？
　統治整個世界的，　　　是那凶暴閻羅王❷。
　若問似餓鬼一般，　　　吞食生靈是何魔？
　視別人如草芥的，　　　是欺壓臣民之王臣。
　生活在陽間人世，　　　卻像在地獄❹受苦，
　是凶惡王臣管下，　　　奴隸僕役和臣民。
　擁有食物和財富，　　　卻像挨餓的餓鬼，
　不願行善和布施，　　　是那吝嗇的富人。
　與人一樣雙腳直立，　　行為卻如俯行牲畜，
　是那毫無知識的，　　　沒有功德的俗人。

若問人的各種禍根，
在人的五官上面，
使人沉入苦海之中，
不願拋棄爭競之心，
表面恭敬實際使壞，
增長煩惱與惡行的，
與傳染病混在一起，
對惡行加以捧場的，
雖小卻能帶來大難，
不知懺悔和對治⑰，
對於所有的眾生，
有人犯下了罪過，
敗壞所有善業的，
對於三門⑱之不善，
使人粘在不樂之地，
是人對想往之樂土，
能夠燒毀身邊一切，
對小事絲毫不忍讓，
使人看不見萬物，
從無始之時算起，
將人馱起又摔下懸崖，
自以為已具足了功德，
一面親熱一面挑撥，
對別人的福德忌妒，

在人身上有何表徵？
表現為貪婪表情。
最大的石頭為何者？
一意追求今生富貴。
使人毀滅之魔是誰？
是那有罪的惡朋友。
只有臭氣和塵土，
只能是那些壞朋友。
草烏⑲雖輕卻有劇毒，
是身語意之罪過。
能夠救治的是誰？
能用言語去教誨。
唯一根源是什麼？
自由放任不管束。
所用膠汁是什麼？
心中生起的貪戀。
那熊熊烈火是什麼？
止不住自己的憤怒。
如此黑暗是什麼？
就存在無明愚痴。
這種殘暴烈馬是什麼？
驕傲自滿會害了自己。
這樣的朋友是誰人？
忌妒終會變成毒箭。

開初大家協商一致，　　　　為何最後相互糾紛？
有的辦事有始無終，　　　　全因為怠情散逸，
破壞人的堅強心志，　　　　何者使人命根乾枯？
一心只顧無益之事，　　　　最終使人心思放逸。
雖富有卻不能受益，　　　　財富為何將人緊縛？
對自己錢財不會用，　　　　有錢之人更加吝嗇。
拿到手中的寶物，　　　　　為何卻使人衰敗？
對於珍貴的佛法，　　　　　許多人卻三心二意。
是誰自己毀壞自己，　　　　猶如瘋象顛狂亂行？
是那存心害人之人，　　　　心中存有歹毒心腸。
砍倒善業大樹的，　　　　　是用的什麼刀斧？
對真實義理歪曲，　　　　　最終使真理不存。
一步一步攀上山頂，　　　　為何卻一下子墜下？
俗世富貴如同爬山，　　　　爬到頂上就會坍塌。
為何在三界㉙中奔忙，　　　最終卻是兩手空空？
人們在輪迴中徘徊，　　　　苦難只會周而復始。
根本不聞苦難之名，　　　　吉祥之樂土在何方？
解脫業緣及煩惱，　　　　　就能得到殊勝寂樂。
能夠解救一切苦行，　　　　真實的希望在何方？
是那絕不能毀壞的，　　　　珍貴的佛法僧三寶。
能夠滿足所有善願，　　　　頂勝之寶究係何者？
是為人指引正道的，　　　　殊勝的大乘的喇嘛。
能夠清除眾生貪乏，　　　　最好的珍寶是何者？
能夠去除心中迷亂，　　　　是堅定的佛法信仰。

把人送往想去之處，　　　神奇的駿馬是何者？
能將事業迅速完成，　　　全靠勤奮努力精神。
能幫助你抓住時機，　　　這樣的良友又是誰？
首先是聞思佛法，　　　　其次是不忘取捨。
能使自心得到安樂，　　　靜定的中心在何處？
不受外界之搖動，　　　　入於堅牢之禪定。
認清輪迴與出世，　　　　如此慧眼誰具有？
能夠懂得二真諦㉒，　　　才有正確之知識。
能夠制止錯誤行，　　　　賢明導師是誰人？
能夠按人之機運，　　　　施以合情之教誨。
誰也不能擊敗的，　　　　無畏勇士是誰人？
是完全如律修持，　　　　不染罪過之士夫。
在大庭廣眾之中，　　　　講論之偉人為誰？
是悉心聽習經典，　　　　認真學習佛法之人。
被眾生奉為頂飾，　　　　虔誠敬奉者是誰？
是精通佛法知識，　　　　具有功德之賢哲。
得到眾生的敬愛，　　　　賢明偉人又是誰？
是與高貴者一樣，　　　　道行高潔之大德。
能使眾生喜樂的，　　　　悅耳之言是什麼？
是合乎教法理義的，　　　柔和適宜的教言。
對人不分親與疏，　　　　一律幫助是誰人？
是心存利他之想，　　　　一心利眾之大德。
掙脫各種束縛的，　　　　受人尊重是誰人？
是離棄各種貪欲，　　　　心地純潔之大德。

不受苦熱煎逼的，
完成利益自他的，
能完成艱難大業，
獲得自在之大德，
什麼是有益之甘露，
是與佛法相連的，
什麼樣的奇珍異寶，
是必須長期依止的，
所有的安樂果實，
各種增上的善緣，
能使人們獲益的，
依照佛法之教理，
不論在村中家裡，
使人們互相信賴，
即使有可能喪命，
是利樂自己和他人，
使他人和自己一樣，
是認識一切的真諦，
為何利弊經常轉換，
因為善惡兩種業緣，
如是獲得人身者，
是時常積聚資糧，
在眾多學者之中，
對知識能夠取捨，

享受安樂者是誰？
不事爭競之大德。
如同神馬者是誰？
能夠掌握住分寸。
使人吮吸不知厭足？
格言一般的教誨。
需要時刻小心守護？
聽法得到的學識。
存在於誰的手中？
產生於人們的福德。
尊勝之大德是誰？
將眾生當親友愛護。
吉祥的徵相是何者？
追求平安和慈悲。
也不能背棄之誓願，
依照教律修習佛法。
嚴密守護的是什麼？
身和語的各種功業。
需要隨時監察守護？
只是自心一時決定。
生活之義是什麼？
不捨晝夜修善行。
何人能成為殊勝？
將有益學問汲取。

在謙遜的君子中，　　何人能成為殊勝？
懂得人生的意義，　　斷絕今世的貪戀。
利益有情的人們，　　何人能成為殊勝？
調伏難馴之心靈，　　使人們變得溫順。
心滿意足的福人中，　何人最懂得享用？
對於不義之錢財，　　堅決不取之君子。
如是白晝與夜間，　　心中當念何事物？
當思輪迴之痛苦，　　如同常燃之火炬。
一刻也不能大意的，　時常當心的為何者？
不到來時人不知，　　死神無常應留心。
如是佛教諸法中，　　最為重要是何者？
如能將煩惱對治，　　自己各方均受益。
會損害別人諸事中，　首先應拋棄何者？
如諸事降落自身，　　最不願者應先棄。
世間所有的善業，　　應當如何去積聚？
應在自己的心中，　　關心自他善資糧。
獲取出世之安樂，　　應作何等之行為？
首先拋棄自利心，　　生起利他菩提心。
永遠也不損耗的，　　殊勝儲藏是何者？
不計得利或受損，　　為了積善去布施。
對特別凶惡之敵，　　制服之明咒為何者？
戒除自己身語惡業，　要靠戒律的約束。
不受別人的傷害，　　靠何種盔甲保護？
能忍惡語和欺凌，　　使你變得堅強有力。

能揭示學識隱秘，	這種明鏡為何者？
不受昏瞶的影響，	靠瑜伽㉑使人清醒。
無邊的虛空之中，	誰能自由地飛翔？
是清淨學識道理，	成為無礙之天神。
自身在臥榻之上，	為何能見奇異景？
無論何者入眼簾，	須知全都是虛幻。
能具遍知之慧眼，	此等男子是誰人？
具有世間之知識，	並能正確去運用。
無論世間出世間㉒，	資糧根本是什麼？
清淨無染離塵世，	光明即在自心中。」

我們俱應照此懂得取捨的道理。

這樣，理解輪迴世間俱是煩惱，產生厭離，懂得涅槃清淨之道理，加以體驗，並依止和信仰合格之善知識大德，至為重要。怙主上師宗喀巴曾說：「世間出世間之圓滿，依仗根本上師恩德。」佛祖釋迦牟尼曾說：「像先哲一樣產生信仰，守護和增盛各種功德，心中滿足使神人安樂，就會獲得善趣及解脫。上師指引下生起厭離，是獲得信仰正確正之道，因此具有智慧的人們，應當依靠和守護信仰。」

佛陀教法住世的五千年，按一千年一段分為五段，按五百年一期可分為十期。第一、第二、第三個五百年依次證阿羅漢果㉓、證不還果㉔、證預流果㉕，因此稱為阿羅漢期、不還期、預流期，合稱為證果三期。此後第四、第五、第六個五百年依次為修勝觀㉖、修寂止㉗、持淨戒㉘，因此稱為修勝觀期、修寂

止期、持淨戒期，合稱爲修行三期。此後第七、第八、第九個五百年依次爲學對法藏、學經藏、學律藏，因此稱爲對法期、經藏期、律藏期，合稱爲教法三期。第十個五百年中只有出家的外表形相，沒有正常的見行，因此稱爲唯持相期 ㉙，亦稱最後五百年。佛陀教法住世的五千年中，至今年已過了二千六百零九年，學律藏期已到了第一百一十年，教法三期所餘的時間也很短了，因此欲求解脫之衆人，更應特別努力於信仰和精進。正如上師世親所說：「如果諸佛之教法，有人力圖去扼殺，有人想以塵土染，求解脫之人應勤奮。」此上所述爲受持佛法之利樂。

此外，《吉祥鬘經》說：「吉祥鬘天女於薄伽梵身前祈願：薄伽梵執掌全部佛法，佛之無量教法全部具足！薄伽梵 ㉚，汝執掌全部佛法，聚集八萬四千法門。」《大悲白蓮華經》說：「阿難！此時我之最後之時，此時我所傳最後之教法，無論如何當在無數百萬劫中修習。我之寶庫經、寶器經、無上三教法當使之住世留存。此三教法爲意向、精進、不放逸。汝當使此三者在無數百萬劫中爲人修習。無上教法寶庫經住世，可使未得善根者獲善根，使已得善法者不生衰敗。如此，教法之主、世間導師我之事業將由你等弟子承擔。」

《正法白蓮華經》中說：「今後之世，誰寫出此經並講論聞習，此即我遣往人世，作如來教法事業者。」甚至隱藏或竊得此佛經而宣說，亦獲大利樂。此經中說：「藥師佛，如來全部涅槃後，如有人講說佛經，甚至如有人隱藏、竊取佛經，爲一人正確講說或顯示，此人亦爲藥師佛之男弟子或女弟子，亦

應被視為如來之信使。此男弟子或女弟子作如來之事業，故應視為受如來之派遣。」講說佛經，是對佛祖釋迦牟尼之無上供養。正如釋迦牟尼所說：「若有人為利益他人，如律教示我之經典，即是對我的供養、獻花、塗香、點燈等，並非正確供養佛。」

《不可思議秘密經》中說：「若有人持有一位清淨如來所說四句一首的佛法偈頌，即是持有過去、未來、現在諸如來之全部菩提。此為何故？因諸清淨如來之菩提俱從佛經所生，應以佛經供養，而非以廣事鋪張供養。以佛經供養如來，是所有供養中最為殊勝者。」《攝真實性後續》中說：「念誦佛陀名號等，亦能得到大福德，即使當時未得到，因施佛法迅即獲成就。」此為講說佛法之利樂。不僅如此，若對講說佛法之人愛護，保護其不遇違礙，亦將獲得佛法。《無熱龍王請問經》中說：「若有人對住於大乘之說法師護持及保護，此人即受持有全部佛法。」在此娑婆世界受持佛法一上午，也比在別的淨土界受持佛法百萬劫的利樂為大。

《梵天勝思請問經》中說：「在其他剎土中有人於百萬劫中受持佛法，不如在此娑婆世界中受持佛法一上午之功德殊勝。若有人在妙喜世界以及具壽極樂世界等不聞苦難之名的剎土做功德事，其功德不大，若有人在此充滿煩惱罪過之世界忍瞋恚者所造罪過，使別人信奉佛法，則此人之功德巨大。」因此，具有智慧之諸人，應當特別努力地受持和傳揚佛法。

至於受持佛法之方法，大阿闍黎世親曾說：「受持佛法唯有講論及修習二者。」正確地為他人講說及傳授佛法經論，這

是受持佛法的經教，正確地修證佛法，這是受持佛法的證悟。至於講說佛經所獲得的利樂，上師世親說：「傳授佛經非愚昧者之事，需要正確地講授佛經。」大阿闍黎寂天也說：「傳授佛經不須喧鬧，此乃增益福德之因。」以上之義需要向那些貪圖財物供奉以及不懂裝懂的「說法者」們指明。關於對佛法通過聞、思、修等加以體驗等，上師世親說：「如律聞思之人，修習特別便捷。」使人不散逸的根本是善持別解脫戒律，使人不昏昧的根本是如律聽聞佛法產生聞所生智，由此得到抉擇的根本是思所生智，使人去除塵障的根本是修行，由加行道而毫無障礙地通往成佛之地。

佛教的施主們也通過敬信上師三寶，獲得聽聞及供養佛法的無量功德。《不可思議秘密經》中說：「聽法者不墮惡趣，聽法者轉生善趣，聽法者諸種煩惱平息，將獲得清涼之果。」《寶珞菩薩請問經》中說：「若有人在百萬劫中修梵行，在無數世界中宣揚其義，也比不上後來之人聽聞佛經的功德。」《賢劫經》中說：「天空的高度可以測量，大海的寬度可以測量，只要對諸佛生起信仰，其福德就難以測量，雖然一時嘗不到涅槃之樂，但是已經不受無暇之苦。因此應找到佛教的福田，並加以尊敬和供養。」《大悲白蓮華經》中也說：「阿難！今後有思念如來而呼號者，有思念如來而毛髮豎立者，此等有情將不會墮入地獄、畜生道和餓鬼界，將進入三藐三菩提。」

《方廣大莊嚴經》說：「依止我而生善根之眾人將受未來之如來、阿羅漢、正等覺之護佑，彼等是諸如來先前之友伴，亦應視作吾等之親友，我將彼等托付於未來之如來、阿羅漢、

正等覺，未來之如來、阿羅漢等亦將視彼等爲友伴，加以護佑，使之意樂圓滿。」又正如《彌勒授記經》中說：「對釋迦獅子的教法正確學習，並依經教而修習者，也即是修習我之教法，以袈裟、飲食、問安等奉獻布施，也即是供奉我之教法，於每月十四、十五日以及初八日、神變之月（藏曆正月）守持八關齋戒並作供養及長淨之人，亦即是敬奉我之教法。」受未來諸佛之護持，諸願滿足，具足所有善業資糧。尊者密勒日巴也說：「在山崖修持的大修行者，與經商作買賣的大施主，二者有相等的佛緣，佛緣的中心是迴向（即都是爲了佛教）。」作爲福田的喇嘛與奉獻供養的施主，都是爲了諸佛的利樂，努力於敬奉上師三寶之事業。正是：

　　廣說佛陀教法在蒙古傳揚情形，
　　此書爲顯明佛法之明燈的燈光，
　　願它成爲諸佛上師喜歡之供養，
　　願佛與佛子的利樂心願都實現！
　　在別的淨土百萬劫中受持佛法，
　　不如在此世界一日受持之功德，
　　因此從心底祈請信仰佛法眾人，
　　使佛陀的教法傳遍世界之各方！
　　由此善業佛法在一切時處弘傳，
　　掌教法之大德康健並護佑我等，
　　願眾生受持並增盛珍貴之教法，
　　使無數有情走上成熟解脫之道！

名詞注釋

❶三個阿僧企耶劫：阿僧企耶劫是梵文音譯，意為無量數，是古印度60位數字計算法的最後一位名無量數。三個阿僧企耶劫指三倍無量數大劫。

❷具香山：亦稱香積山，傳說中去岡底斯雪山五十由旬處一聖山名。

❸以頭布施：這是稱《賢愚經》或《故事海》中的一則故事。講的是一位叫薩仁格日勒的汗向其臣民們宣稱他能為眾生之利獻出自己的一切。不久一位婆羅門求見，並希望得到他的頭，於是這位汗不聽眾人之勸，真的把頭獻給了他。詳見《故事選》（蒙文）185-203頁，另《故事的海洋》（蒙文）210-226頁，《賢愚論》（藏文）191-213頁。

❹富樓那菩薩：梵音，意為滿慈子，釋迦牟尼佛十大弟子之一，為說法第一。

❺色究竟天：屬於第四靜慮的第八處，為密嚴刹土，金剛持住地，報身佛住地。（詳見《布頓佛教史》164頁）

❻十二功業：又譯十二宏化、十二相成道。指化身佛示現一生經歷的十二件大事：兜率降生、入住母胎、圓滿誕生、少年嬉戲，受用妃眷、從家出家、行苦難行、趨金剛座、調伏魔軍、成正等覺、轉妙法輪和八大涅槃。（詳見《藏漢大辭典》2334頁）

❼畢夏噶瑪：梵文譯音，指工巧天神。

❽無明白翳：佛教以為無明是六神煩惱（無明、貪、瞋、慢、疑、見）之一。白翳為眼角膜潰瘍、角膜實質炎、無明厚白翳則障蔽智慧眼。

❾自見之結：以我見之習氣束縛自己。

❿我慢之山：佛教認為我慢是六種根本煩惱之一，是生起痛苦的根源。

⓫貪欲之火：佛教認為，貪欲是六種根本煩惱之一，能生起輪迴之苦。

⓬瞋恨：六種根本煩惱之一。

⓭聲聞種姓：具聲聞種姓的補特伽羅。

⓮獨覺種姓：有能證得獨覺菩提的習氣者。

⓯大乘種姓：不畏高深道理以大悲心樂於承擔利他事業的種姓。

⓰阿闍黎：亦稱阿闍梨、阿舍梨、阿祇梨、阿遮梨耶、阿遮利夜等。是梵文 Acarya 的音譯。意譯為「軌範師」、「正行」，故亦稱「導師」。《四分律行事鈔》卷上有五種阿闍梨：出家阿闍梨、受成阿闍梨、教授阿闍梨、授經阿闍梨、依止阿闍梨。（詳見《宗教詞典》596 頁）

⓱大迦葉：飲光尊者，梵音譯作迦葉波尊者、摩訶迦葉波。釋迦牟尼佛十大弟子之一。這十大弟子為：舍利子、目犍連、摩訶迦葉、阿難陀、羅怙羅、迦旃延、阿那律、富樓那、須菩提和優婆離。（詳見《藏漢大詞典》934 頁）

⓲彌勒菩薩：梵音讀為邁達爾，蒙語從之。據《彌勒上生經》和《彌勒下生經》載，原出生於婆羅門家庭，後為佛弟子，先佛入滅，上生於兜率天內院，經 9 千歲當下生人間，於華林園龍華樹下成佛，廣傳佛法。

⓳文殊菩薩：梵語為曼殊室利瞿沙，蒙語從之。在我國相傳其顯靈說法的道場在山西五台。塑像多騎獅子。釋迦牟尼佛的左脅侍。

⓴普賢菩薩：梵語為三曼多跋陀羅，蒙語從之。在我國相傳其顯靈說法的道場在四川娥眉山，其塑像多騎白馬。釋迦牟尼佛的右脅侍。

㉑秘密主：毗沙門和金剛手的異名。

❷❷六嚴二聖：即二勝六莊嚴。六莊嚴指古代印度六大佛學家：龍樹、聖天、無著、世親、陳那和法稱。他們被稱之為裝飾南贍部洲的六大莊嚴。二勝指精通佛教最勝根本即戒律學的兩大論師釋迦光和功德光。（詳見《藏漢大辭典》545 頁）

❷❸白馬寺：東魏楊衒之《洛陽伽藍記》卷四說：「白馬寺，漢明帝所立也，佛教入中國之始。」《魏書·釋老誌》說：「愔（蔡愔）之還也，以百馬負經而至，漢因立白馬寺於洛城雍門西……」，白馬寺是我國漢地最早的佛寺。（詳見《中國佛教史》第一卷 101-103 頁）。

❷❹光淨天：即光明天，光音天。在二禪天之上層。生於此中諸天，所發光明，照耀其他天，故名光音，亦稱極光淨。

❷❺款·官卻傑布（1034-1102），宋代西藏一佛學家，為薩迦派創始人。幼從父兄學舊派密乘教法，後從卓米譯師釋迦也協等學習以《道果論》為主的新譯密法，先在札沃隆建寺布道，1073 年在後藏溫波出白土坡前倡建寺廟，稱薩迦寺，從此名為薩迦派。（詳見《藏漢大辭典》313 頁）

❷❻巴日譯師：（1040-1111）全名巴日譯師·仁欽札與米拉熱日同時，宋仁宗康定元年生於阿里。為薩欽·袞噶凝波之師，薩迦初祖袞卻傑波逝世時，薩欽年幼，由此師住持薩迦寺。在西藏佛教後宏期中，譯有《不空羂索》《五護》和《修行百法》等佛教密宗典籍。（詳見《藏漢大辭典》1803 頁）

❷❼勝樂：亦稱上樂。梵音泗魯迦，指出現證大樂智道果次第之無上母續及其本尊名。

❷❽那若空行：佛教無上密宗一本尊名。

❷❾畢魯哇巴：印度著名成就者之一。有關他生活年代史書沒有明確記載。

他雖王族出身，但棄家出走，曾在那爛陀寺出家，獲名室利達磨巴拉，拜達磨米扎為親師學習顯宗。達磨米扎去世後，他任過那爛陀寺堪布。

㉚喜金剛：佛教密宗無上部一本尊名。

㉛摩揭陀：印度古地名。摩揭陀曾是比哈爾邦中部的一個較強的王國。《印度名邦歷史文化》中說：「它不僅是比哈爾的政治中心，而且是整個北印度的政治文化中心。據傳說摩揭陀在公元前十二世紀已經存在。」《印度佛教史》中說，「在佛陀時代摩揭陀只不過是眾多敵對邦國中之一員。佛陀在摩揭陀傳法，據記載他曾經會晤連續兩代的國王，都是他的同時人。……事實上佛陀曾在半打以上的國家中說法傳教，在摩揭陀停留的時間是比較少的。」

㉜憍閃彌：印度古地名。在雅莫拿河（yamuna）濱。《印度佛教史》載，「……自從吠舍離事件以來，佛教在地理上的分散和它分化為各種部派有某種一致性。最初的嚴重分歧使他們自己感到佛教有分為西部和東部兩派的傾向。憍賞彌（kausambi）─孔雀城（mathura）─最勝城（ujjayini，阿般提首都）這個大三角形構成西城，吠舍離城乃是東部的中心。」

㉝三摩地：梵語、譯為等持，指修定時意識高度集中而不散亂，達到最極寧靜的境界，即所謂入定。

㉞喀且班欽：喀且亦稱卡契。《衛藏通誌》說卡契為纏頭之別名，又說纏頭一名克什米爾。班欽指精通大小五明者。喀且班欽通常指釋迦室利，是印度那爛陀寺的最後一任寺主，他從印度帶來的「說一切有部」的戒律，在西藏佛教史上占有較重要的地位。

㉟芒域：西藏地名。指阿里普蘭至後藏昂仁吉隆等縣一帶與尼泊爾接近地區的古地名。

❸❻豬鼻靴：這一傳說在丹津達格巴撰的《心鏡之注·天空寶經》中有較細的敘述。但給薩班預言者並非扎巴堅贊，而是索南孜摩尊者。（詳見《蒙古語文研究資料》（蒙文）55-77 頁）

❸❼伯侄教化的對象：此處的記載基本與《薩迦世系譜》（藏文 80-82 頁）上的記載相似。本文提的「蒙古的戰神白梵天」和「乾達婆王念青唐拉」在《薩迦世系譜》中分別為 hor gi lha gnam thevu 和 bod ki bzan thang rgyal po。

❸❽噶瑪拔希：亦稱迦瑪巴西。據《西藏王臣記》載，係迦瑪迦舉派中的一位導師，他是繃扎巴的弟子。他的真名叫作卻季喇嘛。「巴西」係蒙古語，意為軌範師。他到元都後始有這種稱呼。元世祖首賜他以帝師的稱號，並供金額黑帽（見《西藏王臣記》102 頁），又據《土觀宗派源流》載，「迦瑪黑帽系的迦瑪拔希是邦扎巴弟子，有人說他是都宋勤巴的轉世，或者說他是天竺薩羅訶的化身。關於他是都宋勤巴的轉世的說法，卻沒有什麼史實根據。但是迦瑪派計算其世系時，卻以拔希為二世。拔希之名，這是蒙古譯音，法師的意思，拔希赴元時，始有此名，他的本名為卻季喇嘛，拔希圓寂時，傳位於第子朱妥·烏堅巴。」「迦瑪巴世系如下：都宋勤巴、拔希、讓炯多吉、若比多吉、德興協巴、通瓦頓丹、卻扎嘉措、木居多吉、旺秋多吉、卻英多吉、耶協多吉、絳曲多吉、杜兌扎巴多吉等。」

❸❾莎樂和：亦稱羅睺羅大師。關於他出生地，眾說不一，有人認為他是南印度的比達巴哈人，有人則認為是東印度的惹達哈城人。據覺囊派多羅那陀的《七有緣傳承傳記》載，他的父母都是婆羅門教徒，但對佛教產生信仰，因而白天信奉婆羅門教，晚上信奉佛教。他自己則按佛教規定出家修行，學密宗道獲得證悟，又與一造箭者的女兒依手印法入菩薩行。晚年到南方吉祥山，傳播

密宗，收了以龍樹為首的幾個弟子，並著書論述，其生卒年不詳。

❹金字使臣：傳遞皇帝諭旨的特殊使臣，皇帝諭旨亦稱金字，顯示與眾不同。另外，有些使臣身上配戴用金銀製作的特殊牌子，上刻皇帝的聖旨，因此使臣經過之處，務必向其提供一切需要，不得怠慢。

❹象鼻天神：指大自在天的長子毗那夜迦。

❹喜金剛灌頂：喜金剛指佛教密宗無上部一本尊名。灌頂，梵音為阿毗訖加。有驅散、注入之義。謂能驅散二障，洗淨身心，於此淨器注入智力。傳授灌頂，如古印度國王即位以水灌頂，即有權管理國家。今於密乘壇中授予灌頂，即有權聽聞、講說、修習密宗，罪垢永淨，身心留植修道緣分。

❹十三萬戶：據《新紅史》注釋，「忽必烈向八思巴獻三貢，這涉及元代在西藏的許多新的行政措施。……做為第一次灌頂報酬。（忽必烈）獻了衛藏十三萬戶，此即：阿里宗卡以下之路、達、洛三宗係一萬戶。拉推南、北、曲彌、霞魯等逐一計算，逐為四個萬戶。查、貝、瓊三地係一萬戶。羊卓、蔡巴係二個萬戶。嘉瑪、止貢、雅桑、帕竹是為四個萬戶。附帶集聚而成者一個，即恰域，有一千個霍爾兌，楚巴霍爾兌為九百，總合為一千九百（霍爾兌），逐成一個萬戶。上述總為十三個萬戶。」據《藏漢大辭典》釋，十三萬戶內公元 1276 年元世祖至元十三年，八思巴受封還藏，在前後藏新建的十三萬戶區；後藏有拉堆洛、拉堆絳、固莫、曲米、香和、夏魯六區；前藏有嘉麻、直工、采巴、唐波齊、帕摩竹和雅桑六區，前後藏交界處有羊卓達隴區，共為十三萬戶區。

❹三區：古代藏文典籍中，劃分青康藏地區時，說衛藏為教區，多堆為人區，多麥為馬區。以上總為三區，並規定了所獻人，馬、佛法之區的制度，逐

即奉獻。（詳見《新紅史》236 頁）

㊺方塊形的蒙古字：也以「蒙古新字」即「八思巴字」、「蒙古字」和「國字」等名稱區別於畏兀蒙古字。十二世紀中後葉，八思巴受元世祖忽必烈之命為蒙古創制的一種方形從上往下拼寫拼讀的文字。其字母大部分是參照藏文字母的。當時元世祖曾竭力推廣此文字，但由於書寫不易拼讀複雜，未能廣泛推行。現有用八思巴字書刻的碑文印璽、印書殘頁等文物和文獻。

㊻親教師：亦稱教師。梵音譯鄔波馱那。傳授出家戒或近圓戒的和尚。

㊼羯磨師：即指業軌範師。《毗奈耶經》所說五軌範師之一。於僧伽中為受戒者告知白四羯磨之比丘。

㊽密證師：即屏教師。《毗奈耶》所說五軌範師之一。具增添法，離四壁去，善於盤詰受戒者有無礙難，通過一白羯磨，在僧伽中命為屏教師：然後啓迪盤詰受戒者，並向僧伽告白的戒師。

㊾具足比丘戒：又稱近圓。圓，謂斷證功德究竟涅槃。近，謂迅速成就是諸功德。

㊿沙門：據《俱舍論》載，沙門有四種：*1.*勝道沙門，意為行道殊勝，指佛與獨覺等；*2.*示道沙門，意為善說佛法者，如舍利弗等；*3.*命道沙門，意為修諸善業依「道」為生者；*4.*污道沙門，意為壞道沙門，違背佛道者。沙門原為古印度反婆羅門教思潮各個派別出家者的通稱，佛教盛行後逐漸專指其僧侶。

(51)婆羅門：據《梨俱吠陀》稱婆羅門是從「原人」的頭生出來的。是古印度一切知識的壟斷者，自認為是印度社會的「最勝種姓」。《摩奴法典》規定，婆羅門有六法：學習吠陀、教授吠陀、為自己祭祀、為他人祭祀、布施、受施。

(52)曲彌仁莫：今西藏日喀則縣曲美區。

❸大黑天神：梵語為「摩訶迦羅」。譯作大黑天、大黑神。藏語稱「瑪哈嘎拉」，為大自在天的化身。青色三面六臂。前左右手橫執劍，中間左手執人頭，右手執牝羊，後左右手執象皮，張於背後，以骷髏為瓔珞。據說，大黑天為戰神，禮祀此神，可增威德，舉事能勝。此神由八思巴送入元朝宮廷，成為世祖（忽必烈）以下歷代崇奉之神，入明後，又輾轉入滿洲，多爾袞亦祀此神，在京修多處瑪合噶拉廟。蒙古人極崇此神。

❺卻古俄色：亦稱搠思吉斡節爾。是在蒙古族佛教及文化方面頗有影響的歷史人物。在一些蒙文、藏文和漢文歷史文獻中，雖然都記載了有關他從事翻譯注釋佛教經典，撰寫語言文學專著等方面的活動，但很少涉及其生平事跡。據說卻古俄色從小到西藏學習薩迦派的教義並精通佛學五明。後來回到蒙古故地。他是 14 世紀即元代成宗鐵穆爾、武宗海山、仁宗愛育黎拔力八達時期著名佛事活動家，被世人稱之為「班智達」「國師」「哈嘎爾海」「翻譯家」「達爾罕喇嘛」等等。他所留下的代表著作有《寶迪查力雅阿瓦達拉》、《班札拉格查》（譯音）、《十二因緣》（編著）、《珠爾肯陶力圖》（撰著）等。卻古俄色不僅是佛教活動家，而且也是語言、文學和哲學等方面造詣很深的學者。

❺那塘寺：亦稱納塘寺。據《西藏佛教史略》載：夏爾哇巴的另一個門徒董敦，原名羅追札巴，當夏爾哇巴死後，在納塘地方講經傳教達十二年之久。他聚集了一批僧人，在 1153 年創建了納塘寺，以後發展成為納塘寺系統，它以傳承喀且班欽所傳的律學而知名於西藏佛教界。在十三世紀晚期，納塘寺的一個名叫迥丹惹遲的僧人，曾把這個寺搜集到的大量藏譯佛教經典編訂為甘珠爾、丹珠爾，這是我們所見到的編纂藏文大藏經的最早記載。

❺密勒日巴：（1040-1123）米拉為西藏古代一氏族名。密勒日巴尊者即出

生於該族。他本名推巴噶，譯為「聞喜」。生於後藏共塘的加阿雜地方。曾學惡咒，斃死怨仇多人，後自懺罪孽，改宗佛教，成為西藏佛教史上一重要人物。1078 年密勒日巴投瑪爾巴譯師門下學道，前後經歷近七年，勤服勞役，極盡苦行，終於得到瑪爾巴傳授密道全部修法。著有《道情歌集》，非常有名。其弟子有熱穹巴和塔波拉傑等，形成了噶居派中的修行派。

❺⓻ 鄔堅巴：（1230-1309）即朱妥‧鄔堅巴，噶瑪拔希傳位弟子。名仁欽白或僧格白。曾受過元世祖忽必烈的敕封。

❺⓼ 祖普寺，1147 年，都松欽巴到了康區的類烏齊，在那裡的一個叫噶瑪的地方修建了一座噶瑪丹薩寺，噶瑪噶舉即由此寺得名。1187 年他又在堆龍地方修建了祖普寺。噶瑪噶舉在都松欽巴創建時期是以噶瑪丹薩寺和祖普寺為主寺的，後來噶瑪丹薩寺的地位下降，該派僅以祖普寺為主寺了。

❺⓽ 拉頂靜修院：在昌都地區的類烏齊。都松欽巴建於 1147 年，是迦瑪的坐床處。

❻⓪ 唐古拉山神：過去西藏民間道歌中所讚頌的對象，是藏地十三種地方神之一。據《西藏風土誌》載，「在很古很古的時候，玉皇大帝把一隻牛犢放到唐古拉來，命它把周圍的草啃光，使這裡變成沙石砂砂的荒涼之地。可是，牛犢見這裡並非鬼地，這裡的人並無罪惡，就從自己的鼻孔中噴出兩股清泉來，滋潤這裡的草地，唐古拉更有生氣了。玉皇大帝知道以後，十分惱怒，便點牛為石，不讓它再復生。誰知，這牛犢死也頑強反抗，在它成石以後，還從腿邊、腋下的石縫中，噴出兩股清泉。這兩股泉水，匯成潺潺小流，便成了黃河和長江的源頭。」從這神話看，那牛犢似唐古拉山神。

❻⓵ 大昭寺的覺臥像：昭與覺臥同，均指佛，大昭寺、小昭寺是在松贊干布

時代建立的兩座寺廟。《西藏圖考》中說：「伊克招廟即大招，在拉薩中。相傳：唐文成公主所建。今唐時佛像猶存。番語謂大為伊克、唐為招，猶華言大廟也。乾隆二十五年御賜額曰：西竺正宗。巴漢招廟即小招，在拉薩北。相傳：唐時吐蕃贊普所娶巴勒布國女子所建。巴，漢譯言小也。乾隆二十五年，御賜額曰：耆闍真境。」

❷兜率天宮：按佛教典籍《俱舍論》的說法，三界中的欲界分為六趣，其中的天又分為欲界六趣：1.四大天王；2.三十三天；3.夜摩天；4.兜率天；5.樂化天；6.他化自在天等。其中第4個兜率天宮是隔世十地菩薩們居住的清淨界。

❸那諾六法：古印度佛學家那諾達巴所修道六法。一說為臍火瑜伽、光明、幻身、中有、往生和奪舍；一說為臍火、光明、幻身、雙運、往生和奪舍。

❹卻貝桑布：藏文史籍稱他為娘布地方人，他以黑帽系第五世活佛得銀協巴（1383-1415）而聞名。明成祖曾封他為「萬行具足十方最勝圓覺妙智慧，善普應佑國演教如來大寶法王西天大善自在佛」。「得銀協巴」是「如來」的藏譯。

❺噶瑪寺：即噶瑪丹薩寺。1147年都松欽巴在康區類烏齊的一個叫噶瑪的地方修建的寺廟，噶瑪噶舉由此寺得名。

❻瑪迪拔陀羅：宗喀巴三歲從迦瑪·若比多吉受近事戒法名袞噶寧布。八歲時依法王頓珠仁欽受出家戒和沙彌戒，法名羅桑扎巴，從師學習多種顯密教授。瑪迪拔陀羅是羅桑扎巴的梵語義譯。

❼止貢梯寺：又稱直工梯寺，止貢寺。1179年覺巴·仁欽拜倡建。噶居派的寺廟。在西藏墨竹工卡境內。據《西藏王臣記》載，闊端派往西藏的蒙古將

軍多達那波打到了拉薩河上游著名的止貢寺，可是由於止貢寺的寺主有「法術」，驟然間天空中飛來一陣碎石，所以蒙古軍未能將止貢寺破壞掉。

⑱涅塘德瓦巾大寺，即聶塘極樂寺。1205 年，為嘉欽如瓦所創建，別名惹堆寺，在拉薩西郊曲水縣境內。

⑲桑浦寺，桑浦是在拉薩西南處的一地名。在 1073 年阿底峽的弟子俄‧雷必喜饒於該地建內鄔托寺，後改稱桑浦寺。

⑳薩迦寺：在日喀則地區薩迦縣。有西北二寺，北寺在溫波山白土中阜之旁；南寺座落在薩迦河南岸，三層大殿為其主體建築。1073 年薩迦初祖薩欽之父袞卻傑布創建。藏傳佛教薩迦派即由此傳出。

㉑昂仁寺：是絳巴代完巴在拉堆絳萬戶所在地建立的一座寺廟。據《蒙藏民族關系史》云，絳巴代完巴「出身於西夏王族後裔的拉絳萬戶家族」所以被稱為「絳巴」；代完巴即「大元巴」，為元代受到「大元國師」封號的西藏僧人的稱號。」

㉒則欽寺：又稱竹慶寺。全名為竹慶烏禪林、是寧瑪派在四川甘孜藏族自治洲德格縣境內著名寺廟之一。1685 年，當時德格土司阿旺扎西，為歡迎五世達賴的弟子白瑪仁增（1625-1697）的到來，於 1684 年在德格地區創建的。

㉓尼本‧貢噶巴俄：據《土觀宗教源流》注云，此人「為覺朗‧兌補巴弟子，宗喀巴曾從之學般若學」。

㉔雅隆南傑：據《西藏佛教史略》云，「一三八五年，宗喀巴在雅隆地區的南傑拉康寺從楚臣仁欽受比丘戒」。

㉕丹薩梯寺：在西藏桑日縣。1158 年噶舉派喇嘛多吉傑波倡建。因其地名為帕摩竹，從此寺傳出的僧徒名為帕竹噶舉。多吉傑波（1110-1170）或稱帕木

竹巴是帕竹噶舉的創始人。

⑯德瓦巾寺：在拉薩南郊。該寺曾是噶當派的寺院。

⑰章其：蒙古族佛教人員使用的一種服飾。用厚毛料或布料縫製。因著服者身分不同而異，也稱斗篷。有時把包裹經卷用的杏黃色綢緞或布料方塊單子也稱章其。蒙古僧眾所說的「章其阿熱拉扎呼」是一句特殊的用語，專指「轉世」。本書說的是披戴服飾的佛像。

⑱因陀羅：是印度古老傳說中的天神之王帝釋。（詳見《印度佛教史》257頁）

⑲幢：梵名馱縛若，又曰計都，譯作幢。《佛學大辭典》釋：「為竿柱高出，以種種之絲帛莊嚴者。藉表麾群生，制魔眾，而於佛前建之，或於幢上置如意寶珠，號之為興願印，寶生如來，或地藏菩薩之三昧耶形也。大日經疏九曰，『梵云馱縛若。此翻為幢。梵云計都。此翻為旗。其相稍異。幢但以種種雜色絲幖幟莊嚴。計都相亦大同。而更加旒旗密號。如兵家畫作像龍烏獸等種種類形。以為三軍節度。』演密鈔五曰，『釋名曰。幢者童也。（童獨也）其貌童童然。即軍中獨出之謂也』」。

⑳甘丹南巴嘉哇林寺：簡稱甘丹寺，亦寫噶丹寺。格魯派前藏三大寺之一。在西藏自治區達孜縣境拉薩河南岸旺古日山上。1409 年明永樂七年，由宗喀巴‧洛桑札巴所倡建，為藏傳佛教格魯派祖寺。該寺院有兩個顯宗札倉，即絳孜扎倉和夏孜扎倉。舊時宗喀巴的法座繼承人噶丹赤巴，居此寺中，甘丹赤巴在格魯派中地位很高，僅次於達賴和班禪。

㉑仁達哇：即仁達哇迅努羅追。仁達哇為地名，迅努羅追（1349-1412）是薩迦袞噶貝和麻底班欽的弟子，宗喀巴曾向他學過法。

❽❷大慈法王：明代對藏傳佛教名僧的稱號。宣德九年（1434年），格魯派僧人降青曲結代宗喀巴進京朝觀，明廷封他為「萬行妙明真如上勝清淨般若弘願普慧輔國顯教至善大慈法王西天正覺如來自在大圓通佛」，簡稱「大慈法王」。

❽❸《噶當書函》：係噶當派著名典籍《祖師問道語錄》和《弟子問道語錄》的總名。又名《噶當師徒法》，敘述阿底峽與仲敦巴二人前生和生平事跡。

❽❹蔡公堂寺：在拉薩蔡谿地方。

❽❺色拉寺：格魯派前藏三大寺之一。全稱為「強欽卻傑色拉鐵欽林」。1414年，永樂帝封絳欽卻傑為「西天佛子大國師」。他本名為釋迦也夫，曾被明朝冊封為大慈法王。他於1418年在郊拉薩北修建色了拉寺。該寺初建時有五個札倉，後併為三個。

❽❻里塘：地名，屬原康區。據《衛藏通誌》載，「巴塘東行五百四十五里，名里塘，有長吉春科兒寺，大堰布喇嘛屬之，管喇嘛三千餘名。」1580年索南嘉措到達康區的巴塘里塘一帶，在里塘時主持建里塘寺。

❽❼居士：自己信奉佛教而又不具備出家的條件，不能守持比丘戒律的人，可以斷離五惡守持居士戒的人稱之謂居士。

❽❽和尚：梵語音譯為「鄔波馱耶」，意譯為「親教師」等。在印度原為師父的俗稱。在中國佛教典籍中一般對佛教師長的尊稱，後通稱僧人。

❽❾暇滿：指世間福德中有八種有暇和十種圓滿。（詳見《布頓佛教史》45頁）

❾⓪根敦嘉措：二世達賴（1476-1542）。生於後藏達納（今謝通門縣境內）。1485年在札什倫布寺學習。1509年倡建頃科傑寺（今加查縣境內）。歷

任札什倫布、哲蚌、色拉等寺堪布。

⑨白度母：佛教密宗長壽本尊之一。

⑨哲蚌寺：西藏格魯派前藏三大寺之一。在拉薩西郊更丕烏孜山下。1416年，由宗喀巴弟子絳陽曲傑札西巴登所倡建。全稱為「吉祥米聚十方尊勝洲。」初建時該寺有七個札倉，後來逐漸合併成郭茫、羅色林、德央、阿巴等四個札倉，前三為顯宗扎倉，後一為密宗扎倉。第二、三、四世達賴喇嘛均在此坐床。1642年五世達賴在寺中建立甘丹頗章，掌管地方政權。哲蚌寺曾從規模和人數上均在其他二寺（色拉、甘丹）之首。

⑨白噶爾：被蓮花生大師降伏後為西藏人所崇奉的神祇之一。

⑨大昭寺：松贊干布時建立的著名寺廟之一，位於拉薩市中心。大昭寺是由尼泊爾公主尺尊主持修建的，殿門朝西。相傳初建大昭寺時，驅使山羊群馱土填湖，故也稱羊土神變寺，羊土天功等。建築具唐代風格，有高四層的銅質鎦金樓閣五座，殿堂數十間，各殿有松贊干布、文成公主、尺尊公主的塑像以及各種佛像和眾多壁畫。明清以來拉薩每年正月傳召法會在這裡舉行。

⑨馬頭明王：梵語音譯哈雅噶爾瓦。蒙古族佛教中的護法神之一，亦稱馬頭金剛。

⑨團嘉切澤：原文是 thon-rgyal-byed-tshal，日文意譯作「能勝林」。本書音譯為團嘉切澤。

⑨伍由：據日譯《蒙古佛教史》注解，伍由屬於後藏的一地名。

⑨香：據日譯《蒙古佛教史》，香是後藏扎什倫布之北的一地名。

⑨溫薩寺：在日喀則附近，是二、三世班禪駐錫過的一座寺院。

⑩扎什倫布寺：後藏最大的格魯派寺廟，在日喀則郊區，1447年明正統12

年，第一世達賴喇嘛根敦珠所創建，自班禪洛桑卻堅以後，即為歷代班禪額爾德尼駐錫之所。《衛藏通誌》載：「其寺背山臨河，殿宇宏敞，佛像莊嚴，亦甚壯麗，乃班禪喇嘛坐床之所，凡學經成者，必至此受戒。」

⑩印度阿闍世王：指摩揭陀國頻毗娑羅王之子。大約公元前五世紀即位。

⑩佐格阿升喇嘛：據《俺答汗傳》記載，1571 年有西藏高僧阿升喇嘛到內蒙古地區傳教，阿升喇嘛會見了俺答汗，勸他皈歸佛教，敬奉三寶。《蒙古源流》中說：1573 年俺答汗進兵喀喇土伯特之地，攻打了甘青及四川藏族地區，並請來了阿哩克喇嘛、固密‧蘇噶等西藏佛教的僧人。阿哩克喇嘛向俺達汗解釋了生死輪迴、因果報應等佛教教義。

⑩尊追桑布：是十五世紀時，以修建鐵索橋聞名的湯東傑布（1385-1464）的本名。他是香巴噶舉派的僧人。據《藏漢大辭典》釋：唐東傑波（1385-1509），生於後藏地區昂仁縣沃迦拉孜，約與宗喀巴同時，屬香巴噶居派，雲遊印度、漢土及康藏各地，修建寺廟札鐵橋甚多。後卒於康區類烏齊地方，終年 125 歲。

⑩阿朵薩達爾罕：指的是鄂爾多斯徹辰諾顏即呼圖克太徹辰洪台吉。

⑩熱振寺：是噶當派的第一座寺廟。1057 年由阿底峽的弟子種敦巴所倡建。1239 年闊端派遣的由將軍多達那波帶領的一支蒙古軍隊進攻西藏時，該寺受到燒毀，後逐漸修復。原西藏地方政府建立後，該寺為地方政府所管轄的寺廟之一，第五十四任期赤巴阿旺曲德長期擔任七世達賴格桑嘉措的老師，他生前曾要求將熱振寺撥給他個人，因此第七世達賴喇嘛於 1739 年將熱振寺獻給他老師個人管轄。後來 1865 年清嘉慶皇帝下令將熱振寺交歷代熱振呼圖克圖個人管轄，從此熱振寺赤巴均被稱為熱振活佛。寺內藏有不少畫卷、唐卡和珍貴文

物。

⑩憍薩羅國：據《大唐西域記》載，「憍薩羅國周六千餘里，山嶺周境，林藪連接。國大都城周四十餘里。上壤膏腴，地利茲盛。邑里相望，人戶殷實。其形偉，其色黑，風俗剛猛，人性勇烈，邪正兼信，學藝高明。王，刹帝利也，崇敬佛法，仁慈深遠。伽藍百餘所，僧徒減萬人，並皆習學大乘法教。天祠七十餘所，異道雜居」。

⑩勝光王：據《藏漢大辭典》釋，勝光王係古印度舍衛國王，與釋迦牟尼同年同月同日生。即位後，常從佛聽法，被其臣下擯逐，乃往求救於未生怨王，病死途中。亦稱波斯匿，軍勝王等。

⑩影堅王：佛在世時摩揭陀國一國王名。梵音譯為頻婆娑羅王。亦稱頻毗娑羅王。在《大唐西域記》上有他迎佛遺跡之傳說。（詳見校注本 764 頁）

⑩東科爾卻傑雲丹嘉措：（1557-1587）據《安多政教史》記載，東科爾活佛第一世為達瓦堅贊，第二世為雲丹嘉措，均為康西人。雲丹嘉措二十三歲到青海拜見達賴三世，受比丘戒，受俺答汗之供，31 歲去逝。據《達賴喇嘛傳》載，一五七九年（明神宗萬曆七年），俺答汗與索南嘉措告別，率大部返回內蒙古土默特部，索南嘉措特派東科爾呼圖克圖雲丹嘉措，作為他的代表，跟隨俺答汗去內蒙古講經說法」。

⑩達賴喇嘛瓦齊爾達喇：該號全稱為「聖識一切瓦齊爾達喇達喇嘛」。

⑪法王梵天：該號全稱為「轉千金輪咱克瓦爾第徹辰汗」。

⑫昌都：地區名，在西藏自治區東部，與四川、雲南、青海省為鄰。金沙江、瀾滄江、怒江等三條大江由北向南流經其境。又一名作察木多。如《西藏圖考》載「察木多城在巴塘城西一千四百里」。《衛藏通誌》載「察木多舊名

第二章　佛教在蒙古地方的傳播

昌都，亦名怒木，即所謂康也」。

⑬ 丹斗寺：日文《蒙古佛教史》稱 Ri-bo gn-tig，蒙文寫作 dandar。

⑭ 阿育王：（？—前 232）梵文稱 Asoka，亦譯「阿恕迦」、「阿輸迦」等，意譯為「無憂王」「天愛喜見王」。《宗教詞典》釋如下：「印度揭陀國孔雀王朝創始人旃陀羅笈多之孫。相傳殺兄修斯摩後即位（前 273，又一說前 268），征服羯陵伽國，除半島南端外，統一全印度。設「大法官」主持佛教、婆羅門教、耆那教等事務，特別扶植佛教，立佛教為國教。」

⑮ 蘇米爾岱青台吉：四世達賴雲丹嘉措之父。據《達賴喇嘛傳》云「四世達賴法名雲丹嘉措，係蒙古俺答汗的曾孫，蘇彌爾代青洪台吉之子，生於公元一五八九年（明神宗萬曆十七年，西藏第十饒迥之土牛年），父名青格爾傑布徹辰曲結，母名尊姆瓊娃帕堪努拉。」

⑯ 火落赤：據《安多政教史》記載，俺答汗將自己部下的一名叫火落赤欽巴圖爾的貴族及其屬民留在青海湖附近。這樣，在青海的蒙古諸部中又增加了一個火落赤部。

⑰ 帕巴拉：宗喀巴之門徒沃貝多吉的弟子，後來成了昌都強巴林寺最大的轉世活佛。帕巴拉的傳承一直延續到今日。

⑱ 多思麻：亦稱朵思麻。西藏人稱青海為朵，朵思麻是藏文 Mdo-Smad 的音譯，譯言下朵，今青海東部。《元史》脫思麻路當即 Mdo-Smad 之音譯。但元代的朵思麻不包括西寧一帶的地方，因為西寧是翁吉剌部章吉附馬的分地，隸屬於甘肅等處行中書省。詳見《穹廬記》423，429 頁。

⑲ 官卻晉美旺波：（1728-1791）第二世嘉木樣活佛。1753 年，前往西藏，入哲蚌郭芒扎倉學經，獲格西學位，1759 年返回拉卜楞寺，曾任拉卜楞寺和爾

塔寺的法台，之後常往返於蒙藏地區講經說法。

❿白利王頓月：多吉曾占領德格、昌都、類烏齊等地。他崇信本教，摧毀在康區的大部分薩迦、格魯、寧瑪三派的寺院，把僧人們逮捕監禁。

❿印度之王柯辛：《土觀宗教源流》譯作天竺王熱柯辛。

❿尼泊爾楊布城之王：據《土觀宗教源流》注，楊布是尼泊爾著名塔寺之稱，在今加德滿都，也是尼泊爾王都所在地，因此便把它作為尼泊爾王國的代稱。

❿……正是此王的恩德：這一節史料記載與《土觀宗教源流》中關於霍爾地區佛教興起的情況一節後半部很近。又有一部分與蒙文《水晶鑒》（489-490頁）上的記載相同。

❿額魯特：《蒙古游牧記》中載，「額魯特舊分四部，曰和碩特，姓博文濟吉特；曰準噶爾、曰杜爾伯特，皆姓綽羅斯。曰土爾扈特，姓不著，部自為長，號四衛拉特，統稱額魯特，即明史所謂瓦剌者也。」

❿土爾扈特：《蒙古游牧記》云，「始祖元臣翁罕，姓不著。七傳至貝果鄂爾勒克，子四。長珠勒札斡鄂爾勒克，生子一，曰和鄂爾勒克，居於牙爾之額什爾努拉地。初，衛拉特諸酋巴圖爾琿台吉者，游牧阿爾台，恃其強，侮諸衛拉特。和鄂爾勒克惡之，挈族走俄羅斯，屯牧額濟勒河。俄羅斯嘗與雪西洋及西費雅斯科戰。土爾扈特以兵助之。厥後稍就弱，俄羅斯因稱為已屬。土爾扈特習蒙古俗，務畜牧，逐水草徙，與俄羅斯城郭處異。衣冠用繒罽，復與諸衛拉特絕異。順治十二三四年，和鄂爾勒克子書庫爾岱青、伊勒登諾顏、羅卜藏諾顏相繼遣使奉表貢。書庫爾岱青子朋蘇克，朋蘇克子阿玉奇，也為土爾扈特長，至阿玉奇始自稱汗。康熙中，表貢不絕。……隆乾二十三年，伊犁平，

有附牧伊犁之土爾扈特族台吉舍稜等，奔額濟勒河，既而惇囉布拉什卒，子渥巴錫嗣為汗。三十六年，渥巴錫率諸台吉，及舍稜等，挈全部三萬餘戶內附。」

❿墨爾根泰比拉：據《內濟托因傳》載墨爾根特卜納為額魯特、土爾扈特部長阿尤喜汗之伯兄，率領千軍萬馬的諾顏。其生一子，名阿必達。阿必達心情溫順，慈悲為懷，被稱納濟托因。

❿楚臣藏巴：是班禪賜於阿必達即內濟托因受戒之名。以上記載與慧海所著《內濟托因傳》近。詳見《蒙古作品一百篇》（蒙文）313-314頁。

❿呼和浩特的翁木布洪台吉迎請他：此處與《內濟托音傳》有所不同。後者云，內濟托因來到呼和浩特，在小昭門前建一屋住著的時候，土默特之主楚庫爾前來拜見了他。交談中內濟問：「小昭何人修建？」答曰：「此為阿拉坦汗之侄翁木布諾顏台吉所建。」據此，認為迎請者非翁木布。

❿一方紅布：這一段記載與《內濟托因傳》同。詳見《蒙古作品一百篇》（蒙文）315頁。

❿使佛法廣為弘揚：這一段記載在《內濟托因傳》上較細。詳見《蒙古作品一百篇》（蒙文）316頁。

❿開光儀式：這一段內容在《內濟托因傳》中有詳細記載。詳見《蒙古作品一百篇》（蒙文）317頁。

❿郭爾羅斯：據《蒙古游牧記》云「元為遼王分地，明入科爾沁。元太祖遣弟哈布圖哈薩爾，征郭爾羅斯部，擒其酋納王林於克哩業庫卜克爾。哈布圖哈薩爾十六傳至烏巴什，遂以為所部號。」

❿蒙古爾津：漢籍稱「滿官嗔」。舊指土默特左旗。土默特左旗係札薩克多羅達爾汗貝勒牧地。《蒙古游牧記》載「元臣濟拉瑪十三世孫善巴與喀喇沁

為近族。祖莽古岱，始由喀喇沁徙居土墨特。天聰三年，善巴率屬來歸。九年，詔編所部佐領，授札薩克，掌左翼事。崇德九年，封達爾汗鎮國公，子卓哩克圖，康熙元年，追敘善巴功晉多羅貝勒，世襲罔替。」

⑭ 木雅：舊譯弭藥。今四川省甘孜藏族自州康定縣折多山以西道孚以東地區名。木雅也譯作西夏，指宋代曾在寧夏銀川建都的黨項羌政權。

⑮ 伊拉古克三：《達賴喇嘛傳》與《蒙藏民族關係史略》對伊的記載有所不同。前者載，「噶丹頗章政權建立之時，已到明朝末年，內地兵荒馬亂，政治腐敗，而清朝政府已在東北建立，並占據了東省和內蒙古地方。當時有一西藏黃教喇嘛賽青曲結，從內蒙古地方傳教完畢返回西藏，正值噶丹頗章政權建立之年，他向達賴、班禪建議，應遣使與清朝皇帝（藏史稱為「覺吉甲布」）通好。……賽青曲結於一六四二年離開西藏，次年到達盛京（即瀋陽），太宗親率諸王貝勒大臣出懷遠門迎之，太宗率眾拜天行三跪九叩之禮畢，伊拉古克三（即賽青曲結）等以達賴喇嘛書上之，太宗立而受之，遇以優禮。」（詳見《達賴喇嘛傳》33 頁）。而後者載「鄂齊爾圖的第三子是伊拉古克三，此人又是一個出身於和碩特部王公家庭的格魯派僧人，按輩分，他是固始汗的姪孫，在固始汗控制西藏、青海時，他是負責格魯派及和碩特部與清朝聯繫的特殊身份的喇嘛。」（詳見《蒙藏民族關係史略》110 頁）

⑯ 阿旺洛追嘉措：（1635-1688）亦稱嘉納巴·赤欽洛追嘉措，青海塔爾寺附近達秀部落人，11 歲時去西藏，入哲蚌寺學經，是四年班禪和五世達賴的弟子，1682 年擔任格魯派最高僧職—甘丹赤衛，1686 年卸任，作為達賴喇嘛的代表去喀爾喀調解土謝圖汗與札薩克汗的爭端，得到康熙帝賞識，1687 年請到北京，封為呼圖克圖。1688 年卒於青海，他的轉世成為青海尖扎縣拉穆德慶寺和

塔爾寺的賽赤活佛系統。

⓺章嘉・阿旺洛桑卻丹：（1642-1714）即第二世章嘉活佛。1661 年去西藏學法，成為五世達賴喇嘛的弟子。1683 年返回佑寧寺。1687 年兩次入京，受康熙帝賞賜。1693 年康熙帝遣使召請入京，封為呼圖克圖。康熙帝擊敗噶爾丹之後，在多倫諾爾召集蒙古王公會盟，並建匯宗寺，封他為「灌頂普善廣慈大國師」，主持多倫匯宗寺，掌管內蒙古地區佛教事務。

⓺安多：青海、甘肅南部和四川西北一帶藏族地區的名稱。

⓺佑寧寺：在青海省互助土族自治縣境內，公元 1604 年，為頓月卻吉嘉措所倡建，後為土觀呼圖克圖住持之地。據土觀・洛桑卻吉尼瑪的《佑寧寺誌》（藏文）載，該寺由四世達賴雲丹嘉措倡建。當三世達賴索南嘉措前往蒙古時，曾在查嘉的地方修建駐地，突然雲聚天空，雷聲轟鳴，下起大雨，雨過之後天空架起五顏六色的彩虹，尊者見此情景預言道：將來此處會有位無量生者發揚噶當教。个久雲丹嘉措生在蒙古，前往西藏，路經該地時眾多有情者請求建寺院。尊者同意，不久寺廟建成。

⓺多倫諾爾寺：多倫諾爾係蒙語，直譯為七湖，故亦稱多倫泊。據《蒙古游牧記》注「多倫華言七，諾爾華言河泊也，其水清冽，中產魚蛤之類。在上都牧場東北。」《一統誌》云：「上都牧場，在獨石口東北一百四十五里博羅城。」多倫諾爾寺漢名為匯宗寺。

⓺禪定：指通過精神集中，觀想特定對象而獲得佛教怪解或功德的一種思維修習活動。此處把藏文「拉都」譯作禪定，為供奉師長之意。

⓺青海：據《蒙古游牧記》載：「元太祖弟哈布圖哈薩爾，七傳至阿克薩噶勒泰，子二。長阿魯克特穆爾，今內札薩克科爾沁、札賚特、杜爾伯特、郭

爾羅斯、阿魯科爾沁四子部落、茂明安、烏刺特八部，其裔也。次烏魯克特穆爾，九傳至博貝密爾咱，稱衛拉特汗，子哈尼諾顏洪果爾繼之，有子六。圖魯拜琥，其四子也，號顧實汗，既據有青海。」

❸（羅卜藏）丹津：因始汗子達西巴圖爾之子，1723 年在察汗托雷蓋聚集青海和碩特台吉商議反抗清朝之策，並自稱為「達賴洪台吉」。

❹岳鍾琪：字東美，號容齊，四川成都人。康熙五十年，鍾琪由捐納同知改武職。《清代七百名人傳》中有其傳，其中關於平息青海叛亂有如下記載「雍正元年。青海羅卜藏丹津叛。鍾琪率松潘及土司兵防巢。……二年正月。授奮威將軍。進征青海。時西寧東北部郭隆寺喇嘛通賊。剿之。毀其寺。二月。大軍出邊。羅卜藏丹津覺阿喇卜坦溫布等。竄伊克喀爾吉。追擒之。遂由布爾合。屯逼額穆納布隆吉爾賊巢。三月。抵柴達木，羅卜藏丹津以二百人遁。追至烏蘭白克，擒其母。並首惡吹喇克諾木齊扎什敦多卜等以歸，青海平。授為三等公。……」

❺年羹堯：號雙峰。漢軍鑲黃旗人。《清代七百名人傳》中有其傳。其中談到「……五十九年二月，詔平逆將軍宗室延信自青海往定西藏。授羹堯定西將軍。……二年正月，上以羅卜藏丹津負國叛賊。斷不可宥。授鍾琪奮威將軍，命羹堯趣令討賊。時西寧東北郭隆寺喇嘛應賊。羹堯令鍾琪等襲斬六千餘。毀其寺。因分路進剿，敗賊哈爾吉山。擒其酋阿刺布。坦溫布別遣涼莊道蔣洞等。擒阿岡賊番，又敗賊石門寺。三月。鍾琪等師至柴達木。羅卜藏丹津率二百餘人遁。追擊至烏蘭伯克。擒其母及賊酋欽喇克諾木齊等。盡收人戶馬駝。青海平。敘功進羹堯爵一等公。」

❻章嘉・若必多吉：（17117-1786）著名國師、學者。又名「章嘉意希丹貝

準美貝桑布」。是二世章嘉活佛阿旺洛桑卻丹的轉世。青海蒙古人。1720 年被迎入佑寧寺坐床，1724 年雍正帝命清軍將其迎至北京，由二世土觀活佛卻吉嘉錯傳授藏傳佛教，曾與四皇子（乾隆皇帝）一同讀書多年，精通漢、蒙、藏、滿語文。1734 年，雍正帝正式封他為「灌頂普惠廣慈大國師」，並賜金冊、金印等。當年八月，章嘉若必多吉奉命與果親王一起去泰寧會見七世達賴喇嘛，並與副都統福壽一起護送七世達賴喇嘛從泰寧返回拉薩。1753 年 10 月，章嘉若必多吉在日喀則從五世班禪受沙彌戒和比丘戒。回京後，新繼位的乾隆皇帝下令將掌管京城喇嘛事務的大印交給他，封為掌印喇嘛。1743 年，乾隆帝賜御用金龍黃傘後又賜「振興黃教大慈大國師之印」。1744 年，乾隆帝與章嘉若必多吉商議之後，決定在京建立一座正規的喇嘛院。由若必多吉主持，將雍和宮改建為寺院，修建了大經堂、三世佛殿、戒壇、藥師殿、法輪殿、大王殿等。並從蒙古和漢藏地區召集五百名年輕僧人，按照藏傳佛教的制度設立了顯宗、密宗、醫宗等扎倉，而寺院的所有宗教事務都由章嘉若必多吉掌管。1741-1742 年間，章嘉若必多吉遵照乾隆帝的命令主持完成了蒙譯《丹珠爾》的工作，將譯稿進呈乾隆帝裁定後刻印發行，傳布蒙古各地。在此之前，章嘉若必多吉組織有關學者編印了蒙藏文對照辭典，為譯經做了充分準備。大約從 1771 年開始，章嘉若必多吉奉乾隆之命，組織學者將藏文《甘珠爾》譯成滿文，章嘉若必多吉用藏文撰寫的著作有七函之多。

⑭⑦ 土觀呼圖克圖：一世土觀羅桑拉丹為青海湟中李土司後裔，因出身於土司家，故稱其轉世為土官活佛，後以土官不雅，改為土觀。二世為羅桑卻吉嘉錯（1680-1736）。1704 年任佑寧寺法台。三世為土觀活佛羅桑卻吉尼瑪（1737-1802）。土觀活佛至解放初轉世六代。

⓯ 席力格圖呼圖克圖：《蒙藏佛教史》稱希拉格圖呼圖克圖。是屬歸化城土默特旗人。據《呼和浩特召廟》一書，錫勒圖呼圖克圖第一世為西藏人，明萬歷年間座床。

⓳ 內濟托因呼圖克圖：蒙古土爾扈特部人，明嘉靖三十五年生，順治十年死，享年八十七歲。內濟托因來到內蒙古，曾在阿巴哈哈爾山十二年，在錫喇麻拉哈之洞二十三年，共苦行三十五年之後周遊蒙古地區傳播佛法，修建寺廟，火燒翁衰至死為止。是蒙古地區著名的佛教活動家。

⓾ 扎雅班智達活佛：《蒙藏佛教史》稱「咱雅班第達呼圖克圖」。是屬土默特旗崇喜寺人。據《呼和浩特召廟》云，「康熙元年，達賴五世由西藏派往喀爾喀扎薩克圖汗部，清朝留於呼和浩特。」他於一六四八年創制托忒蒙古文，曾先後翻譯近二百部書。是蒙古地區著名的佛教活動家。

⓯ 丁科爾班智達：《蒙藏佛教史》稱「洞闊爾班第達」。是屬烏喇特部人。

⓯ 喀喇沁：據《蒙古游牧記》載，初元臣有札爾楚泰者生子濟拉瑪，姓烏梁罕氏。佐太祖定天下有功。七傳至和通，有眾六千戶。游牧額沁河，號所部曰喀喇沁。

⓯ 洛桑丹貝尼瑪：被稱為宗喀巴化身的甘丹赤巴洛追嘉措的轉世，洛桑丹貝尼瑪為章嘉國師主要弟子之一。

⓯ 《正字法─學者之源》：亦稱「標準分類辭典」和「智慧之源」。是按著佛教經典經律論與五明學的分類法編撰的藏蒙對照辭書。

⓯ 雍和宮：《清稗類鈔》云「京師喇嘛最多，皆在雍和宮、東黃寺、前後黑寺，而雍和宮在北新橋北，為世宗潛邸，登極後升為宮，乾隆初，莊嚴法相，以喇嘛守之」。《蒙藏佛教史》載「自雍和宮施為黃教喇嘛寺院。額定喇嘛三

百餘人，皆選自蒙古各旗。其掌教之堪布，則皆自西藏達賴喇嘛所遣派。……寺內有阿嘉呼圖克圖倉、洞闊爾呼圖克圖倉，宮之東牆外東花園有土觀呼圖克圖倉。東板子門內，有諾門罕倉。門前藏經館，原名北大門，初為那木喀呼圖克圖倉。光緒三十四年，改為喇嘛印務處。東有濟隆呼圖克圖倉，為西藏喇嘛來京駐錫之所。民國十八年，設西藏駐平辦事處，其後有果蟒呼圖克圖倉。……」

⓯娑婆世界：據佛教典籍，三千大世界也叫做娑婆世界，它的主宰為四面大梵天。

⓰頗羅鼐：（1689-1747）清初西藏貴族，江孜人。本名索南道傑。原為拉藏汗卓尼（傳事官）。康熙 56 年（1717）蒙古準噶爾部侵擾西藏後，避居江孜。雍正元年（1723）被清封為台吉，升任噶倫，管理後藏事務。乾隆四年（1739）進封為郡王，總理西藏政務 19 年，乾隆八年至十年主持鐫刻藏文大藏經木刻版，那當寺版，對西藏文化作出貢獻。卒後由其子珠爾默特那木扎勒襲爵。

⓱大威德金剛：又作怖金剛。古印度密宗成道者拉立達由鄔堅地方發現的無上密乘中父續一本尊名。

⓲第穆活佛：第穆是西藏工布地區一地名。《番僧源流考》（第 9 頁）和《西藏宗教源流考》（79 頁）均有關於第穆活佛的記載，但二者在第穆活佛的名稱歲數方面的記載出入較大。這裡僅把《西藏宗教源流考》中的第穆條摘錄如下供參考：黃教第穆呼圖克圖第一輩工巧仲連，51 歲圓寂。

⓳阿拉善的丹吉林寺：1756 年，上師金剛持德習活佛阿旺倫都布道吉嘉措在察汗加拉克地方根據六世達賴的遺囑所建寺院，次年開光，乾隆 25 年

（1760）皇上賜用金字書寫「廣宗寺」的匾額，該寺為阿拉善地區最大寺院，俗稱「巴倫乞德」（西林卡）。大小經堂有十五所之多。

❿黃廟：即黃寺。據《蒙藏佛教史》載「黃寺，有二。曰東黃寺，曰黃寺。二寺昆連，均在安定門外鑲黃旗教場北。同垣異構，土人稱雙黃寺。東黃寺舊為普靜禪林。清順治八年，奉敕改建為喇嘛駐錫之所。……西黃寺即清淨化城。清順治九年，為綜理黃教之第五世達賴喇嘛建。」

❿圓明園：在北京海淀區。由圓明、萬春、長春三園組成。從康熙四十八年（1709）開始修建，經過一百五十年的時間才告成功，是清皇家遊玩的場所。咸豐十年（1860）英法聯軍侵入北京，將圓明園中的珍寶搶奪一空，並焚燒了整個園林建築，現殘存長春園西洋樓的部分石雕。

❿巴索濟隆活佛：據《番僧源流考》載「頭輩濟嚨呼圖克圖，名巴索恪吉嘉木參，係宗喀巴擬取其名，後藏所屬轄布惟克熊地方出世。年至七十二歲圓寂。」

❿敏珠爾諾們汗：青海色闊寺活佛，說他是贊普巴的轉世，曾受清封諾們汗，所以又稱為讚普諾們汗。

❿阿嘉活佛：據《塔爾寺概況》載「阿嘉為清代乾隆年間八大駐京呼圖克圖之一，又是塔爾寺寺主。第一輩阿嘉喜饒桑布（1633-1707）；第二輩羅桑丹貝堅贊（1708-1768）；第三輩羅桑嘉央嘉措（1768-1816）；第四輩意希克珠嘉措（1817-1869）；第五輩羅桑丹貝旺秀索南嘉措（1870-1909）；第六輩羅桑隆多晉美丹貝堅贊（1910-1948）；第七輩羅桑圖登晉美嘉措（1950-）。《蒙藏佛教史》記載「阿嘉呼圖克圖，自明永樂 15 年之第一世，以迄第十五世，均在西寧塔爾寺，掌理寺務，五族七川之番民，尊為寺主。」兩書所載不同。

⓰ 黑行者：指天竺的持禁行的黑行師。

⓱ 扎雅班智達羅桑赤列：第十六饒迴水馬年在杭蓋生。12 歲獲諾門呼圖克圖的號。19 歲經過塔爾寺到達衛藏，五世達賴授比丘戒，在西藏扎什倫布寺學習生活十八年之久，精通共同與非共同之理論，達賴賜他為扎雅班智達封號和扎薩克印。後返回故鄉，講經建寺，後又到內蒙古察哈爾，阿魯科爾沁，土默特等地弘揚佛法。他用藏文寫的作品集有六函。

⓲ 青蘇祖克圖諾們罕：據《蒙古古代文學一百篇》中有關清蘇祖克圖們罕的介紹，自諾日布希饒（1701-1768）開始為一世，他曾在鄂爾多斯一帶住過多年，1751 年到喀爾喀居住，二世為羅桑丹達爾旺楚克（1776-1827），曾在北京為皇上念經誦咒；三世為巴德瑪多吉（1830-1882）精通佛法；五世恰丹巴覺 1896 年生，他學識淵博，曾為自己和後人收集過很多書籍。

⓳ 土爾扈特阿玉奇汗：（1642-1724）係土爾扈特首領胡烏日勒克後裔，從阿玉奇開始，土爾扈特稱其首領為汗。

⓴ 達布活佛更卓諾們汗：亦稱羅本喇嘛的轉世，是章嘉國師著名弟子之一。

㉑ 拉摩護法：亦稱拉莫護法。噶丹寺附近一護法神名。

㉒ 乃窮護法：原西藏地方政府所供奉的護法神之一，據傳在離拉薩西南不遠處。

㉓ 拉卜楞寺：全稱為「甘丹協珠布達爾吉扎西已蘇奇拜林」（dgav ldan bshad sgrub dar rgyas bkra shis g·yas su vkhyil bavi gling）意為「具喜論修興旺吉祥右施寺」，簡稱「扎西奇寺」，俗稱「拉卜楞寺」，1709 年由阿旺宗折創建。今甘肅省甘南夏河縣所在地拉卜楞鎮。是和西藏的甘丹、哲蚌、色拉、扎什倫布與青海塔爾寺並稱格魯派六大寺院。

⓭參卓堪布洛桑達傑：顯密善知識參卓堪布洛桑達傑為章嘉國師在京的著名弟子之一。

⓮察罕達因齊活佛：（1633-1720）蒙古族佛教人士，亦稱「格根察罕達延齊呼圖克圖」。本名為「桑丹桑布」，原籍內蒙古昭烏達盟，父名達賴，母名蘇格蘇爾，兄弟四人中他最大。當桑丹桑布 15 歲時父母為他娶妻成家，因家中不和離家出走，到土默特左旗受戒為僧。他從 22 歲開始先後到雅麻圖、哈當和碩等地的僻靜山洞修行長達 16 年，康熙八年（1669）開始主持修建瑞應寺（為康熙賜名），次年竣工。康熙 15 年（1676），他帶領 30 名弟子前往拉薩，途經北京拜見康熙帝，到達拉薩後又叩見達賴、班禪，「察罕達延齊呼圖克圖」之號和印就是這次由達賴賜予他的。一年後返回瑞應寺，1688 年他再次進藏從事佛教活動。後來一直奔忙於五台、北京、熱河等地，修建寺塔、念經誦咒、培養教徒，甚受康熙皇帝的器重。1720 年壽終，靈塔修建於五台山，從桑丹桑布起到解放為止，察罕達延齊呼圖克圖共轉世六代。

⓯乍丫切倉活佛貝丹丹堅贊：據《番僧源流考》和《西藏宗教源流考》記載，是為第五輩乍丫呼圖克圖，年 56 歲圓寂。

⓰濟隆活佛意希丹貝官布：《番僧源流考》和《西藏宗教源流考》均有簡短記載，前者云，「八輩濟嚨呼圖克圖，名羅布桑丹悲滾布，在博窩之麻勒覺地方出世。年至五十二歲圓寂。」後者載「第八輩夷喜羅布桑丹貝貢布，奉旨進京，授為掌印喇嘛。尋奉命回藏協理商上事務，賞加『畢呼圖諾們罕』名號。嘉慶元年，修建寺院，竣工後賜名永安寺。年五十一歲圓寂。」

⓱貢塘活佛官卻丹貝準美：（1762-1823）從小被稱為貢塘仁波切，幼年赴拉薩，在哲蚌寺果莽扎倉專修佛教哲學，後返拉卜楞寺，教授僧眾，不久任該

僧法座。他一生著述甚多，全集有十一卷之多，其中有些篇章在蒙古地區流傳也很廣，如《水之傳》、《木之傳》等。

⑰夏瓊寺：卻傑頓珠仁欽於 1349 年左右修建的寺。如今在青海省化隆縣境內。當土觀卻吉尼瑪任法座時，清乾隆皇帝曾賜有「弘法寺」字樣的匾額。（詳見《夏瓊寺誌》（藏文）。《塔爾寺概況》記有宗喀巴曾在夏瓊寺學經九年的情況。

⑱卓尼：即今甘南藏族自治州卓尼境地。卓尼寺漢名為禪定寺。

⑱土觀活佛達磨瓦齊爾：即第一輩土觀羅藏拉卜坦。《穹廬集》中記載「康熙十一年（1677）被遷為佑寧寺法台，大約卒於康熙十八年（1679）。」

⑱敏珠爾諾們罕阿旺赤列嘉措：此即第三世敏珠爾呼圖克圖。（1737-1788），今青海省海北藏族自治州隆溝人，1759 年赴西藏學經，後應召入京，受封為駐京呼圖克圖。阿旺赤烈嘉措是章嘉國師賜與他的出家名。

⑱熱絳巴：廣通經義，通曉經典的人，亦稱博士。比格西高一級的學位名。

⑱甘丹赤巴：亦稱噶丹赤巴。繼承噶丹寺中宗喀巴法座者。拉薩三大寺僧侶在傳大召期間，考得有名次的格西學位，轉入上密院或下密院修學密乘，充當密院維那師、領唱師、堪布，退位堪布、噶丹寺東院或北院法主以後，遇缺可以依次升任此職。

⑱德哇‧洛桑頓珠：德哇倉‧洛桑頓珠。據《蒙藏民族關係史略》載，嘉木樣一世臨終時，曾囑咐其弟子賽倉‧阿旺扎西，他死後不再轉世。另一大弟子德哇倉‧洛桑頓珠聞訊後趕去要求嘉木樣一世轉世，嘉木樣一世沒有做出明確的回答就去世了。

⑱蒙古爾津寺：即瑞應寺。位於遼寧阜新蒙古族自治縣卓新鎮西南 30 公里

的佛寺鄉佛寺村。蒙古族通稱「葛根蘇木」。漢族稱佛喇嘛寺或佛寺。始建於清康熙八年（1669），後歷經擴建，素有「東藏」之稱。主要建築有大雄寶殿、活佛宮、四大扎倉及德丹闕凌和外五座屬廟。寺廟中珍藏有達賴喇嘛的部分舍利子、右旋螺法號和宗喀巴吃乳汁用過的乳牛角等珍貴文物。共有六世活佛轉世。其下有五個屬廟分別是白傘廟、綠度母廟、關帝廟、護法殿、舍利廟。

❶❽❼墨爾根喇嘛阿旺洛追：據《土觀宗教源流》注「墨爾根蒙語，是對修行有成就人的稱號，他曾作協饒僧格弟子，公元十五世紀時人。」

❶❽❽拉然巴格西：舊時，拉薩傳大召期間，在三大寺僧眾會上答覆佛學辯難考取的僧侶學位名。

❶❽❾南海普陀山：據《衛藏通誌》載「……梵書言普陀山有三：一在額訥特克之正南海中，山上有石天宮、觀自在菩薩遊舍，是乃真普陀；一在浙江之定海縣海中，謂善才第二十八參觀音菩薩說法處；一在圖伯特，今番名布達拉山，亦為觀音化現之處。」顯然該書指的是第一種。

❶❾⓪固始：亦稱顧實，實際是漢語「國師」的音轉，國師一般是對佛教高僧的尊稱或加封的名號。

❶❾❶卻傑：是藏語音譯，指法主、宗教首領。

❶❾❷那若空行母四部灌頂：指佛教無上密宗一本尊。四部灌頂即寶瓶灌頂、秘密灌頂、智慧灌頂和句義灌頂。

❶❾❸依怙：常指五種依怙，為：身依怙、語依怙、意依怙、功德依怙、業依怙。

❶❾❹四聖行：即比丘於衣服、飲食、臥具三者隨所得而喜足，樂斷樂修，總名四聖行。

㊗兜率百尊：兜率天，漢文義譯知足，謂於五欲境生喜足之心。此天依空而居，人間四百年為此天一晝夜，人間十四萬四千年，方為此天一天。此天在夜摩天與樂變化中間，為欲界六天中第四重天。分內外院，內院為彌勒菩薩所居淨土，外院為天眾的欲樂處。兜率百尊，亦譯成睹史天眾。

㊗學證單傳：指賢哲之廣博學問高尚德行以及成就單獨傳播。

㊗安樂道：無苦之利樂即幸福之道。

㊗三律儀：即密乘律儀、菩薩律儀、別解脫律儀。

㊗澤當寺：札巴仁欽的侄子大司徒絳曲堅贊（1302-1364）於1351年在澤當建立的專門傳授顯宗經典的寺院。

㊗格貴：掌堂師，糾察僧眾的喇嘛。

㊗二十一尊度母：奮迅度母、威猛白度母、金顏度母、頂髻尊勝度母、吽音叱咤度母、勝三界度母、破敵度母、摧破魔軍度母、供奉三寶度母、伏魔度母、解厄度母、烈焰度母、顰眉度母、救飢度母、大寂靜度母、消疫度母、賜成就度母、消毒度母、消苦度母、明心吽音度母和震撼三界度母。

㊗獨雄：指單身大威德金剛。

㊗多仁巴：在全寺大殿門外石階前，會聚部分僧眾，答覆辯難所考取的學位名。亦稱石階善知識，多讓巴格西。

㊗噶布楚：後藏札什倫布寺中對格魯派必須的五論本注已經粗通的格西稱之為噶布楚。

㊗旃檀覺臥佛像：據《輟耕錄》記「京師旃檀佛以靈異著聞，海宇王侯公相士庶婦女捐金莊嚴以丐福利者歲無虛日，故老相傳云其像四體無所倚著，人君有道則至其國，國初時尚可通一線無疑，今則不然矣。按翰林學士程鉅夫瑞

像殿碑刻云，釋迦如來初為太子，生七日母摩耶棄世生忉利天，佛既成道，思念母恩遂升忉利天。為母說法優填國王自以久失瞻仰於如來欲見無從乃刻旃檀為像。」

⑳摩耶夫人：即釋迦牟尼的母親，淨飯王夫人。蒙文稱mahamaye。據《水昌鑒》載，她生完釋迦牟尼後，第七天就涅槃了。

⑳貝拿勒斯：即鹿野苑，亦稱波羅奈斯國，是釋迦牟尼佛初轉法輪處，為佛教聖地之一。

⑳鄔達羅衍那：亦稱烏金或烏仗那。印度西方空行母住處。此處指人名。

⑳目犍連：指釋迦牟尼佛二勝弟子之一，另一位為舍利子。

⑩五台山：位於山西省東北部，屬太行山系。「五台」是因為它的五座山峰之頂不尖、不扁、不圓而像桌面那樣平得名。佛教傳言，五台山是文殊菩薩的道場。據《清涼山誌》載，五台山的佛教活動，是自漢明帝永平年間。天竺僧人攝摩騰和竺法蘭朝禮五台山以後開始的。南北朝時，五台山已建寺二百餘所。從此各朝屢建不斷，使之成為全國佛教徒嚮往的地方。

⑪白塔：亦稱妙應寺白塔。座落在北京城西阜城門內。因寺內有一高大端莊的白塔而聞名於世。1096 年。遼代在此建過供奉佛舍利的塔，後毀於戰火。元世祖忽必烈遷都燕京，先後築起白塔和寺院。名「大聖壽萬安寺」。明朝天順年（1457）重建寺院時改名為「妙應寺」。俗稱白塔寺。

⑫幻化寺：在涼州（今甘肅武威）城之東。

⑬門朗喇嘛：藏語音譯，意為祈禱、祝願之上師。

⑭閻羅王：指旃陀羅女、鄔摩天女。

⑮地獄：佛教認為地獄是無喜樂之地，即三惡趣（地獄、餓鬼、畜生）之

一。

㉑草烏：亦稱烏頭，一種毒藥名。

㉑對治：佛教指制服者。如治病為藥，治瞋修忍。也指幫助者，朋友等。

㉑三門：佛教把身（行動）、口（語言）、意（思想）稱之為三門。

㉑三界：即天上、地上、地下。

㉒二真諦：即勝義諦和世俗諦。

㉑瑜伽：即相應，有五義：一與境相應，二與行相應，三與理相應，四與果相應，五與機相應。義同禪定。

㉒世間出世間：此處世間指四大八小洲，以及須彌、日、月等有情三界一切眾生。出世間指超脫、涅槃。

㉒阿羅漢果：阿羅漢為梵語音譯，意為已伏煩惱，已滅怨敵，佛書亦譯殺賊。阿羅漢果是小乘佛教所修行的最高果位。

㉒不還果：四沙門果之一，已斷欲界九修所斷，不須返還欲界中者。

㉒預流果：永斷忍及見道十六心所斷八十八種煩惱，證見諦聖者。

㉒勝觀：梵音譯作毗婆舍那。一切禪定的總括或因。以智慧眼，觀察事物本性真實差別。

㉒寂止：梵音譯作三摩地，略作三昧。於所觀察事或於所緣，一心安住穩定不移的心所有法。

㉒淨戒：梵音譯作尸羅。止息犯戒炎熱、防禁制罪、性罪的守護之心。

㉒唯持相期：《藏漢大辭典》稱唯形象期。佛滅後佛教住世的第十個五百年，出家人徒具外表形象的末法時期。

㉓薄伽梵：梵語，佛的別號，謂天四魔，具六功德、超越生死涅槃二邊者。

蒙古佛教史

㉛赤欽薩木察活佛：薩木察活佛是甘肅省拉卜楞寺的一個活佛系統，因先輩在西藏曾任繼承宗喀巴法座的甘丹赤巴，故稱為赤欽。薩木察活佛為拉卜楞寺的四大赤欽之一。

後

記

此《蒙古佛教史——顯明佛教之寶燈》寫於作者之緣起如下，當全部教法之主赤欽薩木察活佛 ㉛・遍入金剛・晉美南喀應邀來到我們土默特旗的佛教大施主貝子諾顏的寺院時，我前去拜見他，上師對我說：「你用藏文和蒙文寫一本講述蒙古地方的王統及佛法如何傳揚的書。」我回答說：「有許多事難以判明，寫不出來。」上師兩次嚴肅地對我說：「你能寫，應該寫出來。」我才答應下來。

因此，由我——遍知一切的班禪大師洛桑貝丹意希和嘉木樣活佛官卻晉美旺波之微末弟子固始噶居巴・蘇蒂阿育哇爾達亦名央金格貝洛追晉美日比多吉進行編寫，關於蒙古王統部分，參考了呼圖克圖徹辰洪台吉之侄子徹辰薩囊台吉寫的《王統世系・花廳》等蒙文著作，至於各個傳法大德的事跡則從各個學者的藏文著作中匯集精要，於第十四饒迴的土兔年（漢地稱巳卯）七月三日在扎西甘丹雪珠林寺完成，記錄者為固始洛桑勒雪達傑和固始勒雪卻增二人。祈願佛法弘遍各方並長久住世，對所有眾生產生大利樂！

讚曰：

洗淨各處塵障和苦難，
廣布久暫之利樂功德，
像如意寶滿足諸妙欲，
佛法之甘泉殊勝一切。
蒙古地方佛法大施主，
歷代帝王們如何出世，

如何從西藏迎請大德，
佛陀及第二佛陀教法，
如何在各地傳布弘揚，
均在此一一收集記錄，
對善知識大德的功業，
及諸寺院亦簡略介紹。
由信仰精進及辨析的，
固始洛桑澤培捐資財，
編寫此書並刻版印行。
由此善業該法主等人，
以及後世諸位繼承者，
依此善緣獲得解脫果！
祈願諸佛的各種教法，
於一切時處傳布弘揚！
吉祥！

參考書目

額爾登泰　烏雲達賚校勘《蒙古秘史》

　　　內蒙古人民出版社　1980 年

強巴著　巴‧巴根校注《阿薩拉克齊史》

　　　民族出版社　1984 年

烏力吉圖校堪注釋《大黃册》（蒙文）

　　　民族出版社　1983 年

金巴道爾吉著　留金鎖校注《水晶鑒》（蒙文）

　　　民族出版社　1984 年

官布加布著　喬吉校注《恆河之流》（蒙文）

　　　內蒙古人民出版社　1980 年

《蒙古喇嘛教史》（蒙文手抄本）

薩囊徹辰著　道潤梯步澤校《蒙古源流》（漢文）

　　　內蒙古人民出版社　1980 年

王輔仁編著《西藏佛教史略》

　　　青海人民出版社　1982 年

王輔仁　陳慶英《蒙藏民族關係史略》

　　　中國社會科學出版社　1985 年

王森著《西藏佛教發展史略》

　　　中國社會科學出版社　1987 年

牙含章編著《達賴喇嘛傳》

　　　人民出版社　1984 年

〔清〕松筠著《西招圖略》〔清〕黃沛翹撰《西藏圖考》

　　　西藏人民出版社　1982 年

〔元〕耶律楚材《西遊錄》〔元〕周致中《異域志》

中華書局　1981 年

《番僧源流考》《西藏宗教源流考》

西藏人民出版社　1982 年

釋妙舟《蒙藏佛教史》

東城印書局　中華民國二十四年版

韓儒林《穹廬集》

上海人民出版社　1982 年

平定張穆石州撰　光澤何秋濤願船校《蒙古游牧記》

清刻本

陶南邨《輟耕錄》

上海泰東圖書局印行　中華民國十一年版

〔唐〕玄奘《大唐西域記》

中華書局　1985 年

〔清〕耶喜巴勒登《蒙古政教史》

民族出版社　1989 年

高文德　蔡志純著《蒙古世系》

中國社會科學出版社　1979 年

朱風　賈敬彥譯《漢譯蒙古黃金史綱》

內蒙古人民出版社　1985 年

布頓著　郭和卿譯《佛教史大寶藏論》

民族出版社　1986 年

赤烈曲扎《西藏風土志》

西藏人民出版社　1982 年

《西藏志》《衛藏通志》

西藏人民出版社　1982 年

《藏事論文選》

西藏人民出版社　1985 年

土觀・羅桑卻季尼瑪《土觀宗派源流》

西藏人民出版社　1984 年

倉央嘉措　阿旺倫珠達吉《倉央嘉措情歌及秘傳》

民族出版社　1981 年

阿旺羅桑嘉措《西藏王統記》（藏文）

民族出版社　1957 年

索南堅贊《西藏王臣記》（藏文）

民族出版社　1981 年

《塔爾寺概況》

青海人民出版社　1987 年

班欽索南查巴著　黃顥譯　《新紅史》

西藏人民出版社　1984 年

多羅那它著　張建木譯《印度佛教史》

四川民族出版社　1988 年

土觀・洛桑卻吉尼瑪著　陳慶英　馬連龍譯

《章嘉國師若必多吉傳》

民族出版社　1988 年

蔡巴・貢噶多吉著　東嘎・洛桑赤烈校注《紅史》（藏文）

民族出版社　1981 年

土觀・洛桑卻吉尼瑪《佑寧寺志》（藏文）

青海民族出版社　1988 年

格桑・傑布著《夏魯寺簡介》（藏文）

　　西藏人民出版社　　1987 年

阿芒班智達《拉卜楞寺志》（藏文）

　　甘肅民族出版社　　1987 年

《藏漢大辭典》

　　民族出版社　　1985 年

《蒙古喇嘛敎史》（日文）

　　生活社刊　　昭和 15 年

附

錄

羅桑澤培及其藏文故事集

烏力吉巴雅爾

　　探討蒙古文化，不能不涉及其文學，探討其文學，又不能不涉及其有文字和沒有文字的書面文學與口碑文學。蒙古人曾經在自己經歷過的不同時代，用不同文字記錄和流傳的珍貴文獻很多。其中分別以蒙文（又包括回鶻式蒙文、托忒蒙文、八思巴字）、漢文、滿文和藏文撰寫的資料。在我國，一個民族在歷史上使用如此多的文字，豐富自己文化的，實屬罕見。

　　本文論及的羅桑澤培是一個蒙古族僧人，他的作品絕大多數是用藏文撰寫的，將談論的「故事集」是在他「文集」中一個獨立的卷冊。現已查明精通藏文並用它直接寫作的人，在蒙占文化圈裏並非個別現象。這與歷史進程有關，當蒙藏兩個民族在軍事、政治、經濟、宗教、文化等諸多方面的接觸頻繁而密切的時候，造就了大批像羅氏那樣適應當時社會所需要的人才，據粗略統計，就有數百名蒙古學者使用藏文撰寫了各種體裁的文章和著作，其作品少則一兩函，多則二三十函不等，遺憾的是我們還不能完全瞭解它的內容，而且也不能得心應手地運用這一精神財富。這同樣與歷史進程有關，當蒙藏兩個民族關係逐漸發生疏遠和淡化之時，使用藏文和用它寫作的人才開始銳減直至變得寥寥無幾。

　　近年以來，隨著蒙古學的縱深發展，往日蒙古學者的藏文著述已經引起我國學術界的重新關注，對蒙古族藏文著述的評

介和研究範圍，也走出了原來的宗教、歷史、醫學等個別領域，已步入更寬廣的領域。本文對羅桑澤培在佛教文學方面所做的工作，給予扼要論述，意在敬請讀者和學者關注類似作品，拓展我們的視野。

一、羅桑澤培和他的作品

迄今為止，我們對羅桑澤培的生平事迹知道的仍很少。他是否寫過自傳或者別人為他寫過傳記都不得而知。目前所見有關他的介紹，最多也不過幾百字而已，比如《藏文典籍目錄》❶中寫到「麥爾根堪布羅桑澤培，約于第十三饒迴鐵龍年（1760）出生於蒙古家庭，第十三饒迴鐵鼠年（1780）在（六世）班禪白登耶喜座前受近圓戒。在拉蔔楞寺依止嘉木樣協巴恭卻晉美旺波和貢唐丹白卓麥為師，求取諸多正法，並學五明，尤精於內明。又依止土觀卻吉多傑為規範師，聽習佛法，精通五部大論，獲噶久巴稱號。」另據《西藏學研究在俄國和蘇聯》❷一書，在介紹蒙古國學者、長期從事蒙藏文獻研究的沙·比拉先生的文字中寫到「比拉從欽布的著作中找到了其生平略歷的記載，從而斷定其為內蒙古出生的蒙古族，著述甚豐，其論著目錄清單保存在《十萬語》圖書目錄中，在烏蘭巴托圖書館中有這份目錄」。以上兩段引文中提到的「澤培」與「欽布」是同一藏文名稱tshe vphel的不同標音，實指一人。這一點從兩本書同樣介紹該作者一部名著《霍爾卻穹》（即《蒙古佛教史》）的例證中得到證實。

從前那些精通藏文並能以此著述的蒙古族學者，無論著手

寫作或翻譯，大都有個共同的特徵，就是在自己完成的作品上注明該項工程是在誰的提議或贊助下，由誰完成于何時何地，諸如此類的文字。其文有散文也有韻文不拘一格，是非常重要的資訊，很多有關作者譯者以及相關的背景資料均來自這些文字。羅桑澤培的有些作品也附帶此類記述。根據那些文字的確肯定其爲內蒙古土默特旗蒙古人，其學習、傳教、寫作活動是在十八世紀末十九世紀初進行的。他除了使用羅桑澤培這一名字外，時而把名字用梵文稱作「蘇底黑阿尤瓦若達」，時而用藏文稱作「樣巾格貝羅追」，時而又把藏文和梵文名字合起來使用，這些名稱給後人留下了辨別上的困難，所以至今爲止人們對《蒙古佛教史》的作者名稱，各持己見沒有統一的原因也在於此。

羅桑澤培在其一生所寫各種體裁和各種風格的著作達六十多部，均爲木刻，共八函。採用詩文、散文以及詩歌散文交替手法寫成的這些著作，在內容上大致可分爲宗教理論、宗教歷史、宗教文學等三大類。比如《聖般若波羅密多八千頌》、《顯密正法聞法錄·甘露長流》屬宗教理論著作，前者是作者對八千頌的闡釋，後者是作者本人曾在諸多宗教領袖和顯密教大師前聞法並隨時做記錄的彙編。1784年編撰的這部聞法錄，詳細記載了作者曾聞習的各種宗教經典名稱、內容要點、寫作年代、著譯者簡歷、先後傳承人員名單、以及版本等很多問題。具有工具書性質的這部重要著作很早就被學術界所推崇。以上兩部書均爲散文體，與此相似的著作還有《十法行解說·具緣滿願之經典大寶藏》、《三士夫及其次第之探討，聞明解脫之明燈》、

《傳授菩提道次第略論時部分講說等筆錄》、《聖十一面悲觀音法門中齋戒儀軌教導筆錄·甘露精華》等。另外，還有一些著作是專門以解釋諸多菩提薩埵與救度母名稱，和解說佛教各種戒律條文爲內容的。在他佛教歷史著作中最著名的便是《人霍爾地區正法如何興起情況講說·闡明佛教之明燈》(即《蒙古佛教史》)。這是一部長期以來被國內外學術界廣爲評介和引用的書。大家習慣稱《霍爾卻穹》。這一簡稱來自原藏文本刻本陽面左側所標的藏文縮寫字：hor chos vbyung。該書內容分兩編，第一編爲印度、吐蕃，蒙古早期歷代王統的傳承；第二編爲佛教在蒙古地方的傳播史。其中特別一提的是，有關蒙藏兩個民族之間通過佛教僧侶和寺廟不斷加深的文化交往，以及在此基礎上湧現的一些著名蒙古佛教領袖、學者、翻譯家的傳略，不見他書。該書完成於土兔年(1819)。之後至少翻譯成德文、回文和蒙文。其文學作品包括傳記、故事、詩歌等幾種體裁。

《無等釋迦王佛爲首之諸救怙之史事·勝乘妙道明燈》寫的是現世佛之前諸護法神仙、菩提薩埵、阿羅漢是如何以不同形式和方法修法成就的奇特經歷。這部「傳記集」性著作所依據的材料，照作者講，有的是他經師講述的，有的是在自己所閱讀佛典中獲取的。這一奇聞錄之作完成于第十四饒迴土牛年(1829)。

《具德上師大德金剛持阿旺頓珠傳·嘉言白蓮鬘》是一位高僧的傳記。如果說前一傳記的主人公大多是虛無縹緲的，那麼這後一傳記的主人公倒是實實在在有血有肉的人。據載，阿旺頓珠生於第十三饒迴土龍年(1748)，原籍是內蒙古土默特旗一

個叫忙奴特的地方。他從小出家學習佛法，十七歲進藏刻苦學習達十年，精通顯密教法，被稱爲遠近聞名的年輕瑜伽師。後來返回故地一心一意爲傳播佛法東奔西走，著書立說，忙忙碌碌中度過二十幾個春秋，于第十三饒迥火蛇年(1797)離開人間。在木豬年(1803)撰寫的該傳記要點，後被編入《霍爾卻穹》之中。

在羅桑澤培文集中有好幾篇詩文，如《法王宗喀巴大師前讚頌並祈願文·如意穗等部分法目》、《上師本尊最勝怖畏金剛前由七淸淨與難體修飾法·疊字修飾法而作之部分讚頌》、《供曼遮所緣簡明次第·上師言敎法統》等。正如題目所示，這些詩文有的是一般叙懷之作，詩行較少，有的是模仿《詩鏡》❸之規則而作的多行詩。另外還有一些爲供養、祭祀、灌頂、修行等宗敎儀式而作的詩文。除此，羅桑澤培多數論著的開頭、結尾和每章之間幾乎都有長短个等的鑲嵌詩，起了提綱挈領或者承上啓下的作用，很有意思。

羅桑澤培的多數著作至今不被世人所知，主要是由文字障礙造成的，對於那些等待翻譯、研究乃至可以整理出版的著作，本文不能逐個詳細介紹。總之，羅桑澤培是位既精通蒙藏文又通曉藏傳佛敎的蒙古族學者，他那淵博的知識及其豐碩成果是與本人天資和勤奮分不開的。他用自己辛勤努力的卓越成果爲自己民族文化寶庫增添了可貴的遺產。

二、羅桑澤培編的故事集

《無等導師釋迦王佛本生事記一百五十一事·具信滿願如意

摩尼美鬘》是在羅桑澤培文集中篇幅較大的一部故事集。作者講述那些形形色色而奇妙無比的故事之前，首先講的是修行步入佛法之門必須循序漸進的道理。他提醒信徒們首先要發菩提心，其次要積德，再次則是立地成佛的規則。他接著強調「六波羅密多」，亦稱「六度」即佈施度、持戒度、忍辱度、精進度、禪定度、智慧度。此爲六種從生死此岸到達涅槃彼岸的方法和途徑，是大乘佛教修行的主要內容。只要獲得這六度之果，就能超脫三界之苦海。那麼，如何具體實施這「六度」？作者並沒有從理論上使用那些宗教專用名詞術語來加以解釋。相反，用極易懂的語言講述了一連串生動活潑的宗教故事。爲的是讓信徒從這些故事中領悟抵達彼岸的道理。實際上利用故事、神話、傳說之類簡單形式與生動內容，對那些深奧的宗教學說加以注解之舉由來已久。這對宗教的傳播與普及起了相當大的作用，不僅如此，在那些宗教經典的註疏與解說之中也保存了不少從前民間流傳的口碑文學。

羅桑澤培的故事集顯然也是爲傳播和解說佛法而編的。他所搜集成册的這一百五十一個故事，有來自民間的，有來自佛典的，多數故事是讀者所熟悉的，少數則不然，但總的來說這些故事文學性比較強。下面作一簡要介紹。

(一)本集所收錄的通過佈施到達彼岸的故事有三十九個。這些故事的主人公是多方面的，它們當中有神仙、佛祖、天地之主以及它們的化身；有王公貴族和他們的後代；有比丘、有商人、也有動物，可謂面面俱全。不分高貴和貧賤，不管是誰，只要想佈施，就有仿效的榜樣。他們所佈施的東西也是多方面

的，除了金銀財寶、吃穿用具、妻妾子女、親朋好友之外，施主連自己血肉、身軀、五官、四肢都可以奉獻。他們那種以毫無吝嗇慷慨解囊、臨危不懼誠心佈施來積攢的德行，果然很靈驗，誠如施主們所希求的那樣，有人轉世於天堂，有人成佛，也有人超脫了生死輪迴之苦海。讓我們看其中一則故事叫《東日布王子傳》梗概。

「以前薄伽梵在舍衛城居住。有一天他輕輕笑了一聲，身旁的弟子阿難發問，尊師為何失笑？他說，無數劫之前，有一國王正在治理國家，該國領土寬廣，人畜興旺，很富有。國王有很多皇后，卻無子。因此，他長期向山水之神虔誠地乞求，終於有一位叫丹巴的皇后生下了一個王子，使他無比高興，起名為東日布。王子天資聰穎，學文習武，騎馬射箭樣樣在行，心地又善良，常向那些前來的乞求者施捨物品。國王愛子如命，早早讓他成家，當了子女之父。王子仍同往常一樣行善不斷，乞求者也日增。國王聽從王子，下令打開國庫，儘量滿足那些窮苦人的要求。東日布以大佈施者聞名遐邇。鄰國國王召集文武大臣說，東日布正在慷慨施捨，其父王有一頭雄猛無比的大象，是他們國寶，誰願去說服東日布把那大象佈施給我們呢？話音未落，八名婆羅門自告奮勇，裝扮成窮人爭著前往。東日布雖然知道一旦把國寶給了外人結局會怎樣，但他為了自己的尊嚴和允諾，毫不猶豫地把大象給了他們。父王聽這一消息後一怒之下暈倒了。父王醒來依大臣提議決定把王子趕出宮門，使他到深山野林度過十二年，以示懲罰。東日布的母親聽了這個決定痛不欲生。東日布的妻子決定帶著孩子跟丈夫一同出宮。

他們駕著一輛馬車，車上裝了些日用品上路了，在途中，他們又遇到許多乞求者，於是把車、馬、日用品先後都施捨完了。最後四人徒步行走，風餐露宿，歷經艱辛，終於來到一個遠離人間煙火的深山老林之中，打起草棚住下了。一天當妻子像往常一樣出門尋找果實之後，一位黑臉婆羅門光臨了。他向東日布索要其兩個孩子，東日布答應了，孩子哭喊著要母親，但婆羅門硬把孩子帶走。妻子回來問起孩子，東日布如實答覆，並問還記得自己出王宮時答應遇到任何事都要依我的決定吧！妻子無話可言，只認這是命。另一天，又來了一個可怕的婆羅門，他向東日布提出要他的妻子，東日布覺得如今除了妻子之外實在沒有什麼可施捨給別人的了。於是便愉快地答應，把妻子交給婆羅門，婆羅門領著其妻子往外走了七步，隨及地動山搖，雷電交加。那婆羅門返回來把妻子還給東日布，說道，這樣的妻子是不能佈施給任何人的，邊說邊恢復了原形，他原本為帝釋天，為了考驗東日布的言行而專門演出了這一幕戲。接著帝釋向東日布陳述了很多道理。轉眼間十二年過去，經過修行、磨難的王子帶著妻子回到王宮與家人團聚。父王把位子讓給東日布。從此他以更大規模施行佈施，結果成了「佛陀」。薄伽梵對阿難說：「彼時東日布王子便是此時的我，那個國王就是淨飯王，那皇后為摩訶摩雅夫人。」

這是一個自始至終講述「佈施」的故事。一個王子不為家產、不為國寶甚至不為妻子兒女牽腸掛肚一心向別人佈施，可見他的「精神」與「靈魂」達到了何等境界。他佈施來佈施去最終成了佛陀，超脫了凡俗，這是他追求的目的。而那些佛教

徒也非常願意用這樣的先例來說服別人，這比那深奧的理論說教來得快。既生動又明白。如果說佈施是施捨於他人財物——一切身外之物，甚至包括自身軀體、器官和智慧等一種奉獻行為，而它又為他人造福的同時還能為己積德，最終能使人超凡脫俗，如此簡便，那麼，皈依佛法教誨的信徒具體做法就可以參照《東日布王子傳》了，這大概是本故事作者或編輯者的用心所在。本組故事裏的主人公大多用自己的身軀，當作施捨或供奉物，無私地向那些乞求者、受苦受難或饑寒交迫的人們奉獻，獲得超度之正果。這些故事情趣橫溢，有一定教育意義。

　　(二)本集中提倡遵守戒律達到超脫之道的故事有十五個。其中多為讚揚和奉勸講實話，行善業，修正果的內容。《王子羅追甯布傳》說的是：富貴出身的王子羅追甯布認為無限的欲望與無為的享樂將會導致無數禍害。於是他婉言謝絕父母一再勸他修繕宮殿讓它更加富麗堂皇；打扮妃子使她更加花枝招展等諸多要求，帶領心腹一起出家修行的故事。《美麗的嘎西仙傳》講的是：一位叫嘎西仙的俊男，原本為蒼巴天的兒子，金色的身軀、眉清目秀、頭大額寬與眾不同。從小有八個奶媽餵養他，長得結實，成人便即父王位。但他知道罪惡、禍患隨時冒出的原因後，斷然離開家園，鑽進深山叢林，去尋找仙人。以草籽瓜果為飲食，以樹皮防寒熱，持戒修行。一天一位美貌無比的姑娘來到他身邊，以姿色誘惑，然而嘎西仙守戒修行絲毫未動。對此，那美女肅然起敬，拋棄邪念，拜他為師。《其色日嘎傳》敘述的是另一種情形。從前有一菩提薩埵轉世成一鳥，名其色日嘎，常吃草籽和樹根，生長不快。而與它臨巢的

其他鳥，卻羽毛豐滿長得很快。一天，在它們棲息的樹林中因兩棵大樹相撞而引起了一場大火，所有的飛禽走獸都逃到別處去了，唯獨其色日嘎，在林中找不到父母乾著急，兇猛的烈火越來越靠近了，無奈的它對著火說，沒有誰邀請你到這裏來，你把我們父母兄弟全部嚇跑了，——你應當迅速熄滅，才能避免更大的災難！話音未落火勢猶如遇到水龍一般立刻熄滅了，樹林和以林為家園的動物得救了。這是一個力量單薄身體虛弱的小鳥面對熊熊烈火，勇敢地說誠實的話語，而完成一項巨大善事的故事。真誠話語有如此的威力，儘管說起來那麼平凡，連一隻小鳥都能做得到，何況比小鳥高大無比的人呢?!言外之意是顯而易見的。做人要說老實話，做老實事，這是不管世俗還是宗教界從古至今永遠規勸最樸實無華的教誨。與此相同傾向的故事還有《一婆羅門之子傳》、《一烏龜首領之傳》，《動物貢德傳》、《莫貴可汗傳》等。

　　(三)本集中勸說以忍耐之心到達超脫之道的故事有十五個。其中多數故事提倡的是，為理想與目標而奮鬥要有堅忍不拔意志，同時還要樹立忍辱負重的精神。比如在《聖麻海牛傳》中講，一頭神牛在茂密的森林中修行，有一猴子常來騷擾它，頑皮猴子時而蒙住牛眼睛，時而掏它耳朵、時而又在它背上蹦蹦跳跳，但是，神牛從沒發脾氣，一如既往堅持修行。有一旁觀者不禁問神牛，你為何不用那鋒利的牛角來頂它，或者用你那堅硬的牛蹄踢它呢？堂堂大牛為何受那小毛猴之欺？牛回答說，我所修行的目的恰恰是為他人的幸福與快樂，倘若反攻那毛猴子，豈不前功盡棄？旁觀者敬而遠之，猴子也不見了。另外，

在一個叫《論忍耐者》中，講述了這樣的故事：一位名爲蘇德巴麥巴的仙人，在一個僻靜處磨練耐力。有一國王帶著王后遊山觀水，也來到此處。當國王尋找一個舒適的地方歇息、打盹時，王后卻走到仙人跟前問起話來，仙人慢慢答覆，王后聽著不由肅然起敬，竟然沒有聽見國王在叫她。國王非常發怒，走過來問那仙人叫什麼名字？答曰蘇德巴麥巴(忍耐者)，國王聽了更火了，他一邊說看你究竟有多大的忍耐力，一邊拔劍砍掉了仙人的一隻手。接著問他的名字，答覆照舊，國王又砍掉了他的兩條腿，但是仍沒改變仙人的回答，國王繼續砍，此刻仙人所供奉的一個天神，憤憤不平地降臨到國王的家園，隨即瘟疫橫行，災難四起，占卜算命者紛紛向國王稟報：這是一場非同尋常的災禍，除了蘇德巴麥巴外，沒人能夠扭轉這個局面，須請國王親自向他求救，否則後患無窮。國王無奈，只好向蘇德巴麥巴求救，蘇德巴麥巴答應了。等災難半息後國王問蘇德巴麥巴，難道你真的不恨我？仙人回答說，我從未產生過記恨之心，倘若我的話不假，我的身軀要恢復原狀，話音剛落，蘇德巴麥巴的身軀果然變得完好無損，國王和眾人無不驚歎。與此相類同故事還有《師神之傳》、《引善業之可汗傳》、《蘇德巴麥巴道格仙人傳》等。

(四)本集中勸說以勤奮之精神到達超脫之道的故事有十四個。這些故事中有爲了獲得菩提道次第而不怕丟掉生命堅持修行者，有爲了照亮他人的道路寧肯用自己的身軀當火把者，有爲了搶救別人的生命而敢於奉獻自己生命者。尤其是《比丘交哈拜敖特之傳》、《一個菩提薩埵發奮圖強之傳》、《供奉之

主大佈施者傳》均爲值得一讀的故事。

(五)本集中規勸以坐禪爲到達超脫之道的故事有十七個。僅舉一個代表性的故事：從前有一位菩薩在一眼泉水明淨、鳥語花香的山間轉生爲一個會說話的兔子。牠常爲該處修行的仙人講述有趣故事，並且還爲他燒飯打水，相處得很融洽。不久，他們遇到了百年不遇的大旱，泉水乾涸，花草枯萎，他們斷了飲食。修行者見此情景，打算到別處避難。當他準備行裝時，兔子問仙人向何處去，修行者說尋找一個有人煙的地方。兔子聽了悲痛欲絕，形同父子相離，牠說：「你別拋棄我，要走就要一起去尋找有寺廟的地方，便於積德。」修行者不願連累這可憐的兔子。兔子看出修行者主意已定，便補充說，仙人若要走，明天起程吧！修行者知道兔子要爲自己送行，就答應了。那兔子燒了一堆火，然後繞著仙人轉了幾圈後說：「我本是弱小的動物，不懂得取捨之道，從前我們相處之時我若怠慢了你，請務必原諒」。說完要跳進火堆，仙人見了此景立刻抱住兔子說：「我的怪孩子，你爲何這麼做？」「你用我的肉做一頓飯，吃了身上有勁好趕路」。修行者被兔子如此眞誠行爲感動不已，並頓時覺察到留在林中堅持修行的必要。兔子高興地向蒼天祈禱，老天突然下起了傾盆大雨。修行者極力崇奉那個兔子，決心永遠和它相依爲命——佛教所提倡的禪定爲專注一境，思想集中並通過精神集中，觀察思念特定物件而徹悟的一種磨練思維和意志的活動。在故事中修行者得到苦難環境的磨練，而從兔子身上獲得啓示，終於覺悟禪定之道，其餘故事所反映的，基本上是如此思想和意圖。

(六)本集中勸說用智慧到達超脫之道的故事有五十一個，占整個故事的三分之一。從這些故事主人公來看，分別為人用智慧救助動物、動物用智慧援助人、動物和人各用其智慧幫助自己同類等幾種類型。比如《會說話的鸚鵡傳》說的是既沒有文化又不懂得教法的人當了國王，幸虧有一個聰明的鸚鵡躲在國王朝廷裏幫助他治理國家的故事。《領頭大象之傳》講，大象群的一首領用自己的生命救活在望眼無際的大沙漠中迷路，而垂死掙扎的五百名受戒者。

總之，筆者希望讀者從上述介紹中能夠瞭解羅桑澤培所編撰的這部故事集的概況。羅氏顯然是用這些通俗的故事，對於那些不容易聽懂的佛教學說與佛教概念進行了一番扼要的注釋，它對於普通的信徒無疑是有益的。綜觀這部故事集，還有下列幾個特徵：

一、一百五十一個故事中重複的故事不少。換句話說，在分別收錄於六組的一百五十一個故事中，每一組的故事裏總有若干變體，只是繁簡不等，如第一組裏的《大膽者之傳》，《大僧之傳》，《大婆羅門傳》為同一個故事的不同變體；第三組裏的《論忍耐者》、《仙人蘇德巴巾傳》、《仙人蘇德巴麥巴傳》也是同一個故事的不同變體等。

二、該故事集所收錄的故事來源並非僅僅限於一兩部書。除了上面提及的不同變體說明這一點之外，作者的有關記載也能補充這一點。他寫到「我所收錄的這些故事是從那些先哲們的豐厚的語言集中選擇的，這類故事在我讀過的書籍中有很多，智者若想瞭解它，就讀那些書吧」。此處並沒有點出書名，根

據他所講的故事內容，不難看出這些故事選自藏語《故事海》（《賢愚經》）、巴利語(吉特卡)、蒙藏語《白蓮花注》、《丹珠爾》等書籍。

三、把散見於書本或流傳於民間的一百多個故事，細心地加以分門別類，編撰成集的行為本身就是作者的一種有心而有意義的嘗試，其意在於用故事來傳播和普及佛教學說。

四、大部分故事宗教色彩較濃，這一點是明顯的。主人公多數是通過自己的痛苦磨練到達超脫境界的，他們在忍辱負重、淒涼悲慘的遭遇面前很少發奮抗爭，也沒有這種勇氣，這自然是消極的一方面，然而這些故事的字裏行間或者有些故事本身卻有較明顯地指責貪圖錢財者、抨擊以權勢欺人者，以及規勸人們和睦相處，不要相互殘殺之類積極的一面。當然故事並不只限於闡釋佛教教義。所以，即使今天的讀者也能從中獲得很多有益的養分和教誨。

羅桑澤培使用藏文編纂的故事集概貌與特徵基本如上所述。他還喜歡寫詩，在本篇的首尾和篇中每章結束處都留下了長短不齊的詩句，均有濃厚的韻味。於 1816 年編撰的這一故事集至今沒有被人翻譯、評介和研究過，筆者願用此短文拋磚引玉。

譯者

2004 年 11 月 13 日

名詞注釋

❶《藏文典籍目錄》，民族出版社編，第一集由四川民族出版社出版，1984年，第二集、第三集由民族出版社出版 1989 年、1994 年。

❷《西藏學研究在俄國和蘇聯》，房建昌編，中國社會科學院中國邊疆史地研究中心辦公室鉛印本，1987 年。

❸[印度]檀丁《詩鏡》，內蒙古文化出版社，1986 年。

藏傳佛教叢書④

蒙古佛教史

原著者／固始噶居巴·洛桑澤培
譯者／陳慶英·烏力吉
發行人／黃瑩娟
美術編輯／蔡秀玲
出版者／全佛文化事業有限公司
台北市松江路69巷10號5F
永久信箱／台北郵政24-341號信箱
電話／ (02) 25081731　傳真／ (02) 25081733
郵政劃撥／19203747　全佛文化事業有限公司
E-mail ／ buddhall@ms7.hinet.net
http://www.buddhall.com.tw

行銷代理／紅螞蟻圖書有限公司
台北市內湖區舊宗路二段121巷28之32號4樓（富頂科技大樓）
電話／ (02) 27953656　傳真／ (02) 27954100

初版／2004年12月
定價／新台幣260元